Sheldon Cashdan

»SIE SIND EIN TEIL VON MIR«

Edition Humanistische Psychologie
— 1990 —

Zum Autor:

Sheldon Cashdan, PhD., ist Professor für Psychologie an der *University of Massachusetts* in Amherst und seit Jahren praktizierender klinischer Psychologe. Autor weiterer Werke wie »Interactional Psychotherapy« und »Abnormal Psychology«.

Sheldon Cashdan

»SIE SIND EIN TEIL VON MIR«

— Objektbeziehungstheorie in der Psychotherapie —

**Aus dem Amerikanischen
übersetzt von Thea Brandt**

**Edition Humanistische Psychologie
— 1990 —**

Die Originalausgabe erschien unter dem Titel »Object Relations Therapy — Using the Relationship by Sheldon Cashdan« bei W. W. Norton, New York 1988

Übertragung aus dem Amerikanischen:
Thea Brandt, überarbeitet von Christoph J. Schmidt

Redaktion:
Yvonne Eckhardt

Herausgeber:
Anna und Milan Sreckovic

CIP-Titelaufnahme der Deutschen Bibliothek

Cashdan, Sheldon:
»Sie sind ein Teil von mir«: Objektbeziehungstheorie in der Psychotherapie / Sheldon Cashdan. Übertr. aus d. Amerikan. Thea Brandt. — Köln: Ed. Humanist. Psychologie, 1990
ISBN 3-926176-25-3

Umschlagentwurf: Robert de Zoete
— unter Verwendung eines Bildes von Alan Davie —

Vertrieb:
Moll & Eckhardt
Zülpicher Straße 174
5000 Köln 41

Gesamtherstellung:
Himmels, Heinsberg

ISBN 3-926176-25-3

Inhaltsverzeichnis **Seite**

Danksagungen

In diesem Buch geht es um Psychotherapie und Objektbeziehungen, aber auch um Verinnerlichungen, also wie wichtige andere in das Selbst einverleibt werden. Zu diesen »anderen« zählen in meinem Fall Lehrer und Supervisoren. Es würde mir schwerfallen, sie alle aufzuzählen, doch möchte ich einige hervorheben: *Hans Strupp* zum Beispiel hat mich gelehrt, daß Psychotherapie ein systematischer Prozeß ist und daß hinter der Komplexität der Patient-Therapeut-Beziehung eine Ordnung liegt. *Bob Carson* hat mich für die Nuancen menschlicher Interaktion und für ihre Hilfe zum Verstehen von Veränderungen empfänglich gemacht. Der Einfluß der anderen bestand in gelegentlichen Ermutigungen oder in bestimmten Empfehlungen bei der Supervision. Ihr Einfluß ist zu einem »inneren Supervisor« verschmolzen, der mich bei einem großen Teil meiner klinischen Arbeit leitet.

Auch meinen Patienten schulde ich Dank. Sie müssen ungenannt bleiben, doch jeder einzelne hat zu dem beigetragen, was ich an Fähigkeiten und klinischem Sachverstand entwickelt habe. Besonders verpflichtet bin ich denen, die ich in den ersten Jahren meiner Arbeit als Kliniker sah, denn ich fürchte, daß viele von ihnen mir mehr geholfen haben als ich ihnen. Doch mein Dank gilt ihnen allen. Sie sind ein Teil von mir, und auch wenn sie es vielleicht nicht wissen, hat doch jeder von ihnen zu meiner Arbeit als Therapeut beigetragen.

Auch meine Familie hat einen vielfältigen Beitrag zu diesem Buch geleistet. Meine Kinder, *David* und *Jessica*, haben meine Schwächen, meine Reizbarkeit und Abwesenheit häufiger ertragen, als ich zugeben möchte. Nicht nur dafür gebührt ihnen meine Anerkennung. *Steve Kraft* möchte ich dafür danken, daß er Teile des Manuskripts gelesen und wertvolle Anregungen gegeben hat.

Meine Frau *Eva* war für mich eine ständige Quelle der Unterstützung und Inspiration. Ich weiß nicht, wie oft sie unterbrochen hat, was sie gerade tat, um mir bei der Klärung einer begrifflichen Schwierigkeit zu helfen oder mein Manuskript auf Stil und inneren Zusammenhang hin durchzugehen. Sie war bei meinen Schreibunternehmungen der »Partner im Hintergrund«, und der Dank, den ich ihr in diesem Zusammenhang schulde, ist nur ein kleiner Teil einer größeren Dankesschuld an sie.

Schließlich möchte ich meiner Lektorin, *Susan Barrows*, die viel mehr in dieses Buch hineingesteckt hat, als ich erwarten konnte, meine dankbare Anerkennung aussprechen. Während des ganzen Projekts beeindruckte sie mich mit ihrem psychologischen Wissen und ihrer Fähigkeit, mir dabei zu helfen, das, was ich sagen wollte, klar und eindringlich zu formulieren. Sie ist ein hingebungsvoller und einfühlsamer Mensch, und die Zusammenarbeit mit ihr war ein Vergnügen.

Vorwort

Die Objektbeziehungstheorie entwickelt sich derzeit zu einer der vorherrschenden Perspektiven klinischer Arbeit. Ihr Einfluß reicht von der Arbeit mit Borderline-Patienten bis zu einem neuen Verständnis der frühen Kindheitsentwicklung. Man kann heute kaum an einer Tagung teilnehmen, ohne dort auf Artikel und Vorträge über »Spaltung«, »projektive Identifikation« und den Umgang mit »Gegenübertragung« zu stoßen. Wandel liegt in der Luft, und die Objektbeziehungstheorie weist dabei den Weg.

Eine interessante Frage zu dieser Entwicklung ist, warum sie jetzt stattfindet, denn *Melanie Klein* hat bereits in den 30er Jahren über Objektbeziehungen zu schreiben begonnen. Eine Erklärung könnte sein, daß die Objektbeziehungstheorie besonders geeignet ist, »zeitgenössische« psychiatrische Störungen verständlich zu machen. Das Interesse an hysterischen Konversionen und Dissoziationen hat im Lauf der Jahre einem Interesse an narzißtischen Störungen und Borderline-Zuständen Platz gemacht. Auch mag eine Rolle spielen, daß einflußreiche Autoren wie *Winnicott, Fairbairn* und *Kohut* versucht haben, die Theorie stärker mit den wichtigsten klinischen Überlegungen zu verbinden.

Eine tiefergehende Erklärung ist, daß die Objektbeziehungstheorie größere Veränderungen in unserem Verständnis von Menschen widerspiegelt. In der Objektbeziehungstheorie werden die Psyche und ihre Strukturen als etwas verstanden, das sich aus menschlichen Interaktionen und nicht aus biologisch abgeleiteten Spannungen entwickelt. Nicht »Spannungsreduktion«, sondern Beziehungen herzustellen und aufrechtzuerhalten motiviert den Menschen. Mit anderen Worten, das Bedürfnis nach menschlichem Kontakt gilt in einem Objektbeziehungsansatz als wichtigstes Motiv.

Welche Konsequenzen, wenn überhaupt, hat dies für die therapeutische Praxis? Gibt es nur eine oder verschiedene Psychotherapieformen, die mit der Objektbeziehungstheorie in Einklang stehen? Bis vor kurzem noch waren die Antworten auf diese Fragen hinter psychoanalytischen Türen verschlossen. Die Auswirkung der Objektbeziehungstheorie auf die Praxis beschränkte sich bisher weitgehend auf Veränderungen in der psychoanalytischen Technik.

Dieses Buch beschreibt einen Behandlungsansatz, der der Therapeut-Patient-Beziehung eine sehr große Bedeutung beimißt. Anstatt Übertragung, Abwehrmechanismen und Einsicht in den Mittelpunkt zu stellen, konzentriert sich die Therapie darauf, wie die »Beziehung im Therapiezimmer« für die Behandlung genutzt wird. Das höchste Ziel der Therapie ist, die Therapeut-Patient-Beziehung als Sprungbrett zu gesünderen Objektbeziehungen zu nutzen und positive Veränderungen im Selbstgefühl des Patienten zu unterstützen.

Der erste Teil des Buches widmet sich den theoretischen Grundlagen eines Objektbeziehungsansatzes. Kapitel 1 gibt einen Überblick über einige wichtige Veröffentlichungen in diesem Bereich. Mit der Arbeit von *Melanie Klein* beginnend, werden die Beiträge von *Mahler, Kernberg* und anderen zeitgenössischen Objektbeziehungstheoretikern dargestellt. Damit sollen einige Grundfragen der Objektbeziehungstheorie herausgestellt werden, die vielleicht ein Begriffsgerüst für eine Theorie der Therapie liefern können.

Kapitel 2 untersucht die Ursprünge von Objektbeziehungen in der Entwicklung mit besonderer Berücksichtigung von »Spaltungen«. Das Kapitel beginnt mit der ersten Objektbeziehung des Kindes (der zwischen Mutter und Kind) und beschreibt, wie die Interaktionen dieser Beziehung sich in der normalen oder pathologischen Entwicklung auswirken. Anhand der Arbeit von *Mahler* und neuerer Erkenntnisse über die frühe Mutter-Kind-Beziehung folgt das Kapitel der Entwicklung des Kindes durch verschiedene Selbst-Objekt-Erfahrungen und zeigt auf, wie diese Erfahrungen die Identität des Erwachsenen beeinflussen.

Kapitel 3 beschreibt die verschiedenen Formen interpersonaler Psychopathologie, die sich in »projektiven Identifikationen« ausdrücken. Anhand von Fallbeispielen werden einige solche Identifikationen sowie die jeweiligen zwischenmenschlichen Folgen beschrieben. Die verschiedenen projektiven Identifikationen und deren Mitteilungen zu erkennen ist eine

Voraussetzung für das Verständnis dafür, warum sich Patienten so und so verhalten und welche Interventionen erforderlich sind, um eine Veränderung zu erreichen.

Im nächsten Teil des Buches wird die Behandlung der Objektbeziehungen beschrieben: Die Kapitel 4 bis 7 geben einen Überblick über die vier Phasen des Therapieprozesses: innere Beteiligung, projektive Identifikation, Konfrontation und Beendigung. Jedes Kapitel enthält relativ eigenständige Interventionen, die Veränderungen hervorrufen sollen, die für einen Therapieerfolg notwendig sind.

Ein Hauptthema ist in diesen Kapiteln der Umgang mit Gegenübertragungen in der Objektbeziehungsarbeit, und wie dieser von anderen Therapieverfahren abweicht. Fallstudien und klinische Skizzen sollen zeigen, wie die persönliche Reaktion des Therapeuten auf das Geschehen genutzt werden kann, um den Behandlungsprozeß zu fördern. Der Gesamtprozeß beschreibt, wie die Pathologie des Patienten in der Beziehung sichtbar wird und wie der Therapeut die Gegenübertragung nutzbringend handhaben kann.

Ein Grundthema dieses Teils ist, daß Psychotherapie einen geordneten Verlauf hat, der sich durch die einzelnen Phasen und die darauf bezogenen Interventionen sinnvoll beschreiben läßt. Die Annahme ist, daß die meisten Fragen zum therapeutischen Vorgehen im Kontext der jeweiligen Phasen zufriedenstellender angegangen werden können. Das bedeutet nicht, daß in der Objektbeziehungstherapie ein Punkt nach dem anderen in rascher Folge abgehakt wird. Es gibt viel Raum für Innovation und Improvisation. Doch wenn ein Therapiesystem effektiv sein soll, muß es relativ konstante und verläßliche »Verfahrensprinzipien« enthalten.

Neben der mehr technischen Seite der Objektbeziehungstherapie müssen auch persönliche Faktoren in Betracht gezogen werden, die unsere Arbeit beeinflussen. Diesem Thema ist der letzte Teil des Buches gewidmet. Was bedeutet es für einen Therapeuten, Zielscheibe der projektiven Identifikationen des Patienten zu sein? Wie kann er unterscheiden zwischen Gegenübertragungsreaktionen, die in Zusammenhang mit der Therapie stehen, und solchen, für die das nicht gilt? Um solche Fragen geht es im Kapitel 8. Kapitel 9 weitet diese Hervorhebung des Persönlichen aus auf Bereiche außerhalb der Therapie. In diesem abschließenden Kapitel untersuchen wir, wie Literatur und Film die Arbeit eines Objektbeziehungstherapeuten bereichern können.

Insgesamt soll dieses Buch dem Leser ermöglichen, die Konzepte der Objektbeziehungstheorie in die Psychotherapie zu übertragen. Eine solche Therapie stellt vor allem die therapeutische Beziehung in den Mittelpunkt. Anstatt die Beziehung als Mittel zur Förderung innerpsychischen Wandels zu betrachten, sei es Einsicht, emotionale Katharsis oder Selbstverwirklichung, steht beim Objektbeziehungsansatz die Beziehung *selbst* im Zentrum der Behandlung. Es geht also um die zentrale Bedeutung der »Beziehung« — innerhalb wie außerhalb der Therapiesituation.

Teil I

Die Theorie

Kapitel 1

Objektbeziehungstheorie – ein Überblick

In den letzten Jahren hat die Objektbeziehungstheorie als eigenständiger Ansatz in der Psychotherapie ständig an Bedeutung gewonnen. Mit den Konzepten dieser Theorie ließ sich Psychopathologie aus einer neuen Perspektive betrachten und analysieren, was in der Therapie abläuft. Damit verbunden war ein verändertes Verständnis der frühen Kindheit. So wurde die zentrale Rolle des Ödipuskomplex überprüft mit einem schärferen Blick für die Bedeutung präödipaler Ereignisse im Leben des Kindes. Unter dem Einfluß der Objektbeziehungstheorie vollziehen sich derzeit vielfältige und durchgreifende Veränderungen im Feld klinischer Theorie und Praxis.

Was genau ist mit »Objektbeziehungen« gemeint? Von welcher Art von »Objekten« ist hier die Rede? Die Antwort darauf ist relativ einfach: Die »Objekte« sind Menschen. Um *Kernberg* zu zitieren: »Der Begriff 'Objekt' in der Objektbeziehungstheorie müßte eigentlich 'menschliches Objekt' heißen, denn in ihm zeigt sich die traditionelle Verwendung dieses Begriffes für... Beziehungen zu anderen« (1976, S. 58). Diese Beziehungen können innerlich oder äußerlich sein, phantasiert oder real, doch immer geht es um Interaktionen mit anderen Menschen.

Dieser Sprachgebrauch weicht sehr von der Anwendung des Begriffes in der herkömmlichen Psychoanalyse ab. In der Freudschen Theorie ist ein Objekt der Zielgegenstand eines libidinösen Triebs. Es wird folglich dadurch »geschaffen«, daß psychische Energie daran gebunden wird. Ein Objekt muß nicht unbedingt ein menschliches Objekt und nicht einmal belebt sein. Es kann ein Kleidungsstück oder ein Kunstwerk sein. Ein Objekt muß nur die Möglichkeit bieten, es mit Energie zu laden. Der Begriff

»Objekt«, wie er in »Objektbeziehungen« benutzt wird, ist also eigentlich nur ein Abfallprodukt der klassischen Psychoanalyse. Es würde die Sache wahrscheinlich klären helfen, wenn der Begriff »Objekt«, wo immer er erscheint, durch »Mensch« oder »menschlich« ersetzt würde. Doch solche Schlagworte haben eine große Zählebigkeit.

Was ist nun unter »Objektbeziehungstheorie« zu verstehen? Die Antwort darauf ist etwas komplizierter. Eine Untersuchung der verschiedenen theoretischen Positionen, die in diesen Zusammenhang gehören, läßt keine einheitliche Objektbeziehungstheorie erkennen. *Greenberg* und *Mitchell,* zwei sehr angesehene Beobachter in diesem Bereich, schreiben: »Die Diskussion von Theorien der Objektbeziehungen wird durch die Tatsache erschwert, daß der Begriff in vielen verschiedenen Zusammenhängen und mit zahllosen verschiedenen Konnotationen und Denotationen benutzt worden ist...« (1983, S. 12). Das heißt nicht, daß es gar keine Objektbeziehungstheorie gebe, sondern daß es wohl einiger Detektivarbeit bedürfe, sie genau festzuhalten.

Die Untersuchung verschiedener Ansätze einer Objektbeziehungstheorie macht deutlich, daß in jedem einzelnen ein bestimmter Aspekt von Objektbeziehungen besonders hervorgehoben wird. Einige betonen die Wirkung von Spaltung und projektiver Identifikation; andere lenken die Aufmerksamkeit auf klinische Phänomene wie Narzißmus und Borderline-Zustände, und wieder andere fragen in erster Linie, in welcher Weise Objektbeziehungen die Entwicklung beeinflussen. Um festzustellen, ob es zwischen diesen verschiedenen Ansätzen Gemeinsamkeiten gibt, brauchen wir zunächst einen kurzen Überblick über die Arbeit einiger wichtiger Objektbeziehungstheoretiker. Nur wenn wir die Grundlagen der verschiedenen Ansätze einer Objektbeziehungs*theorie* kennen, können wir fundierte Aussagen über eine Objektbeziehungs*therapie* machen.

Melanie Klein

Melanie Klein, eine englische Psychiaterin und Zeitgenossin Freuds, entwickelte schon sehr früh in ihrer beruflichen Laufbahn Interesse für die Psychoanalyse. Um mehr über das neue Wissensgebiet zu erfahren, machte sie eine Analyse bei Sándor Ferenczi, einem der bedeutendsten Schüler Freuds. Während dieser Analyse empfahl ihr Ferenczi, psychoanalytische Techniken bei der Arbeit mit Kindern anzuwenden. Indem sie dieser Anregung nachging, erschloß Melanie Klein, fast ganz auf sich allein gestellt, einen völlig neuen Bereich für die klinische Forschung.

Zuvor hatte es kaum psychoanalytische Arbeit mit Kindern gegeben. Freud selbst hat nie ein Kind direkt behandelt. Der berühmte Fall des »kleinen Hans« zum Beispiel wurde ausschließlich aufgrund von Gesprächen mit dem Vater des Kindes beschrieben. Viele von Freuds Schriften zur Hysterie entstammten zudem der Arbeit mit jungen Frauen zwischen zwanzig und dreißig Jahren, die ihm das klinische Material lieferten, auf das er seine psychosexuelle Sicht der Welt gründen sollte. So brillant Freuds Formulierungen auch waren, hatte er sie doch fast ausschließlich aus den Kindheitserinnerungen erwachsener Patienten entwickelt (*Breuer, Freud* 1895).

Melanie Klein versuchte, die notwendige Ergänzung zu liefern. In der Hoffnung, die Zusammenhänge zwischen Kindheitserlebnissen und Persönlichkeit des Erwachsenen zu erhellen, begann sie, psychoanalytische Techniken in ihre Therapien aufzunehmen. Die Aussichtslosigkeit dieses Bemühens zeigte sich bald. Für Kinder, besonders für die ganz kleinen, spielt Sprache keine herausragende Rolle. Auch können sie kaum einen sinnvollen Zusammenhang zwischen ihrem gegenwärtigen Leben und Ereignissen aus der Vergangenheit herstellen. Wegen ihrer begrenzten begrifflichen Möglichkeiten waren Kinder also von psychoanalytischen Techniken einfach überfordert.

Klein ging daher zur Spieltherapie über und hoffte, mit Puppen, Ton, Zeichnungen und anderen weniger an Sprache gebundenen Techniken Zugang zur inneren Welt des Kindes zu finden. Was sie herausfand, unterschied sich stark von Freuds Entdeckungen. Kleins Beobachtungen machten deutlich, daß Kinder dem Aufbau ihrer zwischenmenschlichen Welt mehr Energie widmen als dem Versuch, libidinöse Impulse zu beherrschen. Sie meinte also, Kinder würden weniger von einem zwanghaften Bedürfnis angetrieben, erotische Impulse zu kontrollieren, als vielmehr Gefühle zu kontrollieren, die sich auf wichtige Figuren in ihrem Leben richten. Die inneren Repräsentanzen dieser Figuren (was sie die »innere Objektwelt des Kindes« nannte) seien der Stoff, aus dem die Psyche gemacht ist; die innere Welt des Kindes sei eine Welt menschlicher Beziehungen.

Von all den Beziehungen, die das Leben des Kindes ausmachen, war es die Mutter-Kind-Beziehung, die Klein am meisten interessierte. Weil sie so intensiv ist und weil sie einen so großen Teil der Interaktionen des kleinen Kindes mit der Welt umfaßt, ist die Mutter-Kind-Beziehung der Prototyp aller nachfolgenden Beziehungen. Es ist eine Grundannahme Melanie Kleins, wenn nicht der Objektbeziehungstheorie insgesamt, daß der Kern des Selbstseins unauflöslich an die erste und elementarste Objektbeziehung des Kindes gebunden ist — an die Beziehung zur Mutter. Mehr als alle anderen bildet diese Beziehung die Grundlage für den Aufbau der inneren Welt des Kindes.

Ein besonderer und stärker umstrittener Aspekt von Kleins Arbeit, besonders ihrer frühen Veröffentlichungen, betrifft die Ursprünge dieser Beziehung. Nach Kleins Auffassung existiert die Mutter für das Kind bereits vor seiner Geburt. Als angeborene endogene Präsenz bilde sie eine Form unbewußten inneren Wissens, die zur genetischen Ausstattung des Neugeborenen gehöre. Zusammen mit anderen angeborenen Vorstellungsbildern (Brust, Ausbrüche, Penis usw.) bestimme die »angeborene Mutter«, wie das Kind auf die äußere Welt reagiert. Es ist nicht schwer zu erkennen, daß Klein damit so etwas wie ein »kollektives Unbewußtes« beschreibt. Obwohl sie diesen Begriff nicht direkt benutzt, existiere die Mutter als »Archetyp« in der Psyche des Kindes. Das ursprüngliche Vorstellungsbild von der Mutter leite die Interaktion des Kindes mit einer fürsorglichen Gestalt aus Fleisch und Blut, der realen Mutter, und nicht umgekehrt.

Eine weitere Besonderheit in Kleins frühem Denken betrifft den »Todestrieb«. In Anlehnung an Freud glaubte Klein an die Existenz einer destruktiven inneren Kraft, die zur Selbstzerstörung führe, wenn sie nicht kontrolliert und zurückgehalten werde. Freud meinte, diese destruktive innere Kraft komme entweder im Sadismus oder im Masochismus zum Ausdruck. Später gab er den Begriff weitgehend auf und analysierte z.B. eine Depression als Beziehungs- und nicht als Triebproblem (*Freud* 1917). Klein hingegen hielt am »Todestrieb« fest und meinte, ein innerer Kampf zwischen den Kräften des Lebens und des Todes werde schließlich in die äußere Welt projiziert.

Aus Kleins Sicht ist diese Entwicklung die Ursache für die frühe Aufteilung der Welt in Gut und Böse. So werde z.B. der Todestrieb großenteils auf äußere Objekte projiziert. Dies führe zu einer Welt, die mit feindlichen und destruktiven Gestalten, d. h. bösen Objekten, angefüllt sei. Damit die Welt des Kindes nicht ausschließlich mit bösen Objekten bevölkert sei, werde einige libidinöse Energie des Kindes nach außen projiziert, um gute Objekte zu schaffen. All diese Objekte würden wiederum reintrojiziert, um eine innere Vorstellungswelt zu schaffen, die in destruktive (böse) und wohlwollende (gute) Komponenten gespalten sei.

Das dynamische Zusammenspiel von guten und bösen Objekten macht Klein zufolge die kindliche Psyche aus. Das Kind projiziere und introjiziere fortwährend Haßgefühle, um mit angeborenen destruktiven Impulsen fertigzuwerden. Obwohl sich Klein im Laufe der Jahre zunehmend für die »realen« Interaktionen des Kindes interessierte, hat sie den Glauben an die Existenz eines Todestriebs nie aufgegeben. Für Melanie Klein war das Leben beherrscht von einem »heftigen und geheimnisvollen inneren Kampf zwischen Kräften der Schöpfung und der Zerstörung« (*Guntrip* 1971, S. 58).

Für Klein bewegt sich der Grundkonflikt demzufolge um bewahrende (liebevolle) und zerstörerische (haßvolle) Gefühle, um Wünsche des Kindes, die ihm nahestehenden Menschen zu beschützen oder sie zu zerstören. Diesen Konflikt stellte sie sich in einer Abfolge von »Positionen« vor, zwischenmenschlichen Haltungen, in denen das Kind sein Erleben organisiere. Jede Position entspricht einer Entwicklungsstufe in einem Kontinuum von Liebe und Haß und beschreibt, wie Objektbeziehungen entstehen und reifen.

Die erste dieser Positionen, die »paranoide« Position, umfaßt die ersten drei oder vier Lebensmonate und kennzeichnet die ersten Begegnungen des Säuglings mit der Welt. Klein nahm an, der Schmerz der Geburt verbunden mit dem Verlust der Sicherheit im Uterus führe dazu, daß sich das Kind verfolgt und angegriffen fühle, daher der Begriff »paranoid«. Sie änderte die Bezeichnung später, mit Bezug auf Fairbairns Schriften, in »paranoid-schizoid«, um die Spaltung zu beschreiben, die ein wesentlicher Bestandteil dieser Phase sei.

Während der »paranoid-schizoiden« Phase kommt das Kind in Kontakt mit seinem ersten Objekt, der Brust. Die Interaktionen des Kindes mit diesem Objekt (genauer gesagt, einem »Teil-Objekt«) bilden seine erste reale Objektbeziehung. Diese ist auch die erste Möglichkeit für das Kind, mit seinen destruktiven Impulsen umzugehen.

Sehr anschaulich schildert Klein das Wesen dieser Impulse, und wie sie in der Phantasie zum Ausdruck kommen. Sie spricht von »vampirartigem Saugen« und vom »Aushöhlen« der Brust. Die aggressiven Impulse des

Säuglings beschreibt sie so: »In seinen destruktiven Phantasien beißt und zerreißt das Kind die Brust, verschlingt sie, vernichtet sie; und es meint, es werde in gleicher Weise von der Brust angegriffen« (1952, S. 63). Obwohl das Kind seiner einzigen Nahrungsquelle zweifellos auch positive Gefühle entgegenbringt, sind seine negativen Reaktionen wirklich beachtlich.

Es verwundert nicht, daß die Introjektion dieser Vorstellungsbilder sehr viel innere Unruhe und Befürchtungen erzeugt. Das Kind reagiert, indem es die Vorstellungsbilder voneinander abspaltet, d. h. indem es erschreckende und feindliche Bilder von beruhigenden und freundlichen trennt. Diese frühe Aufteilung der inneren Welt in frustrierende und destruktive (böse) und in befriedigende, liebevolle (gute) Elemente ist die archaische Möglichkeit des Säuglings, mit seinen inneren Impulsen zurechtzukommen.

Die »depressive« Position beginnt im zweiten Quartal des ersten Jahres und dauert fast bis zum Beginn des zweiten Jahres. Es ist eine Phase schnellen psychischen Wachsens, in deren Verlauf die Spaltung aufgehoben und die Mutter als ganzes Objekt aufgenommen wird. Bei der Interaktion mit der Mutter als ganzem Objekt und nicht als Teilobjekt kommt das Kind zu der Erkenntnis, daß ihm Gut und Böse von derselben Person zufließen. Jetzt wird die Mutter realistischer erlebt, als fehlbarer Mensch, der gut *und* böse anstatt gut *oder* böse sein kann. Und in dem Maße, wie das geschieht, ist das Kind gezwungen, sich negative Gefühle, oft Gefühle des Hasses, gegenüber der Mutter einzugestehen.

Auch wenn diese Entwicklung, die Aufhebung der Spaltung, einen Schritt in Richtung größerer Reife darstellt, hat sie doch ihren Preis. Das Kind kann zu dem Gefühl kommen, die Elternfigur beschädigt oder gar vernichtet zu haben. Solche Gefühle sind sehr intensiv, auch wenn sie durch Ereignisse ausgelöst werden, die nur in der Phantasie stattgefunden haben; die Grenze zwischen Phantasie und Realität ist für den Säugling noch sehr wenig ausgeprägt. Als Folge davon entsteht eine »depressive Angst«, wie Klein sagt. Für den Augenblick sieht es so aus, als habe das Kind nur eine Form der Angst (Verfolgungsangst) gegen eine andere (depressive Angst) ausgetauscht und damit destruktive Impulse durch Schuldgefühle ersetzt.

Das trifft in gewissem Maße zu, doch es gibt auch eine positive Seite: Daß das Kind den der Mutter zugefügten Schmerz subjektiv erlebt und zugleich bedauert, bedeutet, daß es begonnen hat, die Fähigkeit zur Empathie zu entwickeln. Dies und der menschliche Wunsch, dem beschädigten Objekt Wiedergutmachung zukommen zu lassen, zeigen, daß eine höhere Ebene der Objektbeziehungen erreicht worden ist. Im Verlauf dieses Prozesses werden gute innere Objekte weiter gefestigt, und an die Stelle von Verfolgungsgefühlen treten zunehmend Gefühle der Sicherheit.

Die depressive Position ist gegenüber der paranoid-schizoiden ein wichtiger Reifungsschritt. Zum einen ist das Kind jetzt in der Lage, gespaltene Wahrnehmungen der Mutter zu integrieren und zu einem Ganzen zu verbinden. Depressive Angst, obwohl unangenehm, ersetzt die Verfolgungsangst und bereitet den Weg für ein reiferes Miteinander-Umgehen. Und schließlich entsteht die Fähigkeit zur Wiedergutmachung, wodurch Beziehungen möglich werden, die mehr auf Fürsorge und Bewahren als auf Zerstörung und Verlust beruhen.

Mit diesen »Positionen« hat Klein auf ihre Art die wichtigen Entwicklungsphasen des Kindes zu beschreiben versucht. Statt sich auf die psychosexuellen Entwicklungsphasen mit der jeweils vorherrschenden Triebdynamik zu beziehen, beschreibt sie das psychische Wachstum des Kindes danach, wie das Kind mit Liebe-Haß-Beziehungen umgeht. Bedauerlicherweise hat Klein psychiatrische Begriffe gewählt, um die verschiedenen »Positionen« des Kindes zu beschreiben, denn eigentlich handelt es sich um einen normalen Entwicklungsverlauf. Von ihren pathologischen Konnotationen befreit, beschreiben sie die Bemühungen des Kindes, mit wichtigen Figuren (realen und phantasierten) und nicht mit biologischen Impulsen zurechtzukommen.

Melanie Kleins Beitrag zur Objektbeziehungstheorie läßt sich darin zusammenfassen, daß sie mit der Untersuchung der frühen Persönlichkeitsentwicklung, die sich aus den archaischen Objektbeziehungen ergibt, Pionierarbeit leistete. Damit förderte sie eine Verlagerung von ödipalen zu präödipalen Fragestellungen, von einer Analyse dessen, wie die Kinder ihre psychosexuellen Triebe befriedigen, zu der Analyse, wie sie ihre Vorstellungswelten aufbauen. Melanie Klein hat nicht nur als eine der ersten das Vorhandensein früher Introjekte behauptet, sondern auch die Idee vertreten, daß die innere Objektwelt die Grundlage der Psyche des Menschen bildet.

Obwohl viele ihrer Ideen, etwa die von den angeborenen Ursprüngen der Muttererfahrung oder von dem apokalyptischen Kampf zwischen den inneren Kräften des Guten und des Bösen, keine Gültigkeit mehr haben,

haben ihre Vorstellungen über die Wirkung der Spaltung und anderer unbewußter Mechanismen eine ganze Generation von Objektbeziehungstheoretikern beeinflußt. Vielleicht ist Melanie Klein mehr als alle anderen dafür verantwortlich, daß man Beziehungen zu untersuchen begann in einem Bereich, der von Vorstellungen über Lustgewinn und Spannungsreduktion beherrscht war. Wenn Freud der Vater der Psychoanalyse ist, so ist Melanie Klein die Mutter der Objektbeziehungstheorie.

W. R. D. Fairbairn

William Ronald Dodge Fairbairn, der oft zusammen mit Melanie Klein der »Britischen Schule« der Objektbeziehungstheorie zugeordnet wird, hat in den vierziger Jahren einige Aufsätze veröffentlicht, aufgrund derer er ebenfalls zu den Objektbeziehungstheoretikern zu zählen ist (1954, S. 1-179). Er vertrat darin die Ansicht, menschliches Verhalten ziele nicht bloß darauf ab, körperliche Lust zu befriedigen, sondern sinnvolle Beziehungen zu anderen Menschen herzustellen. Der Wunsch nach mitmenschlicher Bezogenheit sei *die* motivierende Kraft. Für ihn beinhaltete die Libido nicht das Streben nach Lust, sondern nach Objekten. Aufgrund dieser Überlegung formulierte er seine eigene Beziehungstheorie der menschlichen Entwicklung. Er verwarf den Vorrang von Freuds psychosexuellen Phasen und beschrieb eine Abfolge von Reifungsstufen, die sich an Beziehungen und nicht an der Reduktion erogener Spannungen orientierte. Wie Klein unterstrich er die Bedeutung der frühen Mutter-Kind-Beziehung. Anders als Klein jedoch betonte er die Wirkung von Abhängigkeit in der Beziehung und nicht die destruktiven Phantasien.

Fairbairns Theorie der Objektbeziehungen geht von der Beschreibung der kindlichen Entwicklung aus und berücksichtigt besonders die Bedeutung von Abhängigkeit in dieser Beziehung. Nach Fairbairn durchläuft jedes Kind drei große Entwicklungsphasen:

1. frühkindliche Abhängigkeit,
2. Übergangsphase,
3. reife Abhängigkeit.

Jede Phase bedeutet einen Schritt auf der Stufenleiter zu autonomer Funktionsweise und beschreibt eine bestimmte Art des Umgangs mit den primären Figuren in unserem Leben.

Am einen Ende der Skala (frühkindliche Abhängigkeit) ist das Kind mit der Person, die es hauptsächlich versorgt, psychisch verschmolzen. In dieser Phase gibt es kaum Differenzierung und nur ein schwach entwickeltes Selbstgefühl. Das Kind ist so sehr an die Mutter gebunden, daß man zu diesem Zeitpunkt noch kaum von einem kindlichen Ich sprechen kann. Winnicott z.B. meinte, es sei richtiger, von einem »Stillpaar« zu sprechen als von zwei getrennt existierenden Menschen. Fairbairn spricht im Zusammenhang mit diesem archaischen Seinszustand von »primärer Identifikation«.

Am anderen Ende der Skala (reife Abhängigkeit) sind die Beziehungen durch Wechselseitigkeit und Austausch gekennzeichnet. In solchen Beziehungen sind die Beteiligten nicht nur imstande, die Andersartigkeit des anderen anzuerkennen, sondern wissen auch um die gesunde Abhängigkeit, die ihrer Interaktion zugrunde liegt. Vielleicht ist es richtiger, dieses Stadium als reife *gegenseitige* Abhängigkeit zu bezeichnen, denn für Fairbairn läßt sich Reife als das Erkennen des gegenseitigen Angewiesenseins und die Fähigkeit, Andersartigkeit zu tolerieren, kennzeichnen.

Die Übergangsphase ist eigentlich keine Phase für sich, sondern eine Überleitung von der ersten zur dritten Phase. Es verlangt einen lebenslangen Prozeß des Sich-Losmachens von der einseitigen Abhängigkeit früher Beziehungen und eine Bewegung hin zu Beziehungen, die durch gegenseitige Abhängigkeit gekennzeichnet sind. Ein großer Teil des Lebens konzentriert sich auf diese Übergänge (die oft mit Trennungen verbunden sind), und Menschen, die sie nicht einigermaßen erfolgreich zustandebringen, neigen zu psychopathologischen Entwicklungen. Fairbairn zufolge entstehen Neurosen aus der Unfähigkeit oder dem Widerstreben, Bindungen kindlicher Abhängigkeit aufzugeben.

Obwohl Fairbairns Darstellung der Entwicklung sehr grob gezeichnet ist, wird deutlich, daß er den sehr frühen Interaktionen zwischen Mutter und Kind große Bedeutung beimißt. Daher kreisen seine Formulierungen darum, wie Abhängigkeit erlebt wird und wie Abhängigkeitsbeziehungen zu der Mutter in die Ich-Struktur des Kindes aufgenommen werden. Um zu verstehen, wie dies geschieht, bezieht er sich besonders auf den psychischen Mechanismus der Spaltung. Damit versucht er zu beschreiben, wie das Kind mit einer widerspruchsvollen und unbefriedigenden Welt zurechtkommt, das heißt, mit einer widerspruchsvollen und unbefriedigenden Mutter. Überwiegend wird die Mutter als gut erlebt. Sie befriedigt die

Bedürfnisse des Kindes und erfüllt seine Wünsche. Aber es gibt auch Situationen, in denen die Mutter als böse erlebt wird. Sie beachtet das Kind nicht, weist seine Annäherungsversuche zurück und frustriert seine Wünsche. Damit entsteht ein Dilemma, da das Kind weder ihr Verhalten bestimmen noch sie verlassen kann. Die Abhängigkeit zwingt es, nach einer Lösung zu suchen.

Fairbairn zufolge geht das Kind dieses Dilemma dadurch an, daß es eine innere Welt konstruiert, die von verschiedenen Aspekten der Mutter bewohnt wird. Dies stellt die früheste Form der Spaltung dar. Indem es die Mutter in gute und böse Anteile aufteilt und die einen von den anderen psychisch abspaltet, ist das Kind in der Lage, seine Abhängigkeitsbindung zu bewahren, ohne sich ständig bedroht zu fühlen. Die Folge ist eine Innenwelt, die in »gute« und »böse« innere Objekte gespalten ist, die den erfreulichen und den unerfreulichen Aspekten der Mutter entsprechen.

Das »gute« innere Objekt wird von Fairbairn als das »ideale Objekt« bezeichnet. Diese innere Repräsentanz umfaßt die wohltuenden und belohnenden Aspekte der Mutter, und als ein Teil der Mutter ermöglicht sie, sofern verinnerlicht, das Gefühl des Kindes, erwünscht und geliebt zu sein.

Das unbefriedigende oder böse Objekt kann eine von zwei Formen annehmen. Eine ist das »aufreizende Objekt«. Es wird durch Interaktionen mit einer Mutter hervorgebracht, die das Kind quält, hänselt und auf andere Weise reizt. Die Folge ist, daß sich das Kind ständig frustriert und leer fühlt. Das andere böse Objekt, »das zurückweisende Objekt«, wird durch Interaktionen mit einer Mutterfigur erzeugt, die Feindseligkeit und Rückzugshaltung zeigt. Das Kind fühlt sich ungeliebt und unerwünscht und ist ständig wütend darüber. Diese beiden Varianten eines »bösen« inneren Objekts zusammen mit dem »idealen Objekt« beinhalten eine Dreiteilung der Vorstellungswelt des Kindes.

Jedes dieser inneren Objekte läßt durch die von Fairbairn so benannte »parallele Ich-Spaltung« charakteristische Ich-Zustände entstehen. Die das Kind reizenden Seiten der Mutter (das »aufreizende Objekt«) zum Beispiel lassen ein *infantiles libidinöses Ich* entstehen. Das ist ein Teil der Psyche, der immer hungrig, aber nie satt ist. Ein Kind, das von einem solchen Ich-Zustand beherrscht wird, fühlt sich ständig frustriert und benachteiligt.

Das zurückweisende Objekt läßt ein *antilibidinöses Ich* entstehen. Das ist der Teil des Ich, der haßt und nachtragend ist. Er ist voller Bitterkeit und schimpft über das, was er an Verweigerungen erfahren hat. Er sehnt sich verzweifelt danach, angenommen zu werden, ihn verlangt nach Vereinigung und Verbundenheit, die er zu verdienen meint. Doch er wird von der stets vorhandenen Angst beherrscht, nicht liebenswert und unerwünscht zu sein. Kinder, die von diesem Ich-Zustand geleitet werden, sind voller Wut und empfinden die meiste Zeit Haß.

Schließlich gibt es das *zentrale Ich,* der Teil des Ichs, der sich von dem idealen Objekt herleitet. Es ist der einzige Teil, der immer noch mit den Teilen der Mutter verbunden ist, die einmal befriedigend waren. Das zentrale Ich führt zu konformem Verhalten, sobald die störenden Aspekte der anderen beiden Zustände abgespalten worden sind.

Von den verschiedenen Zuständen ist nur das »zentrale Ich« für Beziehungen mit realen Menschen in der realen Welt verfügbar. Die anderen beiden werden leicht verdrängt, weil sie Schmerz bereiten. Doch sie zu isolieren oder abzuspalten macht die innere Welt fragmentiert und läßt große Anteile des Selbst vom Bewußtsein abgeschnitten. Dies bildet die Grundlage für psychopathologische Entwicklungen.

Nach Fairbairn hat abnormes Verhalten seinen Ursprung in Extremformen der Spaltung. Die Bemühungen des Kindes, positive Teile der Mutter zu schützen, indem es die negativen Teile kontrolliert, führt zur Verdrängung eines ganzen Bereichs inneren Erlebens. Weil schmerzliche Teile des Selbst verdrängt werden, sind sie bewußter Kontrolle nicht zugänglich und werden schließlich als innere Empfindungen von Frustration, Verfolgung und Selbstdiffamierung erlebt.

All dies wirkt sich schließlich beeinträchtigend auf die Kontakte zu anderen aus. Dieselben Mechanismen, die zuerst für die Spaltung verantwortlich waren, führen zu einer fortdauernden infantilen Abhängigkeit in Beziehungen. Die Grundangst bezieht sich auf den Verlust von Kontakt, und die Person tut alles nur mögliche, um den Schmerz des Verlassenwerdens zu vermeiden. Wenn Trennung droht, tatsächlich oder eingebildet, reagiert der beunruhigte Mensch auf die zwischenmenschliche Welt entweder mit noch stärkerem Ausdruck von Bedürftigkeit oder mit Wut.

Fairbairns Sichtweise von der inneren Welt ist insofern eine Weiterentwicklung der von Melanie Klein, als er ein detaillierteres Bild der verschiedenartigen Objektbeziehungen sowie der mit ihnen verbundenen Ich-Zustände gibt. Dabei charakterisiert er gute und böse Objekte etwas anders: Für Melanie Klein ist die Bösartigkeit eines Objekts ein Produkt der auf ein äußeres Objekt, gewöhnlich die Mutter, projizierten eigenen angeborenen Destruktivität des Kindes. Für Fairbairn ist genau das Gegenteil der Fall. Bösartigkeit ist nach seinem Verständnis eine verinnerlichte Seite von Eltern, die tatsächlich versagend, frustrierend oder zurückweisend sind.

Kurz, nach Fairbairns Sicht der kindlichen Psyche führen Interaktionen mit der Mutter zu Spaltungen in der inneren Objektwelt. Diese wiederum bilden die Grundlage für Spaltungen in den sich entwickelnden Ich-Zuständen des Kindes. Die Objektbeziehungen sind bei Fairbairn insofern in einem umfassenderen Sinn relational als bei Melanie Klein, als in erster Linie reale und nicht imaginierte Interaktionen in Betracht gezogen werden. Obwohl Fairbairn die traditionelle psychoanalytische Terminologie beibehalten hat (Libido, antilibidinös usw.), hat er als einer der ersten die These der Objektbeziehungstheoretiker, daß sich ein Ich oder ein wahres Selbst niemals außerhalb von zwischenmenschlichen Beziehungen entwickelt, mit Bedeutung gefüllt.

Margaret Mahler

Unter den Objektbeziehungstheoretikern hat Margaret Mahler die Mutter-Kind-Interaktion wohl am entschiedensten entwicklungsbezogen untersucht und dargestellt. Als Wiener Kinderärztin interessierte sich Mahler für die unzulänglichen Objektbeziehungen psychotischer Kinder und zog dabei diskontinuierliche frühe Mutter-Kind-Beziehung in Erwägung. In ihrer sorgfältigen Untersuchung autistischer und anderer schwer gestörter Kinder konnte sie die psychische Bedeutung der frühen Bindung an die Mutter erkennen.

Mahlers Untersuchung gestörter Kinder führte schließlich zu einem Konzept von normaler Kindheitsentwicklung. Durch genaue Beobachtung der Interaktionen zwischen Mutter und Kind in den ersten Lebensmonaten konnte sie die Struktur der frühen Bindung aufzeigen. In dieser Bindung und in den Bemühungen des Kindes, eine eigene Identität aufzubauen, sah sie den Beginn eines lebenslangen Prozesses, den sie »Trennung und Individuation« nannte. Mahlers Beschreibung dieses Prozesses und der Interaktionen hat »eine Einfachheit und eine sprachliche Kraft, durch die sie vielleicht zu der überzeugendsten Sichtweise des frühen Kindheitsgeschehens seit Freuds Schilderung des Ödipuskomplexes geworden ist« (*Greenberg, Mitchell* 1983, S. 273).

Das gesamte Reifungsgeschehen ist nach Auffassung Mahlers ein Prozeß, in dem das Kind von der symbiotischen Bindung an die Mutter zu einer stabilen autonomen Identität fortschreitet (*Mahler* 1952). Diese Entwicklung ist durch drei Phasen gekennzeichnet: die »autistische Phase«, die »symbiotische Phase« und die Phase der »Trennung und Individuation«, wobei sich letztere aus mehreren Subphasen zusammensetzt. Während der Phase der Trennung und Individuation wird der Hauptkonflikt des Lebens: Autonomie versus Verschmelzung mit der Mutter, am heftigsten ausgetragen. Der Grad der Konfliktlösung entscheidet über das Maß der pathologischen Folgen im späteren Leben.

Nach Mahler beginnt die *autistische* Phase mit der Geburt und dauert drei oder vier Wochen an (*Mahler, Pine, Bergman* 1975). Während dieser Zeit funktioniert der Säugling als geschlossenes System und kann andere im zwischenmenschlichen Sinn nicht wahrnehmen. Zwar sucht der Säugling die Brust als Nahrungsquelle, aber das wird weitgehend durch einen Greifreflex gesteuert und nicht durch die Wahrnehmung, daß »da draußen« ein anderer Mensch ist, der für seine Bedürfnisse zuständig ist.

Erst gegen Anfang des zweiten Monats wird der Zusammenhang zwischen Spannungsreduktion und der wichtigsten Fürsorgeperson (gewöhnlich der Mutter) vom Kind hergestellt. Das kennzeichnet den Beginn der *symbiotischen* Phase, die etwa von der fünften Lebenswoche bis zum fünften Monat andauert. Doch obgleich die Mutter nun dunkel mit Gefühlen von Wärme und Fülle in Zusammenhang gebracht wird und somit im Bewußtsein des Kindes ist, wird sie noch nicht als autonome Gestalt erlebt. Die Welt des Säuglings ist noch weitgehend »präobjektal«.

In dieser Phase kommt es erstmals zu der Reaktion des Lächelns auf das Gesicht der Mutter. Obwohl dies ein gewisses Maß an Trennung zu bedeuten scheint, betont Mahler, daß der Säugling die Mutter weiterhin so erlebt, als wäre sie Teil desselben interpersonalen Systems. So kann der Säugling beunruhigt reagieren, wenn die Mutter verstimmt ist, auch wenn das Bedürfnis nach Nahrung und Wärme und andere Körperbedürfnisse erfüllt sind. In dieser Phase ist Differenzierung noch ein fernes Ziel.

Diese archaischen »präobjektalen« Erfahrungen enthalten den Kern früher Spaltung. Angenehme Erfahrungen werden als »gut« klassifiziert, schmerzhafte dagegen als »böse«. Zusammen bilden sie die Grundlage für Erinnerungsspuren, die die Vorläufer späterer zwischenmenschlicher Spaltungen sind. Zu diesem Zeitpunkt jedoch wird die eigene Person nicht als getrennter Mensch erlebt, wird keine Differenzierung zwischen der Mutter und einem kindlichen Selbst empfunden; es gibt nur das Erleben symbiotischer Einheit.

Die folgende höchst komplexe Phase, *Trennung und Individuation*, setzt sich aus mehreren Subphasen zusammen, jede eine spezifische Bewegung auf dem Weg zur Unabhängigkeit: die Phase der Differenzierung, die Übungsphase, die Phase der Wiederannäherung und die der libidinösen Objektkonstanz (*Mahler* et al. 1975, Kapitel 4 - 7). Diese vier Subphasen, die vom fünften oder sechsten Monat bis zum dritten oder vierten Lebensjahr dauern, bestimmen wesentlich den Grad an Getrenntheit, den jemand erreicht. Unser Selbstgefühl und unsere Beziehungen werden weitgehend dadurch bestimmt, was in dieser Phase geschieht.

Die *Subphase der Differenzierung* beginnt etwa im fünften oder sechsten Monat und dauert ungefähr bis zum zehnten Monat. Die Mutter-Kind-Dynamik konzentriert sich in dieser Zeit hauptsächlich auf die Wahrnehmungsunterscheidung. Distale Sinnessysteme, etwa das Sehvermögen, werden weiterentwickelt; währenddessen beginnt der Säugling, das Getrenntsein der Mutter (und anderer) mehr und mehr zu erfahren. Beispielsweise erlebt das Kind in dieser Subphase zum erstenmal »Fremdenangst« (das »Fremdeln«). Während das Kind die Welt zu untersuchen beginnt und entdeckt, daß sie sich zwischen seinen Lippen und Fingerspitzen erstreckt, differenzieren sich Selbst und Objekt zunehmend.

Etwa mit 10 bis 11 Monaten tritt das Kind in die *Übungs-Subphase* ein. Dieser Teil des Trennungs- und Individuationsprozesses dauert etwa bis zum 15. oder 16. Monat und ist durch die Vierfüßlerbewegung gekennzeichnet. Das Kind klettert und krabbelt und ist damit in der Lage, sich selbst körperlich von der Mutter zu trennen. Diese Trennung von der Mutter beginnt bereits in der Subphase der Differenzierung mit dem, was Mahler »Ausbrütung« nennt. Sie meint, mit der Fähigkeit des Kindes, sich selbst körperlich von der Mutter zu entfernen, beginne eigentlich seine »psychische Geburt«.

Das heißt nicht, daß das Kind jetzt emotional völlig selbständig funktionieren könnte. Es sucht immer noch in regelmäßigen Abständen die

Gegenwart und Bestätigung der Mutter, um »emotional aufzutanken«. Man braucht dazu nur die Spiele von Einjährigen zu beobachten: Beim Spiel mit anderen Kindern unterbrechen sie regelmäßig ihr Tun, um visuell zu überprüfen, wo sich die Mutter gerade aufhält. Obwohl am Ende dieser Phase die Anfänge aufrechter Fortbewegung und ein aktiveres Erkunden der Welt festzustellen sind, wird die Mutter weiterhin als »Ausgangsbasis« gebraucht.

Die *Subphase der Wiederannäherung* im Prozeß der Trennung und Individuation beginnt zwischen dem 15. und 18. Lebensmonat und dauert bis zum 30. Monat bzw. bis zum Alter von zweieinhalb Jahren. Während dieser Zeit werden rasche Fortschritte in der Sprachentwicklung gemacht, da das Kind mit der Mutter und anderen wichtigen Figuren, insbesondere dem Vater, mehr und mehr sprachlich interagiert. Gefühle der Selbstbehauptung und des Getrenntseins treten in den Vordergrund, während das Kind in seiner neu gefundenen Unabhängigkeit fast herausfordernd herumstolziert. Während es zwar zunehmend Fortschritte macht, sich von der Mutter zu trennen und sich als Individuum zu beweisen, bleibt doch ein großes Bedürfnis nach Hilfe und Bestätigung. Das Kind versucht, dies zu leugnen, was in der sogenannten »Wiederannäherungskrise« gipfelt.

Diese sogenannte Krise sind eigentlich andauernde Kämpfe zwischen Mutter und Kind, in denen es um den Konflikt zwischen dem Bedürfnis nach der Mutter und dem nach Trennung und Individuation geht. Das Kind tritt in einer Stimmung von Expansivität und Allmacht in diese Subphase ein, die eine Folge seiner sich entwickelnden körperlichen und sprachlichen Fähigkeiten ist. Diese Stimmung wechselt jedoch mit Anhänglichkeit und anderen Äußerungen von Bedürftigkeit ab. Die »Trotzphase«, über die so viel geschrieben worden ist, beschreibt treffend den heftigen Negativismus, den dieser Konflikt hervorbringt. Die Fähigkeit der Mutter, dem Kind das richtige Verhältnis von emotionaler Stützung und Festigkeit zu geben, während sie ihm weiter erlaubt, in einem gesunden Ausmaß unabhängigen Aktivitäten nachzugehen, ist ein wichtiger Faktor bei der Lösung der Krise.

Die letzte Subphase des Trennungs- und Individuationsprozesses ist vielleicht die entscheidendste, weil sie bei der Entstehung und schließlichen Beschaffenheit des Selbst eine so wichtige Rolle spielt. Als *libidinöse Objektkonstanz* bezeichnet, setzt diese Subphase mit etwa zweieinhalb Jahren ein und dauert an, bis das Kind ungeführ drei Jahre alt ist. Die

Hauptaufgabe in dieser Zeit ist die Entwicklung einer stabilen inneren Repräsentanz der Mutter. Wenn dies nicht erreicht wird, bleibt das Kind von der physischen Gegenwart der Mutter abhängig, um sich sicher zu fühlen, und kann nie ein autonomes Selbstgefühl entwickeln.

Schließt das Kind diese Aufgabe erfolgreich ab, so ist es in der Lage, die Mutter zu verinnerlichen und in ihrer Abwesenheit eine stabile innere Vorstellung von ihr zu bewahren. Wenn sich eine lebensfähige innere Präsenz der Mutter entwickelt, d. h. eine libidinöse Objektkonstanz erreicht wird, kann das Kind unabhängig von der wichtigsten Bezugsperson funktionieren und zwischenmenschliches Getrenntsein erleben. In dem Maße, wie dies erreicht wird, oder wenn zumindest eine deutliche Entwicklung in dieser Richtung eingesetzt hat, entwickelt das Kind die Fähigkeit, selbständig zu funktionieren und gesunde Objektbeziehungen herzustellen.

Eine libidinöse Objektkonstanz setzt voraus, daß positive und negative mütterliche Introjekte integriert worden sind. Ist die Integration unvollständig, reagiert das Kind — und später der Erwachsene — auf Personen in seiner Umgebung entweder strafend und zurückweisend oder unangemessen entgegenkommend. Beide Positionen, um auf einen Begriff von Melanie Klein zurückzugreifen, gehen auf mangelhafte frühe Objektbeziehung zurück. Beide führen auf ihre Weise zur Entstellung der erwachsenen Objektbeziehungen und unter Umständen zum Entstehen von Psychopathologie.

Die den verschiedenen Phasen und Subphasen Mahlers zugeordneten Zeitspannen sind als grobe zeitliche Orientierung zu betrachten. Wie Piagets Stufen der Intelligenzentwicklung verhalten sie sich eher wie Punkte auf einer spiralig gewundenen Helix als auf einer geraden Linie. Wie jeder weiß, der Kinder großgezogen hat, ist die Kindheitsentwicklung eher ein Prozeß mit plötzlichen Entwicklungsschüben und vorübergehenden Rückschritten als eine Abfolge geradlinig verlaufender voraussagbarer Ereignisse.

Dennoch kann man in allen Phasen Mahlers konkrete Verhaltensmerkmale erkennen, die die wesentlichen Stadien des Reifungsprozesses kennzeichnen. So zeigt z.B. das »Fremdeln« in der Subphase der Differenzierung, daß das Kind gelernt hat, in seiner Wahrnehmung die Mutter von anderen Menschen zu unterscheiden. Die Fähigkeit, sich ohne fremde Hilfe fortzubewegen, die mit dem Krabbeln beginnt und mit den ersten Schritten des Kindes voll erreicht ist, besagt, daß das Kind in der Übungs-

Subphase ist. Und wenn es die Sprache als Werkzeug im zwischenmenschlichen Kontakt zu benutzen beginnt, hat es die Subphase der Wiederannäherung erreicht. Zusammengenommen geben diese Verhaltensmerkmale eine so deutliche Beschreibung der Trennung und Individuation, wie sie bis heute von Objektbeziehungstheoretikern nicht klarer vorgelegt worden ist.

Kurz gefaßt, besteht die Trennung und Individuation aus zwei sich ergänzenden, aber gesonderten Entwicklungsprozessen: Durch die Trennung tritt das Kind aus der symbiotischen Verschmelzung heraus, die die frühe Beziehung zur Mutter kennzeichnet; sie beginnt mit der Wahrnehmungsunterscheidung und gipfelt in der kognitiven Einverleibung (libidinöse Objektkonstanz). Demgegenüber ist die Individuation durch konkrete Errungenschaften wie Fortbewegung, Sprachentwicklung und andere Aktivitäten gekennzeichnet, durch die das Kind autonom funktionieren kann. Mahlers Leistung liegt darin, daß sie diese Prozesse dokumentiert und gezeigt hat, wie sie in den frühen Objektbeziehungen des Kindes verwurzelt sind.

Otto Kernberg

Der heute viel beachtete Objektbeziehungstheoretiker Otto Kernberg hat zahlreiche Aufsätze und Bücher über die Objektbeziehungstheorie und ihren Beitrag für das Verständnis schwerer Charakterstörungen publiziert. In einigen Monographien über pathogene Störungen in den frühen Objektbeziehungen des Kindes (1976, 1982, 1984) findet sich vieles, was wir heute über Ursprung und Eigenart von Borderline-Störungen wissen. Kernberg zufolge liegen die Ursprünge schwerer Psychopathologie in unzulänglichen oder gestörten Objektbeziehungen, die Teil der inneren Welt des Patienten geworden sind.

Wenn man bedenkt, welch großen Einfluß Kernberg in der Diskussion um die Objektbeziehung hat, so ist interessant, daß er die Objektbeziehungstheorie nicht als eigenständige Theorie betrachtet, sondern als Erweiterung der Psychoanalyse. Ich werde auf diese These, die durchaus umstritten ist, noch zurückkommen. Doch unabhängig davon, in welchem Kontext man Kernbergs Ausführungen sieht, eröffnen sie einen weiten und einzigartigen Blick auf Ursprünge und Wesen des relationalen

Selbst und auf die Verinnerlichungen, die zu seiner Entwicklung beitragen.

Wie die meisten Objektbeziehungstheoretiker sieht Kernberg in der Mutter-Kind-Beziehung den Schlüssel zum Verständnis von Art und Richtung psychischen Wachstums. Für ihn ist der Kern dieser Beziehung in den »bipolaren intrapsychischen Repräsentanzen« enthalten — das ist Kernbergs Ausdruck für die inneren relationalen Entsprechungen der zwischenmenschlichen (d. h. es selbst und andere einbeziehenden) Erfahrungen des Kindes. In der kindlichen Psyche als eine Art relationale Enklave eingelagert, beeinflussen diese bipolaren Repräsentanzen nicht nur, wie das Kind die Welt wahrnimmt, sondern wirken als Schablone für das, was in späteren Beziehungen stattfindet.

Jede bipolare Repräsentanz besteht aus drei Komponenten: aus einem Vorstellungsbild von sich selbst, einem Vorstellungsbild von dem anderen und einer affektiven Tönung. Letztere ist durch den besonderen Triebzustand bedingt, der zu dem Zeitpunkt aktiv war, als das Kind mit einem wichtigen anderen in Interaktion stand. Wenn es also zu der Interaktion zwischen dem Selbst und einem anderen dann kommt, wenn sich das Kind depriviert fühlt, wird die bipolare Repräsentanz als frustrierend und deprivierend erlebt. Wenn sich der Austausch zwischen dem Selbst und einem anderen im Zusammenhang mit Befriedigung ereignet, wird die resultierende Verinnerlichung als positiv und erfüllend erlebt.

Insgesamt werden die verschiedenen bipolaren Repräsentanzen von dem kleinen Kind wie in einem Stoffwechselprozeß umgewandelt (*metabolized*) und bilden die Grundlagen der menschlichen Persönlichkeit. Mit der Stoffwechselmetapher will Kernberg beschreiben, wie Erfahrungen aus Interaktionen »außerhalb« in Interaktionen umgewandelt werden, die als integraler Teil des Selbst erlebt werden, also wie äußere Präsenzen zu inneren Präsenzen werden. In dem strukturellen Aufbau der menschlichen Psyche, wie Kernberg ihn beschreibt, sind die bipolaren intrapsychischen Repräsentanzen nichts Geringeres als die Bausteine der Seele.

Jede dreiteilige Konfiguration (die Vorstellung des Selbst, die Vorstellung des anderen und ihre affektive Tönung) ist an dem sogenannten »Verinnerlichungssystem« beteiligt. Solche Systeme bilden unterschiedliche Arten inneren Erlebens und spiegeln den sich wandelnden Charakter von Mutter und Kind während ihrer Interaktion. Wie zu erwarten, sind sie kompliziert und vielschichtig. Verinnerlichungssysteme werden nicht nur durch die jeweilige Eigenart von Mutter und Kind beeinflußt, sondern verändern sich auch mit der Zeit als Funktion sich wandelnder affektiver Tönungen.

Beispielsweise ist der Säugling mit sechs Wochen ein anderes Kind als mit sechs Monaten. Zudem wird die Mutter in den verschiedenen Phasen als Fürsorgeperson sehr unterschiedlich sein. Vielleicht ist sie in der ersten Zeit nach der Geburt des Kindes völlig in Einklang mit sich, stellt jedoch fest, daß sie reizbarer und ungeduldiger wird, wenn das Kind fordernder wird. So wie normale Reifungsprozesse (z.B. das Krabbeln) das Kind verwandeln, wird sich auch die Mutter durch die Betreuung verwandeln. Wachstum heißt Veränderung, und Veränderung heißt, daß Verinnerlichungssysteme ständig im Fluß sind.

Anhand dieser Überlegungen beschreibt Kernberg drei verschiedene Verinnerlichungssysteme mit einer jeweils unterschiedlichen Mutter-Kind-Erfahrung, von denen jedes eine Veränderung in der jeweils vorherrschenden verinnerlichten Beziehung zwischen dem Kind und der wichtigsten Bezugsperson bedeutet. Da sie eine zeitliche Weiterentwicklung beinhalten, haben die drei »Systeme« für Kernberg eine zentrale Bedeutung, um die Stufen der Kindheitsentwicklung zu schildern.

Kernbergs erstes Verinnerlichungssystem, die früheste Entwicklungsstufe, wird als *Introjektion* bezeichnet. In diesem System werden Selbstbilder und Objektbilder im Kontext sehr unbeständiger, unregulierter Gefühlszustände einverleibt. Das Kind lebt mit seinen archaischen Gefühlen, die in seiner Beziehung zu der wichtigsten Pflegeperson auftreten, ohne daß es in der Lage ist, sich bewußt klar zu machen, wer dafür verantwortlich ist. Das Kind ist außerstande, Ursprung und Bedeutung von Gefühlszuständen zu verstehen. Erfahrungen werden gewissermaßen als ganze einverleibt und erhalten eine positive oder eine negative Wertigkeit.

Die Introjektion ist die Stufe innerpsychischen Daseins, in dem Spaltungen erstmals evident werden. Anfangs nimmt das Kind nur gute Erfahrungen in sich auf (z.B. die gute Brust) und stößt alle schlechten ab. Dieser Akt defensiver Abstoßung (»nicht ich«) ist vielleicht das früheste Erleben von Selbstsein (ein Ich), was Kernberg als »gereinigtes Lust-Ich« bezeichnet. Doch während Wahrnehmung und Motorik des Kindes reifen und die Mutter zunehmend als mehr denn ein befriedigendes Teilobjekt erlebt wird, werden positive und negative Erfahrungen als Vorstellungsbilder von einer guten oder schlechten Mutter verinnerlicht. Die Spaltung zeigt sich dann als Abwehrversuch des Kindes, um die beiden voneinander getrennt zu halten.

Das ist ein normales Phänomen. Das kindliche Ich ist an diesem Punkt der Entwicklung nicht in der Lage, feine Nuancen in der Entwicklung kognitiv zu verarbeiten. Das Erleben wird hauptsächlich mit Affekten organisiert. Das Kind kann z.B. noch nicht erkennen, daß es dieselbe Person ist, die belohnt und bestraft. Erst mit den fortgeschritteneren Verinnerlichungssystemen werden gute und schlechte Erfahrungen allmählich integriert. Bis dahin ist es nur natürlich, daß die Welt des Kindes und sein Verinnerlichungssystem gespalten sind.

Das zweite Verinnerlichungssystem wird *Identifikation* genannt. Das Kind ist nun begrifflich in der Lage, die sehr unbeständigen emotionalen Reaktionen des vorausgehenden Systems zu überwinden. Durch seine kognitive Reifung tritt an die Stelle undifferenzierter Reaktionen ein Erkennen der dyadischen, wechselseitigen Interaktionen zwischen Selbst und Objekt. Jetzt hat das Kind die Fähigkeit, sich in einer bestimmten Rolle zu sehen und den »anderen« als einen anderen Menschen zu betrachten, der diese Rolle ergänzen kann.

Auf dieser Stufe psychischer Entwicklung kann das Kind die mit dem Verinnerlichungssystem verbundenen emotionalen Reaktionen besser regulieren. Die bipolaren Vorstellungsbilder sind nicht mehr in dem Maße der affektiven Färbung preisgegeben wie auf der vorausgegangenen Stufe. Man könnte sagen, daß die »Identifikation« stärker in einen kognitiven Seinszustand überleitet. Das Kind fängt an, ein Selbstgefühl zu entwikkeln, in dem es eher eine Figur in einem verwickelten zwischenmenschlichen Drama als ein hilfloses Blatt ist, das in einem emotionalen Strudel herumwirbelt. Doch wenn die »Identifikation« auch einen Entwicklungsvorstoß darstellt, sind die verschiedenen bipolaren Repräsentanzen noch nicht voll miteinander integriert. Das Kind besitzt noch immer kein integriertes Ich.

Integration wird in dem dritten und am höchsten entwickelten System erreicht: *Ich-Identität.* Innerhalb dieses Systems werden die verschiedenen bipolaren Repräsentanzen zu einem integrierten Selbstgefühl zusammengefügt. Die verschiedenen Identifikationen, von denen jede aus vielfältigen Transaktionen zwischen Selbst und Objekt entstanden ist, sind in einer übergreifenden Persönlichkeitsorganisation vereinigt. Jetzt tritt das »Selbst« wirklich in Erscheinung und wird zu einer zentralen richtung gebenden Kraft, die das Verhalten lenkt und Beziehungen stützt.

Die Ich-Identität ist das, was dem Selbst ein Gefühl der Konsistenz gibt. Anstatt nur die besonderen Identifikationen zu reflektieren, die gerade vorübergehend wirksam sind, reflektiert sie *alle* bipolaren Repräsentanzen, die in die Innenwelt einverleibt worden sind. Das Selbst ist jetzt imstande, über bestimmte Situationen und bestimmte Beziehungen hinauszugehen. Nach Kernberg ist das Selbst an diesem Punkt »... die Gesamtheit der Selbstrepräsentanzen in enger Verbindung mit der Gesamtheit der Objektrepräsentanzen« (1982, S. 900).

In Kernbergs System leitet sich Psychopathologie größtenteils von defensivem Spalten her, das nicht nur die Integration von Selbst-und Objektimagines beeinträchtigt, sondern auch ihre Verarbeitung (*metabolization*) blockiert. Mit Kernbergs Worten: »Das Fortbestehen 'unverdauter' früher Introjektionen ist das Ergebnis einer pathologischen Fixierung schwer gestörter früher Objektbeziehungen, einer Fixierung, die in enger Beziehung zu der pathologischen Entwicklung von Spaltungen steht« (1976, S. 34). Unter diesen Umständen werden Beziehungen zu anderen oft von sehr instabilen bipolaren Repräsentanzen geleitet und sind demzufolge unberechenbar, wenn nicht gar chaotisch.

Kernbergs Beschreibung der bipolaren innerpsychischen Repräsentanzen und ihrer Entwicklung zu den verschiedenen Verinnerlichungen beinhaltet seine Sichtweise der Kindheitsentwicklung. Erogene Zonen, Fixierungen und psychosexuelle Konflikte sind zwar noch vorhanden, treten aber in den Hintergrund. Stattdessen wird eine Abfolge von »Verinnerlichungssystemen« in den Mittelpunkt gerückt, die ein Fortschreiten von diffusen und emotional unbeständigen Repräsentanzen von sich selbst und anderen zu solchen umreißt, die hochdifferenziert sind und Erfahrung organisieren können.

So elegant und überzeugend Kernbergs Entwicklungstheorie ist, besitzt sie doch nicht die Detailliertheit und Spezifität der Mahlerschen Theorie. Das ist verständlich, wenn man bedenkt, daß Kernberg größtenteils mit Erwachsenen gearbeitet hat und viele seiner Darlegungen Therapien mit Borderline-Patienten entstammen. Dennoch stimmen seine Darlegungen weitgehend mit der Arbeit anderer Autoren der Objektbeziehungstheorie überein, und seine Beiträge haben deutlich gezeigt, wie die Objektbeziehungstheorie dazu dienen kann, bestimmte pathologische Zustände zu erklären.

Heinz Kohut

Ein weiterer Psychoanalytiker, der einen bedeutenden Beitrag zur Objektbeziehungstheorie geleistet hat, ist Heinz Kohut. Wie Kernberg hat auch er seine Auffassungen aus der Arbeit mit pathologischen Populationen entwickelt, insbesondere mit Patienten, die an narzißtischen Persönlichkeitsstörungen litten. In der von ihm entwickelten Perspektive spielt der Begriff des »Selbst« eine wichtige Rolle. Von allen Vertretern der Objektbeziehungstheorie ist Kohut vor allem wegen seiner Einführung einer Psychologie des Selbst in die psychoanalytische Arbeit beachtet worden. Die Titel seiner beiden wichtigsten Arbeiten, *The Analysis of the Self* (1971; dt.: Narzißmus, 1976) und *The Restoration of the Self* (1977; dt.: Die Heilung des Selbst, 1979), lassen die Bedeutung des Selbstkonzepts in seiner Theoriebildung erkennen.

Auch für Kohut ist es wichtig, die Mutter-Kind-Beziehung zum Verständnis der menschlichen Psyche in den Mittelpunkt zu rücken. Dabei stellt er einige wichtige Aspekte der Dynamik in den intensiven Interaktionen zwischen Mutter und Säugling heraus, mit denen er die Entwicklung des Selbst zu erklären sucht. Die Bildung des Selbst und seine Rolle im menschlichen Leben bestimmt, was normal und was abnorm ist. Psychopathologie ist aus dieser Sicht eine Störung des Selbst mit schweren Krankheitserscheinungen, die ihre Wurzeln in sehr frühen Störungen der Mutter-Kind-Beziehung haben.

Nach Kohut wird das Kind in ein soziales Umfeld hineingeboren, und die Bezogenheit auf andere ist eine Grundvoraussetzung für das psychische Überleben. Das Kind ist von Anfang an auf Erwachsene angewiesen, nicht nur zur Erfüllung seiner physischen, sondern auch seiner psychischen Bedürfnisse. Vielleicht am wichtigsten ist dabei, die Entwicklung eines zunächst vagen und undifferenzierten Selbstgefühls zu unterstützen. Während dieses Selbstgefühl anfangs vielleicht aus kaum mehr als einigen Reflexen und einem angeborenen Potential besteht, wandelt es sich durch elterliche Erwartungen und Förderung schnell in eine zentrale strukturierende Kraft in der Psyche (*Kohut* 1977, S. 99).

Kohut bezeichnet die Eltern und allgemein alle wichtigen Objekte im Leben des Kindes als »Selbstobjekte«. Mit diesem Begriff meint er eigenständige, objektiv getrennte Personen im Leben des Kindes, die schließlich in das Selbst einverleibt werden. Kohuts »Selbstobjekt« darf nicht mit

Kernbergs »Selbst-Objekt« verwechselt werden. Kernbergs mit Bindestrich geschriebene Lesart bezieht sich auf *innere* bipolare Repräsentanzen. Kohuts »Selbstobjekte« sind wirkliche Menschen und nicht imaginierte Repräsentanzen.

Die Bedeutung der Selbstobjekte liegt in den psychischen »Funktionen« für das entstehende Selbst. Selbstobjektreaktionen, wie etwa Lob oder das Auslösen von Scham, werden von dem Kind »hereingenommen« und als Stolz oder Schuld erlebt. Gier, Neid, Schuld und Stolz sind keine mysteriösen Vorgänge, sondern psychische Funktionen, deren Ursprünge in den konkreten, beobachtbaren Mitteilungen bei der Interaktion zwischen Mutter und Kind liegen. Diese Mitteilungen bilden die Bausteine dessen, dem wir schließlich als Selbst begegnen.

Doch das Kind und seine Bezugsperson kommunizieren nicht nur konkret, sondern auch durch Empathie. Kohut sieht in diesem empathischen Austausch ein sehr wichtiges Element für das keimende Selbstgefühl des Kindes. Empathie ermöglicht die Verbindung zu anderen Menschen und ist in einzigartiger Weise spezifisch menschlich. Die dauernden empathischen Interaktionen zwischen dem Kind und seinen Selbstobjekten bilden die Grundlage für eine psychische Infrastruktur, die das Verhältnis des Kindes zu sich selbst und zu anderen beeinflußt.

Insofern es ein natürliches Anliegen des Kindes ist, eine positive und belohnende Selbststruktur zu entwickeln, ist es richtig zu sagen, daß das sich entwickelnde Kind grundlegend narzißtisch ist. Kohut meint, das Kind suche durch die frühen Beziehungen zu den Selbstobjekten zwei grundlegende narzißtische Bedürfnisse zu befriedigen: sich mit entstehenden Fähigkeiten zu brüsten und dafür bewundert zu werden (»Wenn andere mich als gut sehen, dann muß ich gut sein«) und ein idealisiertes Bild von einer der Elternfiguren, gewöhnlich der Mutter, zu entwickeln, um ein Gefühl der Verschmelzung zu erleben. Beide Bedürfnisse sind normal. Das erste führt zu einem gesunden Omnipotenzgefühl und das zweite zu einem gesunden Streben nach Verbundenheit. Beide werden in unsere Repräsentanzenwelt einverleibt, ein Vorgang, den Kohut als »umwandelnde Verinnerlichung« bezeichnet: Die beiden äußeren Objektbeziehungen werden in zwei innere Beziehungskonfigurationen umgewandelt. Die erste, die aus grandiosen, exhibitionistischen Selbst-Imagines besteht, folgt aus dem Austausch mit »spiegelnden Selbstobjekten«. Die zweite, bestehend aus gedämpfteren Selbst-Imagines aufgrund von Verschmelzung, entwickelt sich aus dem Austausch mit »idealisierten Selbstobjekten«. Die erste Selbst-Imago besteht aus Botschaften der Form: »Ich bin vollkommen, und du mußt mich bewundern.« Die zweite enthält Botschaften, die etwa lauten: »Du bist vollkommen, und ich bin ein Teil von dir.«

Beide Konfigurationen sind zwar gesunde Bestandteile der Repräsentanzenwelt des Kindes, aber sie müssen sich erweitern, wenn das Kind heranreift. Die Beziehungen zu den Selbstobjekten müssen über die bloße Befriedigung narzißtischer Bedürfnisse hinausgehen. Geschieht das nicht, werden die inneren Strukturen, die sich aus ihnen ableiten, die Funktionsweise des Erwachsenen beeinträchtigen und zu abnormem Verhalten führen.

Nach Kohut ist Psychopathologie die Unfähigkeit, die narzißtischen Verinnerlichungen der Kindheit zu überwinden. Demzufolge spielen diese eine wichtige Rolle bei der analytischen Behandlung gestörter Menschen. Im Verlauf der Behandlung entwickelt der Patient entweder eine »Spiegelübertragung« oder eine »idealisierende Übertragung« — oder beides. Bei der Spiegelübertragung drängt der Patient den Analytiker in die Rolle des bewundernden Zuhörers; bei der idealisierenden Übertragung hat der Patient eine stark überhöhte Sicht vom Therapeuten.

In der Anfangsphase der Therapie soll der Analytiker dem Patienten erlauben, bei den infantilen Aspekten der Beziehung zu verweilen. Mit dem Fortschreiten der Therapie überwindet der Patient die narzißtischen, infantilen Aspekte der Übertragung und schreitet zu reiferen Beziehungsformen fort. Die Auflösung der Übertragung, d. h. die Beziehung zum Analytiker als positivem und gesundem Selbstobjekt, ermöglicht eine positive umwandelnde Verinnerlichung. Die Psychoanalyse bietet dem Patienten somit eine zweite Entwicklungschance.

Natürlich ist alles etwas komplizierter als hier dargestellt. Aber mit dieser groben Skizzierung können die Besonderheiten von Kohuts Ansatz deutlich werden. Ein Schwerpunkt liegt bei den frühesten »Selbstobjekt«-Beziehungen; es wird gezeigt, wie diese Beziehungen zu einem Teil des Selbst geworden sind und wie ein früher Mangel an Selbstobjekten zu Defiziten im Selbst geführt haben. Mit diesen Überlegungen und Veränderungen in der psychotherapeutischen Beziehung zählt Kohut zu den wichtigsten Autoren, die zu unserem derzeitigen Verständnis von Objektbeziehungen beigetragen haben.

Auch andere Autoren haben wichtige Beiträge zur Objektbeziehungstheorie geleistet, z.B. *Edith Jacobson, D. W. Winnicott* und *Harry Guntrip,* um nur einige zu nennen. Vertreter der neoanalytischen Schulen, wie *Harry Stack Sullivan* (1953) und *Karen Horney* (1939), könnte man ebenfalls hier anführen. Viele betrachten Sullivans interpersonale Psychiatrie als das amerikanische Gegenstück zu der britischen Objektbeziehungstheorie. Ich möchte hier jedoch kein Kompendium der Objektbeziehungstheorie vorlegen, sondern die Grundgedanken ihrer wichtigsten Autoren zusammenfassen, um zu zeigen, was unter »Objektbeziehungen« zu verstehen ist. Wie bereits gesagt, gibt es keinen Ansatz, der für sich allein die Bezeichnung »Objektbeziehungstheorie« beanspruchen kann. Es gibt ganz unterschiedliche Ansätze, verschiedene Auffassungen über die Kindheitsentwicklung und verschiedene Vorstellungen über das Selbst. Dennoch bestehen Ähnlichkeiten, und eine genauere Untersuchung wird vielleicht den gemeinsamen Nenner aller Ansätze einer Objektbeziehungstheorie aufzeigen können.

Gemeinsamkeiten

Wenn es eine Dimension gibt, in der sich die verschiedenen Formulierungen treffen, so ist es die elementare Bedeutung der menschlichen Beziehungen. Das Bedürfnis nach anderen Menschen steht nicht lediglich im Dienst anderer Bedürfnisse, sondern ist eine Motivation in sich. Mit den Worten von *Klein* und *Tribich*: »... Die Objektbeziehungstheorie ist zuerst und vor allem eine Reaktion gegen das Freudsche Triebkonzept« (1981, S. 30). *Greenberg* und *Mitchell* bringen die gleiche Überzeugung zum Ausdruck: »Das Beziehungsmodell sieht in den Beziehungskonfigurationen die Grundlage des Daseins; alles andere menschliche Verhalten und Erleben leitet sich aus diesen Beziehungen ab« (1983, S. 404). Obwohl einige Autoren weiter Begriffe wie »Spannungsreduktion« und »Libidinöse Konflikte« verwenden, sind doch die meisten explizit oder implizit zu einer beziehungsorientierten Perspektive übergegangen.

Hierin zeigt sich eine bedeutsame Veränderung in der Erforschung des Menschen; denn es besagt nicht nur, daß menschliches Verhalten sich aus Beziehungen nährt, sondern auch, daß die menschliche Psyche wesenhaft beziehungsorientiert ist. Der »Stoff«, aus dem die Seele ist, hat weniger mit libidinösen Antrieben und psychischer Energie als mit der Verinnerlichung von Beziehungen zu tun. Um verstehen zu können, was Menschen motiviert und wie sie sich selbst sehen, muß man verstehen, wie Beziehungen verinnerlicht und wie sie in ein Selbst verwandelt werden.

Unter den verschiedenen Beziehungen, aus denen das menschliche Drama besteht, ist die Beziehung zu einer frühen Betreuungsperson vielleicht die wichtigste. »Die herausragende, zentrale und übereinstimmende Behauptung der Objektbeziehungstheoretiker ist, daß optimale Entwicklung und Individuation auf einer optimalen frühen menschlichen Beziehung basieren« (*Klein, Tribich* 1981, S. 30). In den meisten Fällen besteht diese frühe Pflegebeziehung zu der Mutter. Weil diese Beziehung einen so großen Raum im frühen Dasein des Kindes einnimmt und weil sie so sehr mit emotionaler Befriedigung (und Mangel) verbunden ist, meinen die Objektbeziehungstheoretiker, daß sie eine Schablone für alle nachfolgenden Beziehungen bilde.

Die Konzentration auf die Mutter als entscheidende Entwicklungskraft in der psychischen Ausstattung des Kindes bedeutet im Hinblick auf die traditionelle Psychoanalyse eine wichtige Veränderung: In der Psychoanalyse steht der Vater im Mittelpunkt des Geschehens: Indem er bei dem kleinen Jungen Kastrationsangst und bei dem Mädchen Penisneid hervorruft, hat er einen starken Einfluß darauf, ob das Kind die ödipale Phase erfolgreich abschließt. In der Objektbeziehungstheorie steht die Beziehung zur Mutter an erster Stelle.

Diese Veränderung der Perspektive (vom Vater zur Mutter) ist nicht nur ein untergeordneter theoretischer Gesichtspunkt, sondern eine entscheidende konzeptionelle Neuorientierung. Zunächst einmal sagt es etwas darüber, welche Erfahrungen und Konflikte in der normalen Entwicklung von Bedeutung sind; z.B. werden Themen wie Intimität und Pflegeverhalten wichtiger als Macht und Kontrolle. Sodann zeigt sich darin etwas Revolutionäres über die Bedeutung des ödipalen Konflikts: Für den Objektbeziehungstheoretiker sind präödipale Vorgänge für die Persönlichkeitsentwicklung von größerer Bedeutung als ödipale. Dies zielt gegen den Kern der psychoanalytischen Lehre: Während nach traditionellem analytischen Denken der Schlüssel für eine optimale Entwicklung im fünften oder sechsten Lebensjahr zu suchen ist, meinen Objektbeziehungstheoretiker wie Mahler, Kernberg, Kohut und andere, daß die Vorgänge im ersten Lebensjahr den Verlauf menschlicher Entwicklung bestimmen. Nach der Objektbeziehungstheorie liegen die entscheidenden Ereignisse nicht im fünften oder sechsten Lebensjahr, sondern im fünften oder sechsten Lebensmonat!

Wenn das zutrifft, müssen wir systematisch erforschen, was in den allerersten Monaten des Lebens abläuft. Und all die Theoretiker von Klein bis Kohut bemühen sich zu beschreiben, was in dieser frühen Phase zwischen Mutter und Kind geschieht. Von den hier vorgestellten ist dies Margaret Mahler vielleicht am besten gelungen. Anhand ihres Konzepts von »Trennung und Individuation« zeigt sie den Stellenwert jeder Phase im gesamten Reifungsprozeß und dokumentiert die Verhaltensmerkmale, durch die sich die einzelnen Phasen voneinander unterscheiden. Alle diese Autoren versuchen jedenfalls auf die eine oder andere Weise zu erklären, was in den präödipalen Jahren zwischenmenschlich geschieht, und unterstreichen damit die Bedeutung des Beziehungserlebens im ersten Lebensabschnitt des Kindes.

Dessen einzigartige Bedeutung besteht darin, daß es dem Aufbau der Repräsentanzenwelt des Kindes zugrunde liegt. Die meisten Autoren, ausgenommen vielleicht Melanie Klein, betrachten die kindliche Psyche als beziehungsmäßige Tabula rasa. Die frühen Interaktionen mit der Mutter werden als Beziehungskonfigurationen verinnerlicht, die im Laufe der Zeit in ein Seinsgefühl umgewandelt werden. Dieser Prozeß der Verinnerlichung (mit all seinen Projektionen und Identifikationen) bildet die Grundbestandteile dessen, was schließlich als das »Selbst« erlebt wird.

Melanie Kleins Beitrag bestand darin, daß sie als eine der ersten diesen Prozeß klinisch dokumentiert hat. Mit Bezug auf ihre Arbeit mit gestörten Kindern hat sie die innere Welt des Kindes als komplexes Gewebe phantasierter Beziehungen beschrieben, das aus den Beziehungen des Kindes zu anderen entsteht. Ihre Formulierungen liegen Kernbergs »Selbst-Objekt-Repräsentanzen«, Kohuts »umwandelnden Verinnerlichungen« und Mahlers »emotionaler Objektkonstanz« zugrunde. Alle Objektbeziehungstheoretiker schulden Melanie Klein Dank insofern, als sie nicht nur als die erste Analytikerin die innere Welt als repräsentational sah, sondern auch deren Wirkungsweisen zu beschreiben vermochte.

Schließlich scheinen alle Objektbeziehungstheoretiker eine tief im Selbst wirksame Dynamik von Gut und Böse anzunehmen. Deren ursprünglichste Äußerung kann man, Klein zufolge, in der sich ergießenden »guten Brust« und der leeren »bösen Brust« erkennen. Auf einer fortgeschritteneren Entwicklungsstufe findet diese Dynamik Ausdruck in guten und bösen Selbstobjektrepräsentanzen (Kohut) und in Fairbairns Konzept von einem zentralen libidinösen und einem antilibidinösen Ich. Diese Dynamik bildet die Grundlage für die »Spaltung«. Die Tatsache, daß die Welt des Säuglings mit schlechten (frustrierenden) und guten (befriedigenden) Erfahrungen erfüllt ist, führt zu einer Teilung der Innenwelt, die wichtige Folgen für das spätere Leben hat.

Objektbeziehungen: Theorie und Therapie

Angesichts so vieler Gemeinsamkeiten könnte man meinen, man könne ohne weiteres zu einer einheitlichen Objektbeziehungstherapie finden. Es scheint genug Parallelen zwischen den verschiedenen Perspektiven zu geben, um Grundsätze einer Objektbeziehungsbehandlung formulieren zu können. Eine genauere Durchsicht der verschiedenen in diesem Kapitel dargestellten Ansätze zeigt jedoch, daß dies nicht zutrifft. Wir stellen vielmehr fest, daß jede Theorie ihren eigenen, besonderen Behandlungsansatz hervorbringt. Es gibt somit Therapieformen, die sich auf die Arbeit Kleins, Kohuts usw. stützen, und Therapeuten, die sich als Kleinianer oder als Anhänger von Kohut usw. bezeichnen mit jeweils verschiedenen Behandlungsverfahren.

Wenn es für diese verschiedenen Therapietheorien eine gemeinsame Grundlage gibt, so ist es ihr fortbestehendes Vertrauen in die Psychoanalyse als Behandlungsform. Diese wird allerdings nicht in ihrer Totalität übernommen, sondern der Objektbeziehungstheorie entsprechend umgestaltet, etwa dadurch, daß Deutungen minimiert werden und mit der »realen« Beziehung umgegangen wird. Das ändert jedoch nichts daran, daß der Patient immer noch in Psychoanalyse ist. Was heute als »Objektbeziehungstherapie« gilt, ist meistens eigentlich nur eine umgestaltete traditionelle psychoanalytische Technik.

Es ist nicht schwer zu vermuten, warum das so ist. Erstens ist die Objektbeziehungstheorie großenteils im Rahmen der Psychoanalyse entstanden, vermutlich als Reaktion auf eine Perspektive, die stark von biologischen (d. h. triebbezogenen) Fragestellungen beherrscht war. Zweitens sind die meisten Autoren der Objektbeziehungstheorie selbst praktizierende Psychoanalytiker, und die Veröffentlichungen zu diesem Bereich sind zumeist aus der Arbeit mit Psychoanalysepatienten hervorgegangen. Aus dieser Verflechtung von Objektbeziehungstheorie und Psychoanalyse ergeben sich jedoch erkenntnistheoretische Probleme. So enthalten die beiden Perspektiven vor allem sehr verschiedene anthropologische Grundannahmen. *Greenberg* und *Mitchell* (1983) meinen, die grundlegenden Prämissen des Objektbeziehungsansatzes (des Beziehungsmodells) und der Psychoanalyse (des Triebmodells) würden so sehr voneinander abweichen, daß sie unvereinbar seien. Sie schreiben: »Das Triebmodell und das Beziehungsmodell sind vollständige und umfassende Darstellungen des menschlichen Erlebens. Die Prämissen, von denen sie ausgehen, bilden zwei unvereinbare Ansichten vom Leben, von der grundlegenden Natur menschlichen Erlebens« (S. 406).

Ein Beispiel für theoretische Brüche betrifft die Stellung des Ichs: Ist das »Ich« weiterhin als Teil eines Es-Ich-Überich-Systems zu betrachten oder durch das »Selbst« zu ersetzen? Das ist keine nur semantische Überlegung, sondern betrifft die Frage, ob Beziehungsstrukturen (Repräsentationsschemata) untergeordnete psychische Elemente sind oder primäre Bedeutung haben. Immer mehr Autoren scheinen die letztere Position vorzuziehen. *Guntrip* schläge sogar vor, das Konzept des »System-Ich« durch ein »Person-Ich« zu ersetzen (1971, S. 103-139).

Die Verflechtung von Psychoanalyse und Objektbeziehungstheorie läßt nicht nur konzeptionelle, sondern auch definitorische Probleme entstehen. Es wurde bereits erwähnt, wie sich die Bedeutung von »Objekt« in der Objektbeziehungstheorie verändert. Dasselbe gilt für den Terminus »Libido«, der von traditionellen Psychoanalytikern und von Objektbeziehungstheoretikern sehr unterschiedlich benutzt wird. Die letzteren z.B. meinen mit »Libido« zumeist Ereignisse, die zweifellos nicht die Energie oder biologische Triebhaftigkeit besitzen, die mit diesem Begriff gewöhnlich assoziiert werden. Fairbairns »infantiles libidinöses Ich« und »antilibidinöses Ich« sind eindeutig interpersonale Konstrukte und haben wenig mit irgendeiner (libidinösen oder sonstigen) Energie zu tun. Und Mahlers »libidinöse Objektkonstanz« (d. h. die Fähigkeit des Kindes, die Mutter in seiner Vorstellung zu bewahren) ist so weit von der traditionellen Bedeutung von Libido entfernt wie nur irgend möglich.

Diese lexikalische Verwirrung wird auch in den psychotherapeutischen Bereich hineingetragen. Zum Beispiel schreiben Objektbeziehungstheoretiker viel über den Umgang mit »Gegenübertragung« in der Therapie (*Ep-*

stein, Feiner 1979; *Searles* 1979; *Spotnitz* 1985). Für sie ist Gegenübertragung die erlebnismäßige Reaktion des Therapeuten auf die Pathologie des Patienten und damit ein wertvoller Teil der Behandlung, nicht nur als diagnostisches Instrument, sondern auch für die Wahl der Interventionen. In der Psychoanalyse wird Gegenübertragung ganz anders verstanden, nämlich als unbewußte und damit störende Reaktionen des Therapeuten, z.B. als Reste eigener ungelöster ödipaler Konflikte. Daher wird die Gegenübertragung in der Psychoanalyse nicht »genutzt«, sondern der Therapeut sucht sich von ihr freizumachen. — Wenn also derselbe Begriff für zwei sehr verschiedene Phänomene benutzt wird, so stiftet das nur Verwirrung.

Gibt es hier einen Ausweg? Das Nächstliegende wäre vielleicht, die Objektbeziehungstheorie von der Psychoanalyse zu lösen. Obwohl beide Ansätze aufeinander bezogen sind, enhalten sie doch zwei verschiedene Sichtweisen von der Psyche und dem Funktionieren des Menschen. Wenn die Objektbeziehungstheorie zu einem leistungsfähigen konzeptionellen und klinischen Instrument werden soll, muß sie als eigenständige Theorie der menschlichen Beziehungen verstanden werden. Das soll nicht heißen, daß sie sich von der Psychoanalyse völlig trennen müßte, denn die Forschungsergebnisse von Psychoanalyse und Objektbeziehungstheorie können sich weiterhin gegenseitig bereichern. Doch nur wenn die Objektbeziehungstheorie ihre eigene Identität erlangt, wird sie das Erklärungspotential erreichen, zu dem sie fähig ist.

Objektbeziehungstherapie

Die Frage bleibt: Gibt es so etwas wie eine Objektbeziehungstherapie? Wenn wir uns die Theorien in diesem Kapitel ansehen, muß die Antwort Nein lauten. Wie bereits aufgezeigt, bringen alle diese Theorien therapeutische Verfahren hervor, die mehr psychoanalytisch als objektbeziehungsorientiert sind. Vielleicht sollte die Frage besser lauten, ob eine Objektbeziehungstherapie *möglich* ist. Die Antwort darauf ist ein uneingeschränktes Ja! Das gilt insbesondere, wenn die Therapie mit den Teilen der Objektkbeziehungstheorie verknüpft wird, die vorwiegend *beziehungsorientiert* sind.

Welche Form könnte eine solche Therapie annehmen? Zunächst einmal würde sie besonders auf die Beziehungspathologie achten. Der Patient leidet nicht an »Symptomen«, sondern an dem, was *Kaiser* (1965) als »Kontaktstörung« bezeichnet. Er leidet nicht an der Unfähigkeit, sich mit den inneren Impulsen zu versöhnen, sondern an der Unfähigkeit, mit anderen dauerhafte und befriedigende Beziehungen aufzubauen. Psychiatrische Symptome (Angst, Depression, somatische Beschwerden) sind ein Ausdruck davon, daß sich die Beziehungen des Patienten verschlechtern oder daß sie das Selbstgefühl des Patienten bedrohen. Eine solche Therapie würde sich folglich darauf konzentrieren, welche Rolle innere Objektbeziehungen beim Entstehen und Gestalten dieser Beziehungen spielen. Von den verschiedenen Beziehungen im Leben des Patienten würde die Beziehung zum Therapeuten die größte Beachtung finden; denn in diesem phänomenologischen Hier und Jetzt finden sich viele der problematischen Elemente, die auch in anderen Beziehungen des Patienten wirksam sind. Infolgedessen wäre die Therapeut-Klient-Beziehung als In-vivo-Ausdruck dessen anzusehen, was im Leben des Patienten pathologisch ist. Und damit läge in ihr auch das größte Potential für Veränderung: Zweck der Therapeut-Patient-Beziehung wäre nicht, Einsicht, Selbstbewußtsein oder sonstige Veränderungen »im Patienten« zu erreichen, sondern sie würde *selbst* zum Brennpunkt der Veränderung. Probleme psychischer Differenzierung, mangelhafter Verinnerlichungen und pathologischer Spaltung könnten dann durch diese Beziehung angegangen werden. Wenn Beziehungen die Grundlage des Selbst bilden, könnte die Therapeut-Patient-Beziehung als ein Schmelztiegel des Selbst verstanden werden.

Auf den folgenden Seiten versuche ich, Grundlagen für eine Therapie der Objektbeziehungen zu formulieren. Damit möchte ich keine imposante Theorie entwickeln, sondern einen Rahmen bieten, der mit dem bereits Ausgeführten konsistent ist. Es geht dabei vorrangig um »Spaltung« als zentrale Beziehungsdynamik und deren Wirkung auf die Entwicklung guter und schlechter Objektbeziehungen. Davon ausgehend will ich zeigen, wie pathologische Spaltungen zu verschiedenen Formen von Beziehungsstörungen führen. Schließlich wird all dies auf das Geschehen in der Psychotherapie bezogen, mit besonderer Berücksichtigung der Therapeut-Patient-Beziehung.

Kapitel 2

Die Entwicklung des Menschen aus der Sicht der Objektbeziehungstheorie

Roy, ein stämmiger schwarzer Junge mit groben Gesichtszügen, wurde kurz vor seinem neunten Geburtstag zum erstenmal in stationäre kinderpsychiatrische Behandlung aufgenommen. In seiner Anamnese wurden Schulschwänzen und kleinere Brandstiftungen genannt; außerdem war er in mehreren Pflegefamilien gewesen und galt als schwer zu zügeln. Dem Bericht zufolge hatte er aus unerfindlichen Gründen gefährliche Wutanfälle und beschimpfte seine Pflegeeltern grob. Der Hauptgrund für Roys Einweisung war jedoch, daß er an einer »Pica« genannten psychiatrischen Eßstörung litt.

Von den verschiedenen Eßstörungen bei Kindern ist die Pica eine der rätselhaftesten (*Bicknell* 1975; *Cooper* 1957). Wie bei der Bulimie geht es auch bei der Pica darum, sich vollzustopfen, aber nicht mit Nahrungsmitteln, sondern mit ungenießbaren Dingen. Kinder, die an Pica leiden, nagen an Möbeln, verschlingen Abfall und kratzen sogar Tapeten von den Wänden, um ihren scheinbar unstillbaren Hunger zu befriedigen.

Bei Roy war es nicht anders. Das Personal, daß ihn betreute, berichtete, daß der Junge ständig versuchte, Kreide, Zeichenstifte und andere ungenießbare Gegenstände zu essen. Sie waren ständig damit beschäftigt, ihm Dinge aus dem Mund zu nehmen, und mehr konnten sie nicht tun, um ihn unter Kontrolle zu halten.

Die Umstände, die der Pica zugrunde lagen, waren in Roys Fall nicht schwer zu verstehen. Den Aufzeichnungen der Klinik zufolge hatte der Junge in seinen ersten Jahren sehr wenig Nahrung und Pflege bekommen.

Der Vater war ein chronischer Alkoholiker, der selten zu Hause war. Die Mutter arbeitete zeitweise als Prostituierte und verließ die Familie kurz nach Roys Geburt. Das Kind hatte also nie eine kontinuierliche Beziehung mit einer Betreuungsperson erlebt. Betreuung, insbesondere eine mütterliche, fehlte eigentlich völlig. Die einzigen »Mütter«, die Roy kannte, waren die verschiedenen Frauen, mit denen sich der Vater einließ, nachdem Roys wirkliche Mutter gegangen war. Die Informationen über diese Frauen waren sehr lückenhaft, doch offensichtlich hatte er von keiner eine nennenswerte mütterliche Zuwendung erfahren. Eine nach der anderen traten sie in Roys Leben, um wieder zu verschwinden, wenn der Vater sie satt hatte oder sie ihn. An einem Tag im Winter machte sich der Vater dann ebenfalls davon und ließ seinen dreijährigen Sohn in einer kalten Wohnung zurück, weinend, hungrig und außer sich vor panischer Angst.

Erst drei Tage später hörte ein Nachbar das klagende Weinen des Kindes und rief die Polizei. Als sie die Wohnungstür aufbrachen, fanden sie Roy auf dem Küchenfußboden sitzend und Stücke vom Putz der Wände essend. Der Junge hatte den Putz offenbar mit einem Löffel von den Wänden gekratzt. Neben ihm stand eine halb leergegessene Tüte mit Abfällen, und überall waren Essensreste und Papierfetzen verstreut.

Trotz der Bemühungen von Polizei und Fürsorgestellen wurden weder der Vater noch die Mutter jemals gefunden. Roy wurde unter staatliche Vormundschaft gestellt und verbrachte die nächsten sechs Jahre seines Lebens in verschiedenen Pflegefamilien. Trotz mancher hingebungsvoller Bemühungen der Pflegeeltern blieb es sehr schwierig, mit ihm umzugehen. Die Sozialarbeiter berichteten, daß er beim geringsten Anlaß nach seinen Pflegeeltern schlug und in der Schule ständig in Schlägereien geriet. Seine Lehrer waren verzweifelt.

Irgendwann in dieser turbulenten Zeit hatte sich die Pica entwickelt. Ein Pflegeelternpaar nach dem anderen berichtete von Roys unbezähmbarem Drang, Ungenießbares zu essen. Nachdem die Pica diagnostiziert worden war, versuchte man sie ambulant zu behandeln. Nichts hatte Erfolg, die Pica verschlimmerte sich, und es wurde immer schwieriger, Roy in einer Pflegefamilie zu halten, so daß er schließlich in einer psychiatrischen Abteilung untergebracht werden mußte.

Unter diesen Umständen begegnete ich Roy zum erstenmal. Ich war damals psychologischer Mitarbeiter, und Roy war einer meiner ersten Patienten. Wie zu vermuten, wurde ich nicht mit offenen Armen empfangen. Roy begegnete allen Menschen mit Mißtrauen, besonders denen, die versuchten, nah an ihn heranzukommen. Ich war da keine Ausnahme. Meinen Bemühungen, mit ihm in Kontakt zu kommen, begegnete er mit wütenden Beschimpfungen und Versuchen, aus dem Therapiezimmer zu entkommen.

Fortschritte waren nur mit großen Anstrengungen zu erreichen. Wie es oft bei kleinen Kindern der Fall ist, gelang dies nicht durch Reden, sondern über das Spiel (*Schaefer, Millman* 1977; *Thompson, Rudolph* 1983). Schon früh hatte ich bemerkt, daß Roy gerne malte: Als ich eines Tages das Therapiezimmer betrat, sah ich ihn eine Tafel am anderen Ende des Raumes betrachten; hier schien sich mir eine Möglichkeit zu bieten, ich hielt Roy ein Stück Kreide hin und ermunterte ihn zu zeichnen, worauf er gerade Lust habe.

Für einen Augenblick war er verblüfft. Er war es gewohnt, daß Menschen ihm Kreide aus den Händen nahmen, damit er nicht versuchen konnte, sie zu essen. Daß jemand ihm tatsächlich Kreide oder Stifte gab, war für ihn offenbar wie ein Schock. Aber er nahm sie und begann zu malen. Von diesem Tag an verbrachte Roy viele Stunden damit, seine Gedanken und Gefühle auf Papier zu malen.

Die Bilder, die Roy in der ersten Phase der Therapie malte, waren Darstellungen seines inneren Aufruhrs. Eine frühe Zeichnung zeigt ein Boot, das auf einer Wasserfläche segelt (Abbildung 1). Mehrere Flugzeuge lassen Bomben auf das Schiff regnen und beschießen es mit Maschinengewehren. Neben dem Schiff sind zwei U-Boote, die Torpedos auf es abfeuern. Von dem belagerten Schiff aus wird das Feuer zurückgegeben, so daß das Papier schließlich mit einem Gewirr von Geschossen, Torpedos und Kanonenfeuer bedeckt war. Das Ergebnis war eine chaotische Darstellung hemmungsloser Aggression.

Mit fortschreitender Therapie wurden Roys Zeichnungen viel weniger desorganisiert. Auch menschliche Figuren tauchten auf; und als Roy und ich uns näherkamen, bezog er auch mich in seine Darstellungen ein. Diese waren nicht immer schmeichelhaft. Eins von Roys frühen Bildern zeigte ihn, wie er mich mit scharfen, krallenartigen Fingern in Schach hielt. Ich war auf der einen Seite des Blattes und Roy auf der gegenüberliegenden. Im Laufe der Zeit jedoch verringerte sich der Abstand zwischen uns. Eine spätere Zeichnung, eine Winterszene, zeigte Roy, wie er einen Schlitten durch den Schnee zog, während ich ganz in der Nähe stand.

Abbildung 1

Von allen Bildern, die Roy während der Therapie gemalt hat, ist mir eines besonders in Erinnerung geblieben, eine Darstellung des Mondes, übersät mit Kratern und Vulkanen (Abbildung 2). Über der öden Oberfläche schwebten verschiedene farbige Raumschiffe, die gerade starteten. Während die Szene auf den ersten Blick als recht fröhlich anmutete, erwies sie sich bei näherer Betrachtung als das genaue Gegenteil. Zwischen den Kratern in einer der Spalten versteckt war ein winziges Geschöpf zu erkennen. Offenbar war es von den abfliegenden Raumschiffen im Stich gelassen worden und mußte sich nun allein durchschlagen. Was Roy nicht in Worte fassen konnte, kam erschütternd in seinen Bildern zum Ausdruck.

Roys Bilder waren ein Kommunikationsgerüst, auf dem sich die Therapie aufbauen ließ. Indem er die Gefühle untersuchte, die mit jedem Bild verbunden waren, kam er mit dem Gefühl von Verlassenheit in Berührung, das hinter seiner Wut lag, und konnte mit dieser dann besser zu-

Abbildung 2

rechtkommen, so daß sie nicht mehr ständig störend auf seine Beziehungen einwirkte. Aber der Teil der Therapie, der in meiner Erinnerung besonders herausragt, betrifft nicht die Zeichnungen selbst, sondern ein bestimmtes Ereignis im Zusammenhang damit:

Als ich gerade eine Therapiesitzung mit Roy beginnen wollte, sah ich ihn beim Betreten des Zimmers in einer Ecke mit dem Gesicht zur Wand stehen, die Arme locker an den Seiten herabhängend. Ich konnte erkennen, daß er in einer Hand ein Stück Kreide hielt. Die Tafel, auf der er manchmal malte, stand auf der anderen Seite des Raums, so daß ich natürlich einen Augenblick lang dachte, Roy hätte einen Rückfall in die Pica gehabt, die im Verlauf der Therapie weitgehend verschwunden war. Doch als Roy sich zu mir umwandte, wurde mir klar, daß etwas ganz anderes vorging. Das Bild, das sich mir bot, war herzzerreißend. Einen Augenblick lang erkannte ich Roy gar nicht. Er sah verloren und verwirrt aus, hatte die Kreide zu einem feinen weißen Puder zerrieben und über sein ganzes Gesicht verteilt, so daß er mir wie ein kleines weißes Gespenst erschien. Tränen strömten ihm über das Gesicht, und braune Streifen ließen unter dem Weiß erkennen, wo die Tränen die Kreide fortgewaschen hatten. So allein in der Ecke stehend, war er ein erbarmungswürdiger Anblick.

Ich ging zu Roy und nahm in in die Arme, bis er zu weinen aufhörte. Nach einer Weile erzählte er mir, was geschehen war. Er hatte offenbar schon seit einiger Zeit viel darüber nachgedacht, warum seine Eltern ihn verlassen hatten, und das hatte ihn durcheinandergebracht und deprimiert. Um Ordnung in den Wirrwarr seiner Gedanken und Gefühle zu bringen, war er zu dem Schluß gekommen, der Grund müsse sein, daß er schwarz war. Damit schien für ihn alles zusammenzupassen. Die meisten anderen Kinder in dem Krankenhaus waren weiß, und ihre Eltern waren noch da. Tatsächlich gehörte er zu den wenigen Kindern, die an Besuchstagen keinen Besuch bekamen. Schwarz zu sein müsse bedeuten, daß er schlecht sei. Wenn er nur weiß wäre, würde man ihn vielleicht wollen, und er könnte sich selbst als guter Mensch fühlen.

Die Ursprünge des Gut-Seins: Spaltung und menschliche Entwicklung

Was heißt gut sein, und was schlecht bzw. böse sein? Wo haben Gefühle von gut und schlecht/böse ihren Ursprung? Kommen Menschen bereits mit einem Makel auf die Welt, oder kommen sie wie Schneewittchen, »rein wie der frische Schnee«, aus dem Mutterleib? Das sind keine einfachen Fragen. Philosophen und Theologen setzen sich schon seit langer Zeit damit auseinander. Doch erst seit kurzem versuchen Kliniker, diese Fragen mit komplexen klinischen Phänomenen zu verbinden und darüber nachzudenken, welche Rolle sie für die Struktur der menschlichen Psyche spielen.

In Roys Fall ist es ganz offensichtlich, daß seine Sorge, ob er ein guter oder schlechter Mensch ist, eng mit Gefühlen seiner Erwünschtheit verknüpft ist. Und seine Angst vor dem Verlassenwerden wurzelte natürlich darin, daß er tatsächlich im Stich gelassen worden war. Doch die Sorge darum, ob man liebenswert und akzeptiert ist, ist ein durchgängiger Bestandteil aller Objektbeziehungen, unabhängig davon, ob tatsächliches Verlassenwerden ein Thema ist oder nicht. Grundlage dieser Besorgnis ist ein innerer Konflikt um »Gut-sein« oder »Schlecht-sein«.

Im letzten Kapitel haben wir gesehen, daß die Polarisierung von guten und schlechten/bösen Selbstrepräsentanzen in der heutigen Diskussion um die Objektbeziehungstheorie große Bedeutung hat. In diesem Kapitel geht es um die These, daß die Dichotomie von Gut und Schlecht/Böse nicht nur eine mächtige und durchgängige Dynamik in der Funktionsweise des Menschen darstellt, sondern auch eine tiefe, durchgängige Spaltung im zwischenmenschlichen Bewußtsein entstehen läßt. Wie sich diese Spaltung während der Reifung manifestiert, zeigt, wo sich das Kind zwischen extremer Abhängigkeit und psychischer Autonomie gerade befindet.

In diesem Kapitel geht es daher um die Spaltung als wichtige Entwicklungsdynamik. Vier Phasen zwischenmenschlicher Spaltung werden beschrieben, die jeweils einer Phase der allgemeinen menschlichen Entwicklung entsprechen. Die ersten drei Phasen sind die Kindheitsformen von Spaltung, während die vierte das Erwachsenenalter und erwachsene Beziehungen betrifft. Wir beginnen jedoch mit der Mutter-Kind-Beziehung, denn in dieser Beziehung hat die Spaltung ihren Ursprung.

Erste Phase: Spaltung der Mutter

Nach der modernen Objektbeziehungstheorie beginnt die Spaltung bereits in den ersten Tagen, ja sogar Stunden des Lebens, und zwar mit der archaischen Teilung der Welt in befriedigende und unbefriedigende Empfindungen durch den Säugling: Fülle ist gut, Leere schlecht, Wärme ist gut, Kälte schlecht; gehalten zu werden ist gut, Kontakt versagt zu bekommen schlecht. Lange bevor Kinder benennen, geschweige denn konzeptualisieren können, was gut und was schlecht ist, existiert eine archaische sensorische Intelligenz, die das Kind erkennen läßt, daß die Welt — oder was immer es ist, was »da draußen« ist — in Gut und Schlecht aufgeteilt ist (*Myers, Clifton, Clarkson* 1987; *Ziajka* 1981). Schon bevor Kinder sich bewußt sind, daß es Menschen gibt, werden die Grundlagen ihrer zwischenmenschlichen Welten gelegt.

Auf dieser frühen Entwicklungsstufe verbindet der Säugling noch keine bestimmten Sinneserfahrungen damit, liebenswert und wertvoll oder nicht zu sein. Erst viel später entstehen diese Überlagerungen der Erwachsenen. Das Neugeborene verbindet diese Erfahrungen nicht einmal mit bestimmten Personen. Die Vorstellung von einem lebenden, denkenden, atmenden Menschenwesen »da draußen« überschreitet die kognitiven Fähigkeiten des Kindes. In den ersten Wochen des Lebens interagiert der

Säugling noch nicht einmal mit Menschen, wie wir sie kennen, sondern mit Teilen von ihnen (einer Hand, einer Wange, einer Haarsträhne) — Objektbeziehungstheoretiker nennen dies »Teilobjekte«.

Da die Zeit des Wach-Seins bei einem Säugling großenteils mit Füttern ausgefüllt ist, überrascht es nicht, daß die Brust zu den frühesten und einflußreichsten Teilobjekten gehört. Und durch die Interaktion mit der Brust (oder Flasche) kommt es zu unserem frühesten Spaltungserleben. Wenn die Milch fließt, ist die Brust gut; wenn nicht, ist sie schlecht/böse. Und selbst wenn sie gut ist, ist sie das vielleicht nicht immer. Die Natur des Lebens bringt es mit sich, daß auch eine Mutter mit den besten Absichten nicht immer auf die Zeichen und Rufe ihres Kindes reagieren kann. Sie kann nicht jedesmal alles fallenlassen und sofort zum Kind eilen, wenn es hungrig ist. Natürlich kommt das Kind selbst unter den besten Umständen dahin, die Welt als gespalten zu erleben.

Nach dieser frühen Spaltung von Teilobjekten in gute und schlechte folgen Beziehungen zu ganzen Objekten, d. h. Menschen. Mit der weiteren Entwicklung des Kindes entsteht ein schwaches, aber wachsendes Bewußtsein, daß das, was »da draußen« ist, was es auch immer sein mag, nicht nur eine körperlose Hand oder Brust ist, sondern ein Mensch. Während die perzeptiven und geistigen Fähigkeiten des Säuglings reifen, verbinden sich zusammenhanglose Vorstellungsbilder, Klänge und Gerüche zu der Figur der frühesten Betreuungsperson, gewöhnlich der Mutter. Sie ist jetzt die zu Fleisch und Blut gewordene Verkörperung all dessen, was früher in Erscheinung getreten ist — an Gutem und Bösem. Auf dieser Entwicklungsstufe werden Beziehungen zu Teilobjekten durch Beziehungen zu ganzen Objekten ersetzt.

Aber nicht völlig. Teilobjektbeziehungen dauern oft bis ins Erwachsenenalter an. Wenn das geschieht, kann es etwa die Form übermäßigen Interesses an bestimmten Körperteilen annehmen, wie z.B. Haaren, Brüsten und Füßen. In den meisten Fällen stellen solche »Interessen« harmlose Überreste einer frühen Lebensphase dar, in der Teilobjekte mit Lust und Befriedigung verbunden waren. Wenn ein solches Interesse jedoch unsere zwischenmenschliche Existenz zu beherrschen droht, kann es zum Fetisch werden. Fußfetischismus, Haarfetischismus, also die zwanghafte übermäßige Beschäftigung mit bestimmten Körperteilen, sind Beispiele, daß Teilobjektbeziehungen gegenüber Beziehungen zu ganzen Objekten bevorzugt werden und manchmal sogar ganz an deren Stelle treten.

Es ist der sehnliche Wunsch jedes Kindes, daß sein wichtigstes Befriedigung spendendes Objekt, die Mutter, all seine Bedürfnisse erfüllt. Seine Hoffnung ist, daß sie liebevoll und freigiebig ist und daß es bedingungslos angenommen wird. Als Inbegriff all dessen, was auf der Welt gut ist, soll sie die Bedürfnisse des Kindes erfüllen und die oft unbeständige und frustrierende Umwelt in eine verläßliche und befriedigende verwandeln.

Das kann jedoch niemals mehr als ein Wunschtraum sein, nicht weil die meisten Mütter es so nicht haben wollten (denn die meisten wollten es wohl), sondern weil Mütter Menschen sind. Wie alle anderen werden sie müde, verlieren die Geduld, fühlen sich frustriert oder haben es einfach satt. Zu den ernüchternden Erkenntnissen der Kindheit gehört die Einsicht, daß die Mutter nicht vollkommen ist. Das hindert das Kind nicht daran, an der Phantasie von Vollkommenheit festzuhalten und die Mutter zu idealisieren. Doch tief im Inneren weiß das Kind, daß der Traum getrübt ist. Mit dem Erwachen des zwischenmenschlichen Bewußtseins erkennt es, daß es mit dem »Paradies« Schwierigkeiten gibt. Die Spaltung ist da, und es sieht nicht so aus, als würde sie wieder verschwinden.

Die Spaltung ist, aus phänomenologischer Sicht, kein abnormer Vorgang, sondern etwas ganz Alltägliches. Sie folgt daraus, daß wir in eine unvollkommene Welt hineingeboren werden und eine unvollkommene Bemutterung erfahren. Winnicott (1971, S. 11) spricht von »hinreichend guter Bemutterung« (»*good enough mothering*«) im Hinblick auf das Auf und Ab im Pflege- und Erziehungsgeschehen, das die normalen Interaktionen zwischen Mutter und Kind kennzeichnet. Er spricht bewußt nicht von vollkommener oder idealer Bemutterung, weil er weiß, daß eine uneingeschränkte Befriedigung durch mütterliche Betreuung bestenfalls illusorisch ist.

Das heißt nicht, daß es in der Kindheit nicht auch zu abnormen Spaltungen kommen kann. Alle Extreme haben abnorme Folgen. So kommt es zu abnormen Spaltungen, wenn das Erleben einer »bösen Mutter« besonders frustrierend ist oder dem Gefühl einer völligen Ablehnung nahekommt. Für das Kind ist dies so schmerzlich, daß es aus dem Bewußtsein verdrängt wird. Durch solche Umstände wird der Keim zu einer späteren Beziehungspathologie gelegt (*Cicchetti* 1987).

Es ist jedoch schwer, diese abnormen Erfahrungen genau zu beschreiben, da sie sich oft gewissermaßen in den Nischen und Winkeln der Interaktion zwischen Mutter und Kind zutragen. Zudem zeigt sich ihre pathologische Wirkung möglicherweise erst nach Jahren. Es gibt jedoch eine wachsende Anzahl von empirischen Untersuchungen, die in diese Nischen und Winkel hineinschauen und festzuhalten versuchen, was darin abläuft (*Stern* 1977, 1985; *Tronick* 1982). Durch Analysen von Film- und Videoaufnahmen z. B. wurde deutlich, daß die scheinbar ganz gewöhnlichen »sozialen Momente« der Mutter-Kind-Beziehung in den ersten sechs Monaten zu »den entscheidendsten Erfahrungen in der ersten Lernphase des Säuglings...« gehören (*Stern* 1977, S. 5). Die meisten dieser Untersuchungen befassen sich jedoch in erster Linie mit normalen Interaktionen und ihrer unmittelbaren Wirkung auf die Mutter-Kind-Beziehung.

Es wäre gewiß von Vorteil, wenn man anhand von Videoaufzeichnungen über das kindliche Erleben Anhaltspunkte für solche Interaktionsmuster herausfinden könnte, die zu einer abnormen Entwicklung beitragen. Solche Aufnahmen gibt es jedoch nicht. Dafür ist die Forschung auf etwas anderes gestoßen, das fast ebenso gut ist: alte Familienfilme. Durch Zeitlupenanalysen von Filmen aus Familien mit gestörten Kindern hat man Muster von Mutter-Kind-Interaktionen erkennen können, die zu pathologischen Ergebnissen zu führen scheinen.

In einer Reihe von Untersuchungen konnten *Massie* und seine Mitarbeiter einige Muster beschreiben, nach denen Säuglinge visuellen Kontakt mit ihren Betreuern herstellen (*Massie* 1975, 1978a, 1978b). In einer dieser Untersuchungen ging es um »Blickvermeidung« und um deren Einfluß auf die Interaktion zwischen einem autistischen Kind namens Joan und seiner Mutter (*Massie* 1982). Eine Bild-für-Bild-Analyse von Filmen, die im Kleinkindalter von Joan gedreht worden waren, zeigte, daß sich die Mutter jedesmal von Joan abwandte, wenn das Kind versuchte, ihr in die Augen zu sehen. Nachdem Joan wiederholt versucht hatte, visuellen Kontakt zu ihrer Mutter herzustellen, wurde sie zunehmend verwirrt und reagierte mit einem deutlichen Ausdruck von Niedergeschlagenheit. Dieses Muster war schon in Filmen zu erkennen, die Joan im Alter von vier Monaten zeigten, lange bevor die Diagnose Autismus gestellt wurde.

Etwas Ähnliches geschah in dem Fall eines Kindes namens Ann. Hier zeigte sich ein gestörtes Interaktionsmuster im Bereich des Körperkontakts, mit der Folge, daß das Kind keinen Brust-zu-Brust-Kontakt mit der Mutter herstellen konnte. Analysen normaler Interaktionsmuster zwischen Mutter und Kind in unserer Kultur zeigen, daß sich junge Mütter gewöhnlich immer dann zu ihrem Kind hinneigen, wenn es sich vorbeugt.

Filmaufnahmen von Ann im Alter von sechs Monaten ließen kein solches Verhalten erkennen: Wenn das Kind den Oberkörper neigte, blieb die Mutter unbeweglich, — offenbar konnte sie nicht auf das Bedürfnis ihres Kindes nach Körpernähe reagieren. Bei Ann wurde kindliche Schizophrenie diagnostiziert.

Zum Glück haben die Interaktionen zwischen Mutter und Kind meistens nicht die pathologische Qualität der gerade beschriebenen Fälle. Frustrierende Erfahrungen im Kleinkindalter werden gewöhnlich im Rahmen einer insgesamt positiven Beziehung gemacht. Die Wut des Kindes als Reaktion auf Frustrationen ist erträglich, wenn die frustrierenden Erfahrungen nicht zu schwer sind. Vorübergehende Erfahrungen von mangelndem Kontakt werden ausgeglichen durch die Wärme und Unterstützung, die die Mutter gewöhnlich bietet. Oder mit den Worten von *Massie*: »Frustrierende Erfahrungen im Rahmen einer positiven gegenseitigen Beziehung sind die nichttraumatischen Frustrationen, die die psychische Entwicklung voranbringen« (1982, S. 177). Unter solchen Umständen hält sich die Spaltung im normalen Rahmen und wird zu einem Teil der Entwicklung, statt sie zu behindern.

Selbst wenn frühe Spaltungen im normalen Rahmen zu bleiben scheinen, lassen sie heftige Gefühle gegenüber der eigenen Person entstehen, die keine logische Grundlage haben müssen. Einer meiner Patienten, ein junger Mann Anfang Dreißig, war ziemlich niedergeschlagen, als ihm an einem kleinen angesehenen College in Neuengland die Übernahme in den festen Lehrkörper verweigert wurde. Seine Reaktion war völlig verständlich, da er dort fast sechs Jahre lang gelehrt hatte und von Studenten und Kollegen gleichermaßen geschätzt wurde. Aber die Stellenzahl für fest angestellte Fakultätsmitglieder war beschränkt, und es war keine Stelle frei. Die Entscheidung für seine Entlassung hatte rein administrative Gründe.

Zum Glück war die Lage nicht so trostlos, wie es zunächst schien. Bald nach dieser Entscheidung konnte er sich eine Stellung an einer anderen Hochschule in der Region verschaffen, die für ihn eine Beförderung und eine ansehnliche Gehaltserhöhung bedeutete. Seine Depression verschwand jedoch nicht. Anscheinend hatte die Erfahrung an der ersten Hochschule eine Saite bei ihm anklingen lassen, die an frühe Gefühle rührte, unerwünscht zu sein. Obwohl er den Grund für seine Entlassung einsah, blieb bei ihm das nagende Gefühl, daß irgendetwas mit ihm nicht stimme: Er müsse ein schlechter Lehrer, ein schlechter Gelehrter oder überhaupt schlecht sein.

Aus uns selbst nicht ganz einsichtigen Gründen neigen wir dazu, viele wichtige Ereignisse unseres Lebens an einer Schablone von Gut und Schlecht zu messen. Das hat seinen Grund darin, daß das frühe Spalten weitgehend »vorsprachlich« geschieht, d. h. in einer Zeit, in der wir noch nicht Sprechen gelernt haben. Wir ordnen unsere Welt vor allem mit Hilfe der Sprache; durch die Sprache kategorisieren wir unsere Gedanken und Gefühle (*Vygotsky* 1986). Insofern Gefühle sich durch Worte in einen Zusammenhang einordnen lassen, können wir dadurch den Sinn emotionaler Reaktionen verstehen, die sonst als irrational erscheinen würden. Aber diese Reaktionen sind manchmal mit so frühen zwischenmenschlichen Ereignissen verbunden, daß sie buchstäblich »jenseits der Worte« liegen (*Ziajka* 1981, S. 138).

Melanie Klein hat die Aufmerksamkeit darauf gelenkt, daß die Welt des Kindes durch Gefühle charakterisiert ist, die noch lange nicht mit Worten gefüllt werden. Als erste Autorin der Objektbeziehungstheorie hat sie ein Bild von der Erlebniswelt des Kindes gezeichnet anhand von Erfahrungen, die lange vor einer sprachlichen Konzeptualisierung gemacht werden. So ist es nicht verwunderlich, daß wir bestimmte Dinge intuitiv als gut oder schlecht empfinden, ohne rational erklären zu können, warum wir das tun.

Wenn wir all dies berücksichtigen, stellt sich nun die Frage, wie das Kind mit der beunruhigenden Feststellung umgeht, daß die Mutter gespalten ist: Indem es sie idealisiert. In dem Bemühen, ein innerlich befriedigenderes Bild von der wichtigsten Beziehung in seiner Welt zu konstruieren, verdrängt das Kind die schlechten Anteile der Mutter und konkretisiert die guten. Indem es sich verhält, als wären die schlechten Anteile der Mutter nicht existent, oder indem es sie minimiert, verwandelt das Kind die Mutter in einen vollkommenen, ganz und gar guten Menschen.

Das gelingt jedoch nicht immer. Mütter sind Menschen und werden wütend, deprimiert und verhalten sich inkonsequent trotz der psychischen Machenschaften ihrer kleinen Schützlinge. Dennoch versucht das Kind, das Beste aus den Dingen zu machen, und bemüht sich unaufhörlich, die Spaltung aufzuheben. Vieles, was in den ersten Lebensmonaten abläuft, kreist um die Versuche des kleinen Kindes, mit den mütterlichen Realitäten seiner begrenzten Welt zurechtzukommen. Diese archaischen Bemühungen, mit der Polarisierung im frühen Erleben umzugehen, leiten in die nächste Phase des Spaltungsprozesses über.

Zweite Phase: Bewahren und Spaltung des Vorstellungsbildes

In der Zeit, in der sich der Säugling mit den frühen Wirkungen der Spaltung abmüht, bleibt er von der Mutter in hohem Maße abhängig. Das hat seinen Grund zum Teil in der physischen Realität. Kinder sind hilflose Wesen und sind zum Überleben fast völlig auf die Betreuung anderer angewiesen. Gleichzeitig ist der Säugling auch in psychischer Hinsicht unentrinnbar an die Mutter gebunden. An diesem Punkt der Entwicklung haben Kinder kein getrenntes Selbstgefühl. Sie sind immer noch weitgehend ein Teil der Person, die für Ihre Betreuung verantwortlich ist.

Mahler und andere Objektbeziehungstheoretiker (z.B. *Bowlby*) behaupten, daß die frühe Bindung und die Reaktion des Kindes darauf die Grundlage für alles weitere Wachsen bilden. Ihre Schilderung der unermüdlichen Bemühungen des Kindes um Unabhängigkeit ist ein wichtiger Beitrag dazu, die Entwicklung von der Verschmelzung bis zur »Geburt des Selbst« zu verstehen. Doch wie Mahler zu Recht aufzeigt, verhält sich der Säugling schon sehr früh so, als wären er und seine Mutter eine Einheit. An diesem Punkt der Entwicklung gibt es noch keine wirkliche Individuation, kein Empfinden dafür, was es heißt, ein getrennter Mensch zu sein. Die existentielle Formel für die frühesten Phasen der Kindheit lautet: *Mutter = Selbst.*

Wenn das zutrifft, dann muß auch gelten: *keine Mutter = kein Selbst*, und das immer wiederkehrende Verschwinden der Mutter, wie kurz auch immer, kann große Not verursachen. Im Moment hält die Mutter das Kind, und im nächsten ist sie verschwunden. Jetzt hört das Kind ihre Stimme, und dann wieder ist Stille. Das Auf und Ab der Mutter-Kind-Interaktionen in den ersten Lebensmonaten ist durch die zahllosen Akte des Verschwindens, des Verlassen-Werdens gekennzeichnet, die beim Kind einige Bestürzung hervorrufen. Selbst wenn Kinder anfangen, ihre ersten unsicheren Versuche mit Selbständigkeit zu machen, kontrollieren sie noch ständig, wo sich die Mutter aufhält. Mahler verwendet den Ausdruck »Ausschlüpfen« für diese frühe Phase im Prozeß der Trennung und Individuation, in der das Kind nahe bei seiner Mutter bleibt, obwohl es scheinbar »für sich« spielt. Es spielt mit Spielsachen oder mit Spielkameraden, krabbelt jedoch immer wieder zu seiner Mutter zurück, um Körperkontakt herzustellen. Auch wenn es sich später weiter fort wagt, kontrolliert es doch weiter mit Blicken, wo sich die Mutter befindet, und benutzt sie so als emotionale »Ausgangsbasis«.

Versuche, mit der Not des Verlassenwerdens umzugehen, zeigen sich in vielen Spielen der Kinder mit ihren Müttern: Beim »Kuckuck-da« z.B. versteckt die Mutter ihr Gesicht vor dem Kind, achtet aber darauf, daß sie wieder sichtbar wird, bevor zu viel Zeit vergangen ist. Der Säugling kreischt vor Vergnügen, wenn nicht vor Erleichterung, wenn die Mutter »wiedererscheint«. Später halten sich die Kinder selbst mit den Händen die Augen zu, um so die Mutter verschwinden zu lassen. Nach einem kurzen Augenblick werden die Hände wieder weggenommen, um die Mutter auf magische Weise wiedererscheinen zu lassen. »Kuckuck-da« ist offenbar mehr als nur ein Spiel, nämlich eines der frühesten Mittel, mit dem Verlassenwerden umzugehen. Indem das Kind das Verschwinden der Mutter in ein Spiel verwandelt, erlangt es Kontrolle über die Angst, daß die Mutter verschwinden könnte, und kann damit die Flüchtigkeit seiner sozialen Welt bewältigen.

Doch Spiele sind Spiele, und das Kind muß immer noch mit dem ständigen und gewöhnlich beunruhigenden Verschwinden der Mutter fertigwerden. Wie erreicht es das? Die Antwort lautet: durch seine Vorstellungskraft (*Lichtenberg* 1983). Indem das Kind ein geistiges Bild von der Mutter heraufbeschwört, hat es sie innerlich »eingefangen« und stattet sie so mit einer Art psychischer Beständigkeit aus. Das innere Vorstellungsbild wirkt als Ersatz, wenn die Mutter abwesend ist, und mildert den panischen Schrecken, den ihre Abwesenheit sonst auslösen könnte. Es versucht, die Mutter »aufzubewahren«, indem es sich eine innere mütterliche Präsenz schafft.

Dieser Prozeß hat seine Parallele in Piagets berühmter Arbeit über Objektkonstanz (*Flavell* 1963). *Piaget* versuchte zu bestimmen, in welchem Entwicklungsstadium Kinder unbelebten Objekten Konstanz (Dauerhaftigkeit) verleihen, und entwickelte dazu eine Reihe von Experimenten, in denen Objekte systematisch aus dem Gesichtsfeld des Kindes entfernt und zum »Verschwinden« gebracht wurden. In einem dieser Experimente wurde ein Ball unter ein Sofa gerollt, um festzustellen, unter welchen Umständen Kinder versuchen würden, ihn wiederzubekommen, wenn sie ihn einmal aus den Augen verloren hatten. Piaget fand heraus, daß größere Kinder meistens nach dem Ball suchten, während kleinere Kinder in der Regel schnell das Interesse verloren und damit so reagierten, als hätte er aufgehört zu existieren.

Objektbeziehungstheoretiker meinen, in den frühkindlichen Interaktionen finde etwas Ähnliches statt, jedoch mit dem großen Unterschied, daß das Objekt hier nicht ein verlorengegangenes Spielzeug ist, sondern die abwesende Mutter — einen Ball zu verlieren ist etwas ganz anderes, als die Mutter zu verlieren. Da die Mutter für das Existenzgefühl des Kindes von so großer Bedeutung ist, reagieren Kinder verständlicherweise mit Besorgnis anstatt Gleichgültigkeit, wenn die Mutter »verschwindet«.

Die Fähigkeit, verlorengegangene Objekte zu bewahren, indem man sie durch innere Vorstellungsbilder ersetzt, ist ein entscheidender Entwicklungsschritt im kognitiven Leben des Kindes. Nach unserem derzeitigen Wissen gehen wir davon aus, daß die Fähigkeit, Vorstellungsbilder von der Mutter zu errichten, bereits mit ein oder zwei Monaten einsetzt, obwohl die erste stabile Repräsentanz der Mutter vielleicht erst Gestalt annimmt, wenn das Kind fünf oder sechs Monate alt ist. Es braucht dann ein oder zwei Jahre, bis eine »primäre mütterliche Präsenz« fest etabliert ist. Mahler und andere sind der Ansicht, daß die Fähigkeit des Kindes, ein Vorstellungsbild von einem Objekt aufrechtzuerhalten, wenn das Objekt abwesend ist, erst mit annähernd drei Jahren fest verankert ist (*Mahler, Pine, Bergman* 1975).

Ein oder zwei Jahre sind jedoch im Leben eines Kindes eine lange Zeit. Bis sich eine innere mütterliche Präsenz etabliert hat, wird das Kind viele beängstigende Augenblicke durchzustehen haben. In dieser Phase im Leben des Kindes müßte der Spruch »Aus den Augen, aus dem Sinn« eigentlich heißen: »Aus den Augen, aus dem Dasein«. Das kleine Kind sucht natürlich nach Möglichkeiten, die lebensbedrohliche Wirkung der Abwesenheit seiner Mutter auszugleichen. Diese Suche wird durch die sogenannten »Übergangsobjekte« belohnt.

Übergangsobjekte: Trost und Sicherheit

Übergangsobjekte sind besondere Spielzeuge, die als Muttersatz dienen. Sie sind, nach *Winnicott* (1971), die ersten wirklichen Besitztümer des Kindes. Doch ein Übergangsobjekt ist kein beliebiges Besitztum oder

Spielzeug, sondern um als solches fungieren zu können, muß es dem Kind scheinen, als würde es »Wärme geben oder sich bewegen oder eine Textur haben oder etwas tun, das zu zeigen scheint, daß es eine eigene Lebendigkeit oder Realität hat« (S. 5).

Zu den gebräuchlicheren Übergangsobjekten gehören Teddybären (und andere ausgestopfte Tiere), Puppen, Kleidungsstücke und die überall anzutreffende Schmusedecke. Solche Spielzeuge vertreten die Mutter, wenn sie außer Hörweite oder außer Sicht ist, und geben dem Kind Trost und Sicherheit. Übergangsobjekte ermöglichen ihm, die Mutter zu »halten«, bis es so weit entwickelt ist, sie sicher in sich festhalten zu können. Damit bahnen sie den Weg von der Mutter als äußerem Objekt zu der Mutter als innerer Präsenz.

Übergangsobjekte dienen nicht nur als mütterliche Ersatzobjekte, sondern erfüllen auch Spaltungsfunktionen. Das ist daran zu erkennen, wie emotional Kinder mit ihnen umgehen: Einmal behandeln sie ein Übergangsobjekt so, als würde es Gutes ausstrahlen; dann wieder wird es ziemlich grausam behandelt. Mit den Worten Winnicotts: »Das Objekt wird zärtlich liebkost und aufgeregt geliebt und verstümmelt« (1971, S. 5). Solche Spielzeuge in der Spieltherapie zu verwenden hat seinen Grund u. a. darin, daß die Kinder ihre inneren Kämpfe mit deren Hilfe konkret zum Ausdruck bringen können.

Offensichtlich erfüllen nicht alle Spielsachen diese Funktion. Durch welche Eigenschaft eignet sich ein Spielzeug als Übergangsobjekt und ein anderes nicht? Auch wenn wir die Antwort darauf noch nicht genau kennen, hängt die Wahl wahrscheinlich weniger mit den äußeren Merkmalen eines Spielzeugs als mit seiner Verfügbarkeit zusammen. So nehmen einige Kinder vielleicht eine Stoffpuppe als Übergangsobjekt, während bei anderen die Wahl auf einen Teddy oder eine Decke fällt. Vielleicht werden manche Spielsachen einfach deshalb zu Übergangsobjekten, weil sie gerade verfügbar sind, wenn sich das Kind mit dem Trennungsproblem befaßt.

Da ein Übergangsobjekt hauptsächlich die Funktion hat, dem Kind Trost und Sicherheit zu geben, muß es sich nicht unbedingt um ein Objekt im Sinne eines greifbaren Gegenstands handeln. *Horton* (1981) meint, daß auch Melodien, Geklingel und magische Aussprüche Übergangsfunktionen erfüllen können. Er zieht es vor, von »Übergangsbeziehung« (*transitional relatedness*) zu sprechen, um den Begriff zu erweitern und die Beziehung im Gegensatz zum Objekt an sich hervorzuheben. Dennoch erscheinen die Übergangsobjekte zumeist in Gestalt von ausgestopften Tieren, Puppen oder Decken. Einem Geklingel dürfte es schwerfallen, »warm« zu sein oder eine »Textur« zu haben.

Was ist über die einzelnen Merkmale von Übergangsobjekten zu sagen? Ist ein Übergangsobjekt irgendwie besser als ein anderes? Wahrscheinlich nicht. Man könnte Puppen und Teddybären für »bessere« Übergangsobjekte halten, weil sie in anatomischer Hinsicht gegenüber Decken und formlosen Kleidungsstücken einen Fortschritt bedeuten. Mit Augen, Ohren und Gliedmaßen ausgestattet, könnten sie genauere Nachbildungen der Mutter sein als gestaltlose Formen. Das mag zwar zutreffen, doch wahrscheinlich ist es letztlich die emotionale Bedeutung des Objekts, auf die es ankommt, und nicht die Größe oder Form. Auf dieser Entwicklungsstufe sind Gefühle weitaus wichtiger als Logik.

Eines wissen wir jedoch von Übergangsobjekten sicher, daß Kinder sich nur schwer von ihnen trennen können. Da ist der Fall des dreijährigen Jonathan, dessen Mutter mir folgenden Vorfall berichtet hat: Es ging um ein ausgestopftes Tier, eine kleine Giraffe, die ihrem Sohn gehörte. Seit seinen Säuglingstagen war die Giraffe der treue Begleiter des Jungen und nahm einen besonderen Platz in seinem Leben ein; sie schlief mit Jonathan und begleitete ihn auch ins Badezimmer und zum Essen. Jonathan hing offenbar sehr an dem Tier. Ohne zu übertreiben, wich ihm das Tier kaum je von der Seite.

Natürlich zeigten sich bei der Giraffe mit der Zeit gewisse Abnutzungserscheinungen: Die Nähte begannen sich langsam aufzulösen, und sie hatte einen gewissen Geruch angenommen. Das war nicht weiter erstaunlich, da Jonathan das Tier schon jahrelang »fütterte«. Das »Fell« der Giraffe war mit Apfelsoße, Bananenbrei und anderen Leckereien durchtränkt, und der Wunsch der Mutter, dieses Spielzeug loszuwerden, war unschwer nachzuvollziehen. Gleichzeitig wußte sie, daß Jonathan so sehr an der Giraffe hing. Sie versuchte also, sie durch eine völlig gleiche Giraffe zu ersetzen. Das war nicht einfach, denn der Kauf des Spielzeugs lag Jahre zurück. Aber nach langem Suchen fand sie eine neue Giraffe, die sie kaufte und Jonathan mit nach Hause brachte.

War Jonathan erfreut? Schloß er seine neue Giraffe in die Arme und überschüttete seine Mutter mit Dank? Weit gefehlt. Er zeigte nicht nur wenig Interesse an dem neuen Spielzeug, sondern war sehr aufgebracht, als seine Mutter versuchte, es ihm unterzuschieben. So sehr sie es auch versuchte, es gelang ihr nicht, Jonathan dazu zu überreden, die alte Giraffe gegen die neue auszutauschen. Schließlich beschloß sie, ihre Versuche aufzugeben und nicht mehr daran zu rühren. Sie brachte die neue Giraffe in den Laden zurück und konzentrierte ihre Bemühungen statt dessen darauf, die alte in die Waschmaschine zu bekommen.

Gibt es überhaupt eine Zeit, in der Menschen ihrem Bedürfnis nach Übergangsobjekten entwachsen sind? Grundsätzlich muß die Antwort Ja lauten, denn sonst wären Übergangsobjekte nicht für den »Übergang«. Doch kommen Menschen jemals an einen Punkt, an dem sie diesen Objekten gänzlich entsagen? Sind sie jemals imstande, sie ein für allemal hinter sich zu lassen? Vermutlich nicht. Da es eine starke Renaissance der Teddybären gibt mit Festivals und Antiquitätenausstellungen exklusiv für diese kuscheligen »Spielzeuge«, könnte man denken, daß Übergangsobjekte für viele bis weit ins Erwachsenenalter hinein eine besondere Bedeutung behalten.

Wenn auch viele Übergangsobjekte aus der Kindheit den Erwachsenen als liebe Erinnerung an vergangene Zeiten im Gedächtnis bleiben, hat die Welt der Erwachsenen doch ihre eigenen Objekte, von denen viele ebenfalls Übergangscharakter haben. *Horton* (1981) meint, daß bestimmte Haushaltsgegenstände (oder auch sein Zuhause) manchmal diese Funktion erfüllen können. Das gilt insbesondere, wenn Menschen allein und fern von denen sind, die sie lieben. Forschungsreisende, die sich weit von ihrem üblichen Umfeld entfernen, tragen oft ein häusliches Andenken als konkrete Erinnerung an den Schutz und die Sicherheit bei sich, die ihr Zuhause bietet.

Ähnliches ließe sich über den Übergangscharakter von Geld sagen. Neben den eher alltäglichen Verwendungen — zum Einkaufen von Lebensmitteln, Bezahlen von Rechnungen und Besorgen von Kinokarten — dient Geld oft der Erfüllung tiefgehender emotionaler Bedürfnisse. Für einige ist Geld gleichbedeutend mit Macht und Unabhängigkeit. Für andere dagegen bedeutet Geld (wie auch Wertpapiere, Obligationen und andere »Sicherheiten«) zugleich Sicherheit, Schutz und Liebenswürdigkeit. Für manche Menschen ist schon das Umgehen mit Geld beruhigend; ein Bündel Banknoten zu streicheln mag daher gar nicht so weit davon entfernt sein, über eine Decke zu streichen oder ein Stofftier an sich zu drücken.

Doch zurück zur Kindheit. Die meisten Kinder schaffen den Übergang von der Mutter als »äußerem Objekt« zur Mutter als »innerer Präsenz«

gegen Ende ihres dritten Lebensjahres und haben bis dahin genügend Beständigkeit entwickelt, um sich sicher zu fühlen, wenn sie von der Mutter getrennt sind:

> »Mit drei Jahren hat ein Kind sein erstes Gefühl vom Getrenntsein und Identität erreicht... Das Dreijährige verfügt nur über eine geringe Beständigkeit — gerade genug, um sich in der Welt sicher fühlen zu können, auch wenn sein Selbst vom Selbst seiner Mutter getrennt ist.«
>
> (*Kaplan* 1978, S. 29)

Kinder werden sich nach der Mutter sehnen, wenn sie nicht da ist, aber sie verwandeln dieses Gefühl nicht in die erschreckende Phantasie, daß auch sie verschwinden werden.

Das heißt nicht, daß Kinder nicht auch gelegentlich noch von panischem Schrecken erfaßt werden, wenn sie ihren dritten Geburtstag hinter sich haben. Aber die Abwesenheit der Mutter wirkt nun weniger traumatisch, wenn das Kind erst einmal in der Lage ist, spontan ein Vorstellungsbild von ihr wachzurufen. Dennoch halten Kinder während der ganzen Kindheit und sogar bis ins Erwachsenenalter hinein an ihren Übergangsobjekten als Sicherung gegen Verlassenheit fest.

Das Erreichen einer inneren mütterlichen Präsenz ist ein wichtiger Durchbruch in der Entwicklung. Sobald Kinder in Abwesenheit der Mutter ein Vorstellungsbild von ihr wachrufen können, sind sie auf dem Weg, eigenständige Individuen zu werden. Die Fähigkeit, unabhängig zu funktionieren und zu erleben, was als »innerpsychische Getrenntheit« bezeichnet wird, setzt voraus, daß man dieses Vorstellungsbild wachrufen und aufrechterhalten kann. Übergangsobjekte sind wichtig, weil durch sie dieser Prozeß allmählich stattfinden kann, so daß das Kind von Gedanken oder Gefühlen der Verlassenheit nicht völlig überwältigt wird.

Die ganze Sache hat jedoch einen Haken. Da die Mutter schon in ihrem Wesen gespalten ist, ist ihre innere Repräsentanz ebenfalls gespalten. Insoweit das mütterliche Vorstellungsbild von der Mutter abgeleitet ist, ist es ebenfalls in Gut und Böse aufgeteilt. Wie die Mutter »draußen« wird es vielleicht idealisiert, doch seine Grundstruktur bleibt dieselbe. Zwar ist die zweite Phase der Spaltung (im Vorstellungsbild) ein wichtiger Entwicklungsfortschritt, doch kommt das Kind damit einer Lösung der Frage nicht näher, wie es mit der inneren Aufspaltung in Gut und Böse umgehen soll.

Dritte Phase: Spaltung des Selbst

Bis jetzt war die innere Repräsentanz der Mutter weitgehend visueller Natur. Das Kind »bewahrt« die Mutter, indem es ein inneres Bild von ihr erzeugt. Das ändert sich schnell, wenn die Sprache mehr und mehr zum Instrument für das zwischenmenschliche Geschehen wird. Während das Kind zunehmend durch die Sprache mit den Figuren in seiner Umgebung in Kontakt tritt, benutzt es die Sprache auch für den Kontakt zu den inneren Figuren (*Bretherton, Beeghly* 1982). Es kann sich die Mutter jetzt durch Worte anstatt nur durch Vorstellungsbilder vergegenwärtigen. Anders gesagt, das Kind ist nun in der Lage, mit der Mutter ein inneres Gespräch zu führen.

Eine der spannendsten Entwicklungen in der Kindheit — für Kinder ebenso wie für Eltern — ist der Beginn des Sprechens in der menschlichen Interaktion. Es ist ein denkwürdiger Augenblick, wenn das Kind sein erstes Wort hören läßt, und oft kommt es zwischen Vätern und Müttern zu hitzigen Debatten, ob das Wort »Mamma« oder »Papa« hieß... Jedenfalls stellt es den ersten sprachlichen Kontakt mit den Personen in seiner Nähe dar.

Von diesem rudimentären Beginn an fächert sich die Sprache aus und wird zunehmend in der Interaktion mit anderen benutzt — nach innen und nach außen hin. Das Kind verwickelt die Mutter in einen direkten Dialog, wenn sie anwesend ist, und hält mit der Repräsentanz der Mutter einen inneren Dialog, wenn sie nicht da ist. Als Folge davon erhält die innere Mutterrepräsentanz, die vorher nur als visuelle Präsenz existierte, stärker sprachliche Züge. Da die Mutter das Kind in dieser Entwicklungsphase mehr und mehr allein läßt, geschehen viele Interaktionen des Kindes mit der Mutter nun in Gestalt von »inneren Dialogen«.

Solche Dialoge geschehen meistens im stillen. Aber bei manchen Gelegenheiten kann man sie auch belauschen, z.B. während der Sauberkeitserziehung, einer Phase, in der sich eine entscheidende Veränderung von der äußeren Anleitung des Kindes durch die Mutter zur Selbstanleitung vollzieht. Gegen Ende dieser Phase kann man Kinder manchmal rufen hören: »Aber, aber!« Während dem Kind offenbar ein Mißgeschick passiert ist, kommt damit die eine Seite des inneren Austauschs zum Ausdruck, bei dem das Kind den Part der inneren Mutterrepräsentanz ausagiert.

Diese Art innerer Interaktion findet auch in anderen Zusammenhängen statt. Wenn kleine Kinder etwas tun, das sie nicht tun sollen (einen Keks aus einer Dose nehmen oder eine Lampe umstoßen), und dann »böser Junge« oder »böses Mädchen« murmeln, gewähren sie uns für einen kurzen Moment Einblick in die geheimen Tiefen ihrer Innenwelt. Das Gespräch, das wir zufällig mithören, findet tatsächlich zwischen dem Kind und der Mutter in ihm statt. Auf dieser Entwicklungsstufe wird die innere Mutterrepräsentanz von dem Kind mehr als innere Stimme denn als visuelle Präsenz erlebt.

Mit der Ausweitung der zwischenmenschlichen Welt der Kindheit nehmen auch die inneren Dialoge zu; außer mit der Mutter entwickeln sich im Laufe der Zeit Gespräche mit vielen anderen Gestalten — Spielkameraden, Verwandten, Figuren aus Fernsehfilmen und sogar eingebildeten Freunden. Das Phänomen des »phantasierten Gefährten«, das man früher für sehr selten, ja sogar abnorm hielt, wird heute als gesunder Vorgang bei Kindern betrachtet. Untersuchungen haben gezeigt, daß recht viele Kinder mit sogenannten »unsichtbaren Freunden« reden, die nur sie allein sehen können. Wenn wir ein Kind in die bloße Luft sprechen sehen, so begegnen wir nur dem äußeren sprachlichen Gegenstück zu einem Dialog in der inneren Welt.

Daß wir nicht viel mehr solche »Gespräche« hören, hat seinen Grund darin, daß sie mit der Zeit immer mehr internalisiert werden. In den meisten sozialen Situationen werden sie mißbilligt oder sogar als Zeichen von Geistesstörung betrachtet. Je älter die Kinder werden, desto mehr werden sie angeleitet, ihre inneren Dialoge zu unterdrücken und »ihre Gedanken für sich zu behalten«. Eltern ermahnen ihre Kinder, ihre Lippen nicht zu bewegen, wenn sie nicht an einem Gespräch beteiligt sind. Kleine Kinder sollte man sehen und nicht hören, besonders wenn sie hartnäckig Gespräche mit Personen führen, die ihre Eltern nicht sehen oder hören können.

Im Laufe der Zeit geschehen die verbalen Äußerungen der inneren Welt immer weniger offen, bis sie gar nicht mehr wahrzunehmen sind. Schließlich verschwinden sie auch aus unserer Innenwelt. Während die sozialen Interaktionen komplexer werden und mehr als ein paar ausgewählte Personen umfassen, wird es immer schwerer, seine inneren Dialoge zu führen und abzuhören. Kinder — und übrigens auch Erwachsene — haben nicht die kognitive Kapazität, gleichzeitig mehrere innere Dialoge zu führen. Das wäre etwa so, als würde man versuchen, vier oder fünf Telefongespräche gleichzeitig zu führen.

Neben der bloßen Komplexität der Innenwelt kommen noch weitere Faktoren ins Spiel, die das Fortbestehen innerer Dialoge behindern, etwa die Notwendigkeit, sich schnell zu entscheiden. Die alltäglichen sozialen Interaktionen verlangen, daß man ziemlich rasch auf das reagiert, was um einen herum vorgeht. Wenn man vor jeder Entscheidung ein längeres inneres Gespräch führen müßte, würde man nicht viel zustande bringen. Schon das Überqueren einer Straße würde viel Zeit beanspruchen, etwa wenn jemand erst folgendes »Gespräch« führen müßte:

»Ist es jetzt sicher rüberzugehen?«
»Hast du in beide Richtungen geschaut?«
»Ich glaube.«
»Hast du dich vergewissert, ob das Licht Grün ist?«
»Mh-hm.«
»Dann geh los.«
»Weißt du genau, daß es jetzt sicher ist?«
»Beeil dich, bevor das Licht Rot wird.«

Es wäre natürlich äußerst ineffizient, wenn nicht lähmend, würden wir alles erst nach längeren inneren Konsultationen tun.

Wegen dem Reichtum und der Komplexität unserer zwischenmenschlichen Welten erfahren die inneren Präsenzen der Kindheit nun eine letzte Umgestaltung, diesmal in etwas, das das »Selbst« genannt wird. Wenn der Prozeß der Spaltung die verschiedenen Phasen durchlaufen hat, sind die mütterlichen Präsenzen der Kindheit weigehend psychisch verdaut worden. Sie werden nicht mehr als innere Gegenstände erlebt, sondern als Teile des eigenen Seins.

Diese Umgestaltung entspricht dem, was Kohut »umwandelnde Verinnerlichung« nennt. Die Einverleibung von Beziehungen, die mit der Mutter beginnt und sich dann auf andere wichtige Gestalten in unserem Leben ausweitet, bildet die Grundlage des »Selbst«. Das Kind beginnt sein Leben nicht mit einem Selbst, sondern konstruiert es nach und nach, indem es mit anderen Menschen in sozialen Kontakt tritt. Obwohl das Selbst wahrscheinlich richtiger als Prozeß denn als Gegebenheit zu verstehen ist, wird es schließlich als Kern des eigenen Seins erlebt.

Das Entstehen des Selbst wird durch das Erscheinen des Wortes »Ich« im Vokabular des Kindes markiert. Das kleine Kind redet von sich nun nicht mehr in der dritten Person: »Jimmy möchte einen Keks« oder »Anna geht Heia«, sondern sagt: »*Ich* möchte einen Keks« oder »*Ich* möchte schlafen gehen«. Wenn Kinder »Mamma sagt, tu dies oder das« durch »Ich möchte das tun« ersetzen, sind sie im Begriff, autonome Menschen zu werden. Der Entschluß, die Straße schließlich zu überqueren, verwandelt sich von »Mama sagt, ich kann jetzt rüber« in »Ich gehe auf die andere Seite«.

In seiner elementarsten Form ist das Selbst der sprachliche Höhepunkt eines vielfältigen und fortlaufenden Prozesses sozialer Einverleibung. Es ist weder eine konfliktbeherrschte Mischung von Trieben, die nach Äußerung drängen, noch ein Bündel von Gewohnheiten, die darauf warten, von Außenreizen ausgelöst zu werden, sondern eine komplexe Konfiguration vielfältiger Objektbeziehungen, aus denen sich unser inneres Gefühl dafür herausbildet, wer wir sind. Ein Objektbeziehungstheoretiker hat es so ausgedrückt: »Wir sind unsere Anderen«; wir werden unsere Anderen, indem wir uns wichtige andere einverleiben und psychisch in ein Selbst umwandeln.

Daher finden sich in unserer Sprache und in unseren Interaktionen viele Begriffe mit Selbstbezügen: Wir sprechen von »Selbstachtung« und »Selbstverwirklichung«, oft hören wir jemanden von sich sagen: »Ich mag mich selbst« oder »Ich hasse mich selbst«. Wenn wir heranwachsen und unser »Selbst« zum Mittelpunkt unseres Daseins wird, entsteht eine Sprache des Selbst, in der wir beschreiben, wie wir wahrnehmen, wer wir sind und in welcher Beziehung wir zu anderen stehen.

Man kann diese Selbstinteraktionen als eine Art dialogischer Interaktion betrachten. Anstatt mit unseren inneren Anderen zu reden, reden wir mit uns selbst (unserem Selbst). Solche Interaktionen sind sehr persönlich und bilden einen Gegensatz zu öffentlichen Interaktionen mit Gestalten in der äußeren Welt, denen man von Angesicht zu Angesicht gegenübersteht. Wenn jemand sagt: »Ich mag mich selbst nicht«, dann macht er damit deutlich, auch wenn er es selbst gar nicht merkt, daß es in seiner Innenwelt Gestalten gibt, die ihn unterdrücken und herabsetzen.

Letzten Endes ist das Selbst eine sprachliche Ableitung von verinnerlichten Beziehungen, deren Anfänge in der Kindheit liegen. Mit der Zeit bezieht es immer mehr Beziehungen ein, doch die frühe Beziehung zu der Mutter ist von allen die einflußreichste. Diese Beziehung erfährt nach und nach einige Umwandlungen. Obwohl ihre psychische Gegenwart zunächst über propriozeptive Kanäle (Sehen, Berühren, Riechen usw.) erfahren wird, macht sie schließlich eine sprachliche Umwandlung durch und wird zu einem wesentlichen Bestandteil dessen, was dann als Selbst erlebt wird.

Doch wie das frühe Spalten der Mutter eine Spaltung in der inneren mütterlichen Präsenz erzeugt, so erzeugt die Spaltung in der inneren mütterlichen Präsenz eine Spaltung im Selbst. Frühe Spaltungen bringen spätere Spaltungen hervor. Somit hängt es von der Qualität der Erfahrungen ab, die mit den Spaltungen in den ersten Jahren verbunden sind, ob Menschen sich eher als »gut« oder als »schlecht« betrachten. Was wir als Selbstwert, Selbstachtung oder Selbstgefühl bezeichnen, ist ein zwischenmenschliches Vermächtnis, das unser ganzes Dasein beeinflußt. Wie wir mit diesem Vermächtnis umgehen, bestimmt weitgehend, wie wir unser Leben organisieren und ob wir mit einem guten oder schlechten Gefühl von uns selbst durchs Leben gehen.

Vierte Phase: Identitätsspaltungen

Die vierte Phase der Selbstentwicklung erstreckt sich von der Kindheit über unser gesamtes Dasein als Erwachsene und könnte als Phase der Entwicklung des Erwachsenenlebens betrachtet werden. Zu Beginn dieser Phase ist das kindliche Selbst relativ intakt. Die Objektkonstanz ist erreicht, und das Kind ist in seinem Sprachgebrauch immer gewandter geworden. Das Selbst wird zu einem Quell von Sicherheit für das Kind und führt zu verstärkten Bemühungen, mit anderen in Kontakt zu kommen.

Ein sicheres Gefühl, wer man ist, ermöglicht dem Kind, sich zunehmend auf zwischenmenschliche Beutezüge zu begeben. Dies kennzeichnet den Beginn eines lebenslangen Bemühens, mit anderen psychisch in Kontakt zu sein. Es signalisiert den Versuch, ein Selbst zu entfalten, das bis jetzt fast ausschließlich aus den Interaktionen mit der Mutter und vielleicht wenigen anderen wichtigen Personen gebildet wurde. Im weiteren Leben werden ständig wichtige Beziehungen verinnerlicht und dazu genutzt, die Spaltung in Gut und Böse aufzuheben.

Wie wird das erreicht? Ist das erwachsene Selbst nur ein Spiegelbild des kindlichen Selbst? Sind Erwachsene nur größere Kinder, die kindliche Themen auf anderen Spielplätzen ausspielen? Manche vertreten eine solche These, doch sie übersehen dabei die Vielfalt der Beziehungen von Erwachsenen und ihren besonderen Beitrag zum Selbst. Erwachsene Sexualität, beruflicher Erfolg und die Fähigkeit, eine Ehe aufrechtzuerhalten, sind erwachsenenspezifische Themen, die für sich zu betrachten sind. Auch wenn sie Konflikte mit sich bringen, die ihre Wurzeln in frühkindlichen Spaltungen haben, so unterscheiden sie sich doch qualitativ von den Interaktionen im Kleinkindalter.

Ein Ansatz, der Objektbeziehungen aus einer Erwachsenenperspektive betrachtet, ist der »symbolische Interaktionismus«. Diese soziologische Schule geht auf *George Herbert Mead* zurück und bemüht sich um die Frage, wie das erwachsene Selbst sprachlich kodiert wird (*Blumer* 1969; *Mead* 1934; *Strauss* 1956). In diesem Ansatz geht es um die These, daß das erwachsene Selbst sich auf zwischenmenschliche Beziehungen gründet. Er ist damit eine Erweiterung der Objektbeziehungstheorie, die sich fast ausschließlich auf die Mutter-Kind-Beziehung und die vorsprachliche Phase kindlicher Entwicklung konzentriert.

Nach Mead ist das individuelle Selbst der Mechanismus, durch den die Gesellschaft in die Psyche des Menschen einverleibt wird. Da das Selbst aus Beziehungen zu anderen gebildet wird und somit die Verinnerlichung gesellschaftlicher Kodes und Konventionen voraussetzt, kann man es als Miniaturgesellschaft im Individuum betrachten. Wie die Gesellschaft im Großen das Wirken ihrer Institutionen lenkt, so lenkt die innere Gesellschaft im Kleinen das Verhalten des Individuums. Wie Mutter und Kind in der Objektbeziehungstheorie unlösbar miteinander verbunden sind, so sind es auch das Selbst und die Gesellschaft in der symbolischen Interaktion.

Wenn das Selbst eine Gesellschaft en miniature darstellt, braucht man eine Möglichkeit, die Elemente zu beschreiben, aus denen sie besteht. Mead tut das, indem er die in dem Selbst enthaltenen zwischenmenschlichen Elemente zwei innerpsychischen Komponenten zuordnet: dem »Ich« (*I*) und dem »Mich« (*me*). Mit dem Begriff »Ich« meint er den aktiven, initiierenden Teil des Selbst, der auf Veränderungen in der Außenwelt spontan und unmittelbar, d. h. nicht reflektierend reagiert. Obwohl das »Ich« schließlich durch bestimmte Verhaltensweisen zum Ausdruck kommt, wird es zunächst als ein Fühlen oder als flüchtiger Impuls erlebt.

Ob das im »Ich« enthaltene potentielle Verhalten schließlich zur Ausführung kommt, hängt von inneren Überlegungen ab, die Mead unter der Bezeichnung »Mich« zusammenfaßt. Das ist für ihn das Bild der Gesellschaft, das jeder Mensch symbolisch in sich trägt. Das »Mich«, die gedachte Reaktion der Welt im Großen, interagiert symbolisch mit dem »Ich« und entscheidet, ob die ursprünglichen Impulse zum Ausdruck kommen dürfen oder gehemmt werden müssen.

Mead benutzt eine dramaturgische Metapher, wenn er die interaktive Beziehung zwischen dem »Ich« und dem »Mich« als innere »Proben« ansieht. Bevor das von dem »Ich« beabsichtigte Handeln überhaupt in Erscheinung tritt, wird es einer imaginären Zuhörerschaft (dem »Mich«) vorgestellt und entsprechend modifiziert. Auf solche Weise abgestimmtes und durchdachtes, d. h. sozial reaktives Verhalten ist ein Verhalten, das durch ein Schema inneren Handelns und innerer Reaktionen modelliert worden ist. Das »Mich« ermöglicht es einem, sein Verhalten zu überwachen, und ist damit der Ort der Reflexion und die Grundlage dessen, was man schließlich als »Selbstkontrolle« erlebt.

Das »Ich« und das »Mich« bilden zusammen das Selbst. Gemeinsam entsprechen sie ungefähr der Unterscheidung in »Selbst« und »Andere« in der Objektbeziehungstheorie. So wie der Objektbeziehungstheorie zufolge das Kind innerlich mit dem vorgestellten Anderen, so interagiert dem symbolischen Interaktionismus zufolge das »Ich« symbolisch mit dem »Mich«, um ein Selbstgefühl zu erlangen. Beide Perspektiven sind zwei Seiten derselben beziehungsorientierten Medaille, wobei der Objektbeziehungsansatz die Verinnerlichungen der Kindheit und der symbolische Interaktionismus die des Erwachsenenlebens ins Auge faßt.

Doch *wie* interagieren »Ich« und »Mich« nun genau miteinander? Die Antwort ist ganz einfach: indem sie miteinander reden. »Mentale Aktivität« ist für die Symbolischen Interaktionisten die sprachliche Kodierung von Interaktionen mit anderen, bzw. die Umwandlung von Gesprächen, die man mit wichtigen Gestalten in seinem Leben führt oder geführt hat. Für Mead bestehen das »Ich« und das »Mich« aus einem »inneren Forum«, das er als den Kern des Selbst betrachtete.

Die Frage nach dem konkreten Aufbau dieses inneren Forums, insbesondere des »Mich«, ist damit immer noch nicht beantwortet. Mead bleibt in seinen Äußerungen hierzu etwas vage. Er spricht davon, daß die Kräfte im »Mich« einen »generalisierten Anderen« bilden und so gewissermaßen eine Zusammensetzung der verschiedenen Kräfte in der Gesellschaft sind, die einen beeinflussen. Man gewinnt den Eindruck, daß Mead die Vorstellung von einem »generalisierten Anderen« auf die verschiedenen gesellschaftlichen Institutionen wie Ehe, Schule und Familie bezogen benutzt.

Man interagiert jedoch nicht mit »Zusammensetzungen« oder mit »Institutionen«, sondern mit Menschen: Die Interaktionen z.B. mit Ehepartnern legen fest, wie man sich als Ehemann oder Ehefrau sieht; oder der Umgang mit Arbeitskollegen oder mit Klienten beeinflußt, welches Gefühl man zu sich als Lehrer, Krankenschwester oder Therapeut hat; oder die Interaktionen mit seinen Kindern bestimmen in hohem Maße sein Selbstverständnis in der Elternrolle. Also, das Selbst besteht nicht aus einer einzigen »Ich-Mich«-Konfiguration, sondern aus mehreren »Ich-Michs«.

Unter Sozialwissenschaftlern herrscht zunehmend Einigkeit, daß das Selbst nicht als monolithisch zu betrachten ist, sondern sich aus mehreren Teilselbsts zusammensetzt. *Cottrell* (1969) bezeichnet diese als »Selbst-Andere-Systeme« und meint, das Selbst sei eine Ansammlung von verschiedenen Selbst-Andere-Systemen. Zudem wird jedes dieser Systeme durch soziale Gegebenheiten aktiviert, die dafür jeweils relevant sind. Das Herumtollen mit den Kindern aktiviert das *elterliche*, ein Flirt das *sexuelle* Selbst-Andere-System, und in unserer Arbeit wird das *berufliche* Selbst-Andere-System angesprochen.

Der Ausdruck »Selbst-Andere-System« ist etwas schwerfällig und fern von der Alltagserfahrung. Vielleicht ist es phänomenologisch genauer, diese verschiedenen Systeme als »Identitäten« zu bezeichnen, also von Familienidentität, sexueller Identität, Berufsidentität usw. zu sprechen. »Sexuelle Identität« wäre somit nicht nur ein Begriff für erotische Präferenzen, sondern beträfe Gefühle zu sich selbst, die durch vielfältige Interaktionen mit inneren und äußeren Gestalten über Sexualität hervorgerufen werden: Frühe Interaktionen mit den Eltern ebenso wie symbolische Interaktionen mit einer Figur in einem Sexfilm und gegenwärtige sexuelle Beziehungen machen die Gesamtheit des sexuellen Selbsterlebens aus.

Eine Identität ist im Grunde genommen ein Teilselbst. Identitäten werden aus Beziehungen gebildet und stützen sich auf Beziehungen, um lebensfähig zu bleiben. Deshalb sind Beziehungen für das psychische Überleben so entscheidend wichtig. Sie sind der Treibstoff, der die verschiedenen Identitäten, aus denen sich das Selbst zusammensetzt, nährt und aufrechterhält, Mit den Worten von *Harry Guntrip*: »Das Identitätsproblem ist die umfassendste Einzelfrage, die sich zum menschlichen Dasein stellen läßt. Insgeheim ist dies immer die entscheidende Frage gewesen; doch erst in unserer Zeit sind wir uns dessen ausdrücklich bewußt geworden« (1971, S. 119).

Wenn wir all dies bedenken, erkennen wir die vierte und letzte Phase der Selbstentwicklung als lebenslange Phase der Selbst-Differenzierung. In dieser Entwicklungsphase werden die verschiedenen Interaktionsarten sozusagen in unterschiedliche Identitäten eingeordnet. Die wichtigsten Identitäten lassen sich an den Fingern einer Hand abzählen; den bereits genannten (Eltern-, Partner-, Berufsidentität und sexuelle Identität) kann man noch die ethnische und die religiöse Identität hinzufügen. Im Erwachsenenleben geht es großenteils um Beziehungen, die diese Identitäten verstärken. Da jede Identität ein Bestandteil des Selbst ist, tragen unsere Beziehungen zu unserem allgemeinen »Selbstwertgefühl« bei.

Wie in allen vorangegangenen Entwicklungsstufen gibt es auch in der vierten eine eigene Variante des Spaltungsprozesses. Jede Identität wird in jeweils spezifischer Weise von Fragen des Gut- oder Schlecht-Seins berührt. Was mit guten und schlechten Erfahrungen in der Mutter-Kind-Beziehung begann und sich zu guten und schlechten Gefühlen über das Selbst entwickelt hat, kommt jetzt in Gefühlen zum Ausdruck, ein guter (oder schlechter) Ehepartner, eine gute (oder schlechte) Mutter, ein guter (oder schlechter) Vater und ein guter (oder schlechter) Anwalt oder Lehrer zu sein. Das zentrale Thema in der Mutter-Kind-Beziehung ist nun in allen Beziehungen zum Thema geworden.

Abbildung 3 zeigt in schematischer Form die vier Phasen der Spaltung im Entwicklungsverlauf. Die ersten drei Phasen stellen die Spaltung in Gut und Schlecht so dar, wie sie vom Erleben der Mutter »draußen« in ein Erleben des Selbst umgewandelt wird. Die vierte Phase zeigt die Spaltung in den verschiedenen Identitäten, aus denen sich das erwachsene Selbst zusammensetzt.

Offenbar ist die Frage nach Gut und Böse nie erledigt. Es ist einfach so, daß die Hauptthemen der frühen Kindheit (Erwünschtheit, Akzeptierung und das Entstehen eines lebensfähigen Selbst) in reichhaltigeren und vielfältigeren Zusammenhängen wiederholt und neu bearbeitet werden. Wie weit die Lösung dieser Fragen zu einer integrierteren und befriedigenderen Vorstellung vom Selbst führt, ist ein recht zuverlässiges Maß für psychische Gesundheit.

Was in der Objektbeziehungstheorie als Psychopathologie angesehen wird, beruht weitgehend auf mangelhaft angepaßten Bemühungen, das Gleichgewicht von Gut und Schlecht in der Innenwelt wiederherzustellen. Das wird gewöhnlich mit Hilfe psychischer Mechanismen erreicht, die als

»projektive Identifikation« bezeichnet werden. Projektive Identifikationen dienen dazu, mit unbefriedigenden Objektbeziehungen fertigzuwerden, die weitgehend der Vergangenheit angehören, sie verzerren und untergraben jedoch die gegenwärtigen Beziehungen des Patienten. Das folgende Kapitel beschreibt die verschiedenen Formen dieser projektiven Identifikationen, und wie man sie benutzt, um mit den Defiziten in seiner inneren Welt zurechtzukommen.

Abbildung 3

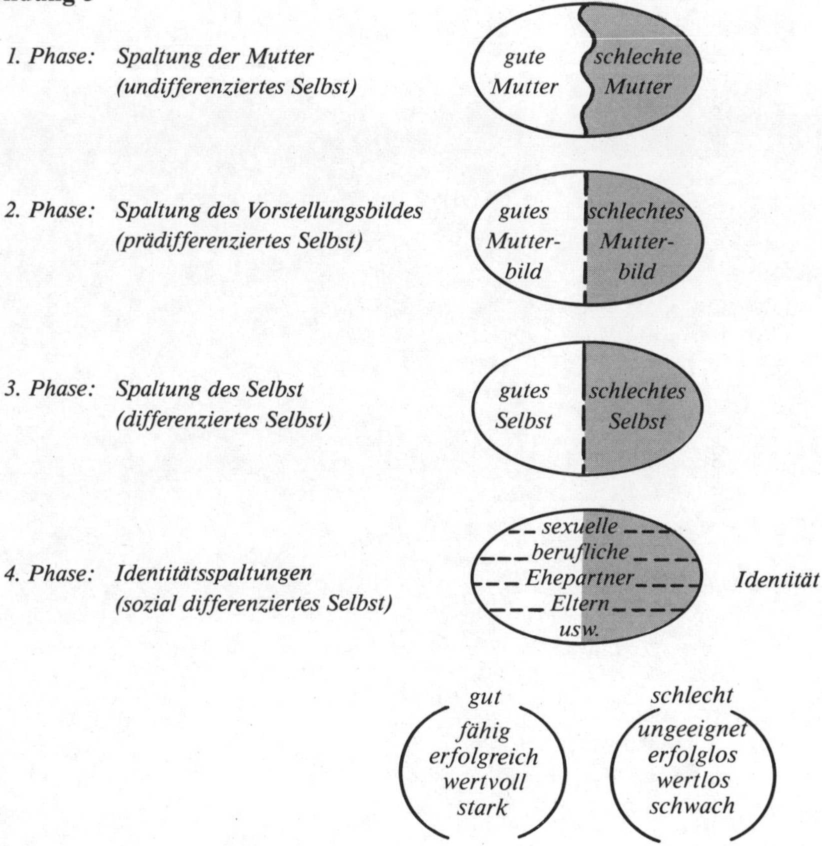

Kapitel 3

Die Pathologie der Objektbeziehungen

Worin Psychopathologie besteht, ist eine Schlüsselfrage für jedes systematische Erforschen des menschlichen Verhaltens. In psychoanalytischen Kreisen wird Psychopathologie verstanden als psychosexuelle Fixierung und als Unfähigkeit, libidinöse Spannungen adäquat abzuführen. Nach kognitiv orientierten Ansätzen (z.B. der kognitiven Verhaltensmodifikation) kommt es zu einer psychopathologischen Entwicklung, weil der Patient Ereignisse falsch interpretiert oder unrealistische Erwartungen hegt. Und in phänomenologischen Ansätzen wird Psychopathologie als etwas gesehen, das aus Widersprüchlichkeiten im Erleben des Patienten entsteht. Die Haltung zur Psychopathologie leitet sich direkt aus dem jeweiligen theoretischen Ansatz ab.

In der Objektbeziehungstheorie wird Psychopathologie als Störung im Aufbau des Selbst verstanden. Symptome, Stimmungsänderungen, verzerrte Wahrnehmungen von der Welt — alles wird aus der Perspektive der Objektbeziehungen und der Weise ihrer Verinnerlichung gedeutet. Die Schwierigkeiten des Patienten lassen sich auf einen Stillstand in der Entwicklung des Selbst und auf Spaltungsanomalien zurückführen. Wichtige Fragen sind dabei, wie früh der Stillstand eingetreten ist, wie die Spaltung genau beschaffen ist und in welchem Umfang beides die verschiedenen Identitäten des Patienten durchdringt.

Da das Selbst interpersonal gebildet wird, sind sogenannte »psychische Störungen« gleichbedeutend mit Störungen in zwischenmenschlichen Beziehungen. Wenn die frühen Objektbeziehungen besonders beeinträchtigend waren, d. h. wenn die Beziehung zur Mutter durch grobe Mißhandlung, chronische Isolierung oder direkte Vernachlässigung gekennzeichnet ist, so muß man damit rechnen, daß sich in praktisch jedem Funktionsbereich des Selbst Schwierigkeiten ergeben werden. Das war bei Roy der Fall, von dessen Geschichte am Anfang des 2. Kapitels berichtet wurde. Seine Beziehungen zu Pflegeeltern, Gleichaltrigen und Lehrern zeigten alle die Wirkung seiner frühen Vernachlässigung auf sein Selbstgefühl.

Doch nicht nur die frühen Beziehungen beeinflussen unser Selbstwertgefühl. Lebenslang geschehen weitere Verinnerlichungen und machen das Selbst zu mehr als einem bloßen Spiegel dessen, was sich in den frühen Jahren zugetragen hat. Auf Grund der Struktur des Selbst können beispielsweise Personen, die eine kritische und harte Erziehung erfahren haben, im Beruf positive Gefühle für sich selbst entwickeln, wenn die Interaktionen mit Kollegen positiv und anerkennend sind.

Die kompensatorische Qualität von Objektbeziehungen bei Erwachsenen ist bei einer Patientin namens Cynthia zu erkennen, die sich wegen einer leichten, aber immer wiederkehrenden Depression in Behandlung begab. Cynthia, eine 26 Jahre alte Wirtschaftsstudentin, hatte einige unerfreuliche sexuelle Beziehungen mit Männern hinter sich, in die sie verliebt gewesen war. Sie lernte einen Mann kennen, gab sich viel Mühe bei dem Versuch, eine Beziehung aufzubauen, und stellte dann fest, daß der Mann das Interesse an ihr verlor. Dieser Ablauf wiederholte sich mit ziemlicher Regelmäßigkeit und schien eine Art feststehendes Schema zu sein.

Gleichzeitig hatte Cynthia im Studium Erfolg. Sie gehörte zu den Besten in ihrem Semester und wurde von den Dozenten wie von den Kommilitonen sehr geschätzt. Sie stand kurz vor dem Abschluß ihrer Dissertation, und zum Zeitpunkt des Behandlungsbeginns waren ihr bereits mehrere attraktive Stellen angeboten worden, die sie gleich nach Abschluß des Examens antreten konnte.

Zu Beginn der Therapie berichtete Cynthia, daß sie im Süden aufgewachsen war und daß ihre Familie mehr oder weniger ihr Leben für sie geplant hatte. Man erwartete von ihr, daß sie ein kleines College der Stadt besuchen würde (das eher ein Mädchenpensionat war), dann einen passenden Mann unter den Geschäftsleuten der Stadt heiraten und das Leben einer vornehmen Schönheit des Südens führen würde. Cynthia hingegen entschied sich dafür, sich an der staatlichen Universität einzuschreiben. Dort traf sie auf einen Mathematikprofessor, der ihre außergewöhnliche

Begabung erkannte. Er nahm sie in seine Obhut und ermunterte sie dazu zu promovieren.

Im Laufe der Therapie wurde deutlich, daß Cynthias Depressionen mit ihren übermäßigen Bemühungen zusammenhing, ihre Partner zufriedenzustellen, sexuell und anderweitig, und dies wiederum mit subtilen Botschaften ihrer Mutter, was es heiße, eine begehrenswerte Frau zu sein. Diese Botschaften besagten vor allem, sie müsse in Beziehungen mit Männern eine unterwürfige Haltung einnehmen. Das war, was nicht überrascht, die Haltung ihrer Mutter in ihrem eigenen Leben.

Bezeichnenderweise hatten sich Cynthias Schwierigkeiten nicht auf ihre Studienleistungen ausgeweitet. Sie hatte in der wirtschaftswissenschaftlichen Fakultät, die eine Männerdomäne war, mit vielen Männern zu tun und hätte sich leicht auch dort bescheiden und unterwürfig geben können. Das tat sie jedoch nicht. Ihr Selbstvertrauen im akademischen Bereich stand offenbar unter dem Einfluß des Mannes, der während ihrer Studienzeit als ihr Mentor aufgetreten war. In einer Behandlungsstunde sagte sie mir, dieser Mann »lebe in ihr«, und seine Gegenwart habe ihr über die Jahre hinweg Kraft gegeben.

Der Objektbeziehungstheorie zufolge bestärken die Interaktionen mit wichtigen anderen die verschiedenen Identitäten eines Menschen. So gehören zur Identität als Ehepartner vielfältige subtile Beziehungsreaktionen, durch die sich die Partner gegenseitig anerkennen und in ihrer Identität als »Ehemann« und als »Ehefrau« bestärken. Beide Identitäten hängen so eng miteinander zusammen, daß man sie nicht losgelöst voneinander betrachten kann. Indem die Partner sich in Ehemann und Ehefrau verwandeln, »erschaffen« sie sich gegenseitig in sozialer Hinsicht und damit auch ihre eigenen Identitäten als Ehepartner (*Berger, Kellner* 1964).

Die Beziehungen der Menschen zueinander dienen also dazu, ein lebensfähiges Selbstgefühl aufrechtzuerhalten. Wir befassen uns ständig mit Selbst-Andere-Verinnerlichungen, die die jeweiligen Identitäten ergänzen und verstärken. Beziehungen sind nicht willkommene Beigaben zum menschlichen Dasein, sondern das, was das Dasein eigentlich ausmacht. Wenn wir ein dauerhaftes Gefühl dafür, wer wir sind und wo unser Platz in der Welt ist, erlangen wollen, müssen wir bedeutsame Beziehungen mit wichtigen anderen herstellen und uns außerdem darum kümmern, daß diese Beziehungen Bestand haben.

Doch was geschieht, wenn Menschen in ihrem Selbstwertgefühl stark eingeschränkt sind und wenn sie ihre Fähigkeit in Frage stellen, bedeutsame Beziehungen einzugehen und aufrechtzuerhalten? Für solche Menschen sind Beziehungen bestenfalls dürftige Affären. Sie können nicht glauben, daß andere mit ihnen von sich aus in Kontakt bleiben wollen. Daher suchen sie nach Hilfsmitteln, um für sie wichtige Personen an sich zu binden. Das Ergebnis sind dann Verhaltensmuster in erwachsenen Objektbeziehungen, die man als »projektive Identifikationen« bezeichnen kann.

Projektive Identifikation

In der Objektbeziehungstheorie sind projektive Identifikationen Muster zwischenmenschlichen Verhaltens, bei denen eine Person andere dazu veranlaßt, sich in einer bestimmten Weise zu verhalten oder zu reagieren. Sie unterscheiden sich von der gewöhnlichen Projektion, die ein psychischer Vorgang ist und keine offenen Reaktionen enthalten muß. Bei einer Projektion von Feindseligkeit z.B. meint die projizierende Person, jemand sei verärgert oder verstimmt, unabhängig davon, was er tatsächlich fühlt oder wie er sich verhält. Zum Projizieren braucht man nicht einmal eine direkte Interaktion. Die projektive Identifikation dagegen beinhaltet eine verhaltensmäßige und emotionale Manipulation anderer.

Bei einer projektiven Identifikation verläßt die Projektion die Innenwelt und gelangt in den Bereich der zwischenmenschlichen Beziehungen (*Grotstein* 1981; *Racker* 1968; *Sandler* 1987). Wer das Objekt der Projektionen eines anderen ist, erfährt möglicherweise nie davon — im Gegensatz zu jemandem, der das Ziel projektiver Identifikationen ist. Bei der projektiven Identifikation wird das Objekt der Projektion gezwungen, auf die projektiven Phantasien des anderen zu reagieren. Ohne es zu merken, wird die Person zu einer Quelle für die Gefühle und inneren Repräsentanzen desjenigen, von dem die Projektion ausgeht. Daraus entsteht eine Beziehung, in der »der Empfänger gedrängt wird, so zu denken, zu fühlen und sich zu verhalten, daß er damit den ausgelagerten Gefühlen und den in der projektiven Phantasie enthaltenen Selbst- und Objektrepräsentanzen entspricht« (*Ogden* 1982, S. 2).

So wird bei einer projektiven Identifikation von Feindseligkeit ein Ehemann, der sich seiner eigenen feindseligen Gefühle nicht bewußt ist, seine

Frau ständig provozieren und zur Wut treiben. Vielleicht bleibt er abends lange weg, schafft im ganzen Haus Unordnung und macht Versprechungen, die er nicht einhält. Wenn die Frau dann an ihre Grenzen stößt, kommt es bei ihr zu einem Wutausbruch, auf den ihr Mann empört und befremdet reagiert. Die beiden versöhnen sich wieder, und die Sache wird beigelegt — bis zum nächstenmal. Die projektive Identifikation gibt dem Ehemann die Möglichkeit, sowohl eine projektive Phantasie abzuführen als auch seine Frau so zu manipulieren, daß sie auf eine bestimmte Weise reagiert.

Eine wichtige Dynamik der projektiven Identifikation ist die *Induktion,* die ihr zugrunde liegt: Wer sich auf projektive Identifikationen stützt, greift zu subtilen, aber wirksamen Manipulationen, um die Menschen seiner Umgebung in bestimmte Verhaltensweisen zu drängen, — so als würde ein Mensch einen anderen dazu nötigen, eine Rolle bei der Inszenierung seines inneren Dramas zu übernehmen, eines Dramas, in dem es um seine frühen Objektbeziehungen geht. Das Objekt dieser Manipulation wird dazu gebracht, sich mit einer verleugneten Seite des Projizierenden zu identifizieren — daher die Bezeichnung »projektive Identifikation«.

Die Elemente einer projektiven Identifikation lassen sich vielleicht am besten als dreiphasiger Prozeß beschreiben (*Ogden* 1982). In der ersten Phase geht es um den Wunsch, sich von einem Teil des Selbst zu befreien, weil dieser Teil als schlecht erlebt wird oder weil er das Selbst von innen her zu vernichten droht. Dieser Wunsch wird zu einer *projektiven Phantasie,* in der ein Mensch einen Teil seiner selbst in einen anderen »hineinlegt« und versucht, diesen von innen heraus zu kontrollieren. Diese Phantasie ist sehr archaisch und ein erkennbares Überbleibsel aus der Zeit präobjektaler Denkprozesse.

In der nächsten Phase nötigt die projizierende Person den Empfänger, sich der projektiven Phantasie entsprechend zu verhalten, indem er die mit der Phantasie verbundenen Gefühle tatsächlich erlebt (unterwürfig werden, dominant, sexuell erregt oder was immer). Der Druck auf den anderen ist nicht phantasiert, sondern ganz real, da er sich aus einer realen Interaktion herleitet. Zu projektiver Identifikation kommt es definitionsgemäß also nur dann, wenn verhaltensmäßige und emotionale Interaktionen zwischen Projizierendem und Empfänger stattfinden.

In der letzten Phase reagiert der Empfänger auf die Gefühle und Verhaltensweisen, die durch die projektiven Manipulationen induziert worden sind. Das kann gelegentlich so weit gehen, daß der Empfänger diese Gefühle zuläßt und sie sogar in die eigene Persönlichkeitsstruktur integriert. Vielleicht gelingt es ihm auch, auf der Basis solcher Gefühle der projizierenden Person auf neue Weise zu begegnen (*Ogden*, S. 17-20). Dies erhofft zumindest der Projizierende; sein geheimer Wunsch ist, daß die Gefühle, die er in den Empfänger »verlagert« hat, die Beziehung bestärken werden. Dieser Wunsch ist Teil der projektiven Phantasie, erfüllt sich aber nur selten. In den meisten Fällen fühlt sich das Objekt der projektiven Identifikation benutzt und manipuliert. Hat der Betreffende erst einmal erfaßt, was da vor sich geht, reagiert er gewöhnlich mit Ärger oder Rückzug. Das wiederum bestätigt die ursprüngliche Annahme des Projizierenden (dieser Teil von ihm ist schlecht und unerwünscht) und perpetuiert die Pathologie. Das heißt nicht, daß es nicht auch zu einem positiven Ausgang kommen kann, nur ist das unter gewöhnlichen Umständen unwahrscheinlich.

Eine projektive Identifikation kann man verstehen als einen sehr wirksamen Beziehungskunstgriff, der das Intrapersonale und das Interpersonale wie mit einem großen Spagat in Einklang bringen soll. Man projiziert einen Teil des Selbst auf den anderen, um einen inneren Kampf um etwas Schlechtes und Unannehmbares in einen äußeren zu verwandeln, in der Hoffnung, daß die Kräfte des Guten die Oberhand gewinnen und man sich mit sich selbst besser fühlt.

Daß projektive Identifikationen fast immer zu einem Beziehungsfiasko führen, sollte einen nicht übersehen lassen, daß sie auch eine positive Seite haben: Man kann sie als ernsthafte Bemühungen verstehen, einen pathologischen Konflikt im Selbst zu lösen, allerdings auf Kosten einer bestehenden Beziehung. Daher verlängern und verstärken sie schließlich nur die Pathologie des Patienten.

Warum läßt sich jemand zum Objekt von projektiven Identifikationen machen? Warum unterwirft man sich solchen Manipulationen, die nur auf Wut und Frustration hinauslaufen? Warum weist man sie nicht einfach zurück, bevor die Dinge völlig außer Kontrolle geraten? Manche tun dies, und viele gescheiterte Beziehungen sind das Ergebnis von projektiven Identifikationen, die bis an die Grenze getrieben wurden. Aber viele tun es nicht und bleiben in Beziehungen, die durch projektive Identifikationen geprägt sind, obwohl sie dadurch ängstlich, deprimiert und chronisch frustriert werden. Der Grund dafür sind gewöhnlich Schuld- oder Pflichtgefühle oder die Angst vor dem Alleinsein.

Es gibt jedoch noch einen weiteren Grund, warum Menschen sich nicht aus solchen Beziehungen lösen: Jede projektive Identifikation enthält eine mächtige Einschärfung (ein Versprechen oder eine Drohung), die den Empfänger an die Beziehung gebunden hält. Zu jeder projektiven Identifikation gibt es ein Damoklesschwert, in dessen Klinge ein »oder sonst« eingraviert ist. Diese versteckte Drohung hält die Menschen in Beziehungen, obwohl sie ausgenutzt und manipuliert werden.

In gewissem Maße sind projektive Induktionen auch in normalen Beziehungen zu finden: Wir drängen die uns Nahestehenden zu einem Verhalten, das uns selbst in unserer Eigenart bestärkt. Gleichzeitig lassen wir jedoch zu, daß wir auch selbst »benutzt« werden. Gesunde Interaktionen gründen sich auf implizite Gegenleistungen, bei denen eine solche beziehungsmäßige Bestärkung wechselseitig geschieht. Bei pathologischen Interaktionen ist gewöhnlich nur einer der Nutznießer, so daß sich der andere Beteiligte schließlich ausgenutzt fühlt.

Ogden (1982) meint, die in projektiven Identifikationen enthaltenen geheimen Botschaften und versteckten Drohungen entsprächen den Versuchen der Mutter, den Säugling zu nötigen, sich in *ihre* Pathologie einzufügen. Die äußerste Drohung ist, daß der Säugling für die Mutter nicht mehr existiere, wenn er sich ihren Anforderungen nicht füge. Durch ihr Handeln und durch ihre emotionalen Reaktionen sagt sie ihm: »Wenn du nicht bist, was ich brauche, existierst du für mich nicht.«

So wie von ihren Eltern mißhandelte Kinder später selbst zu Mißhandelnden werden, so werden Kinder, die in der geschilderten Weise Drohungen erlebt haben, als Erwachsene auch mit solchen Drohungen agieren. Die Interaktionsmuster solcher Menschen enthalten gewöhnlich nonverbale Botschaften, die wichtige Bezugspersonen dazu zwingen sollen, in Beziehung mit ihnen zu bleiben. Solche Drohungen sind oft in versteckten Botschaften enthalten, die man als »Metakommunikation« bezeichnet.

Nach der modernen Kommunikationstheorie läßt sich vieles, was zwischen Menschen abläuft, als »Kommunikation« und als »Metakommunikation« beschreiben. Auf der Ebene der Kommunikation findet man die verhaltensmäßigen Botschaften oder direkten Mitteilungen, die den größten Teil der menschlichen Kommunikation ausmachen. Sie sind überwiegend verbal und beinhalten die tatsächlichen Forderungen und Bitten aneinander, z.B. »Bring bitte den Müll raus«. Die Metakommunikation dagegen funktioniert nonverbal und besteht aus Botschaften, die nicht so leicht festzuhalten sind. Auf dieser Ebene findet man gewöhnlich Botschaften wie »sonst mache ich dir das Leben schwer«. Meistens wird auf der Metakommunikationsebene die emotionale Qualität einer Beziehung genau registriert.

Metakommunikationen sind in pathologischen Beziehungen besonders verräterisch, denn sie liefern die Antriebskraft hinter den verschiedenen projektiven Identifikationen. Bei einer projektiven Identifikation von Abhängigkeit z.B. gibt es auf der Kommunikationsebene Botschaften wie: »Kümmere dich um mich«, oder: »Sag mir, was ich tun soll«. Die Metakommunikation, die sich dahinter verbirgt, lautet stärker drohend: »sonst gehe ich zugrunde«. So kann man auf die offenen Kommunikationen in der Beziehung reagieren, ohne zu merken, wo man sich da hineinziehen läßt. Je stärker man in einer Beziehung unwissentlich manipuliert wird, auf die versteckte Botschaft zu reagieren, desto eher erhält die Beziehung ungesunde, d. h. pathologische Beiklänge.

Projektive Identifikationen sind die pathologischen Auswirkungen von gestörten Objektbeziehungen, die meistens in den ersten Lebensjahren entstanden sind. Da diese Beziehungen großenteils präverbal und dem Bewußtsein nicht zugänglich sind, ist ihre genaue Beschaffenheit oft nur schwer zu bestimmen; aber mit Hilfe der unterschiedlichen Kommunikationsmuster, die jeweils mit ihnen verbunden sind, lassen sie sich doch identifizieren. So werden im folgenden Abschnitt vier zentrale Muster projektiver Identifikation mit den für sie charakteristischen Kommunikationen und Metakommunikationen beschrieben: die projektive Identifikation der Abhängigkeit, der Macht, der Sexualität und des Sich-Einschmeichelns. Jedes Muster leitet sich von frühen pathologischen Objektbeziehungen ab und ist ein klinisch identifizierbares Mittel, seine Beziehungen in pathologischer Weise zu strukturieren.

Abhängigkeit

Die projektive Identifikation von Abhängigkeit in den Objektbeziehungen Erwachsener ist durch Aussagen gekennzeichnet, die eine dauernde Hilflosigkeit signalisieren, etwa folgender Art:

— »Wie denkst du darüber?«
— »Was soll ich tun?«
— »Kannst du mir helfen?«
— »Ich komme damit allein nicht klar.«

Wer diese Form projektiver Identifikation benutzt, schaut immer auf andere, wenn es eine Entscheidung zu treffen oder selbständig zu handeln gilt. Oft ist man über solche Bitten verblüfft, da der Betreffende durchaus als fähig erscheint, aus eigenen Stücken zu handeln, was gewöhnlich nicht weit von der Wahrheit entfernt ist. Diese Menschen sind meistens recht intelligent und einfallsreich. Ihre zwischenmenschlichen Manipulationen haben wenig mit äußeren, pragmatischen Bedürfnissen zu tun, sondern sind vielmehr ein Beziehungsstil, der sich von inneren Beweggründen herleitet.

Ein solcher Fall war eine Frau namens Bettina, die sich in Einzeltherapie begeben hatte. Bettina war mit dem Elektroingenieur Tom verheiratet, hatte zwei Kinder und war in der Gemeindepolitik aktiv als Mitglied des Gemeinderats und in der Kommission der Wählerinnenliga. Sie hatte die Therapie begonnen, weil sie Hilfe im Umgang mit ihrer zunehmenden Angst suchte, daß ihr Mann sie verlassen würde. Obwohl er es bestritt, war sie davon überzeugt, daß sein Weggehen kurz bevorstand.

Von der ersten Sitzung an war deutlich, daß Bettina eine gescheite und fähige Person war. Sie hatte an einer angesehenen Universität promoviert und schien durchaus in der Lage zu sein, mit ihren Problemen zurechtzukommen — bis auf die, die sich zu Hause ergaben: Sie konnte keine Entscheidung treffen, nicht einmal die belangloseste, ohne vorher ihren Mann um Rat gefragt zu haben. Wenn ein Wasserhahn defekt war, mußte sie erst mit Tom telefonieren, bevor sie es wagte, einen Klempner anzurufen; wenn für die Schule eine Entscheidung anstand (etwas so Nebensächliches wie die Erlaubnis, an einem kurzfristig geplanten Ausflug teilzunehmen), zögerte sie diese hinaus, bis sie Tom um Rat fragen konnte. Oft rief sie ihn im Büro an, so daß er eine wichtige Besprechung unterbrechen mußte, um seine Frau in einer trivialen Sache zu beraten. An manchen Tagen rief Bettina ihn zwei- oder dreimal an.

Tom war relativ gutmütig und machte sich zunächst nicht viele Gedanken um das Verhalten seiner Frau. In den ersten Jahren ihrer Ehe, als er noch nicht so beschäftigt war, betrachtete er es als geringfügige Lästigkeit. Im Laufe der Jahre fühlte er sich jedoch von ihrer Zudringlichkeit zunehmend gestört. Bettina sagte mir, er habe mehr als einmal mit ihr darüber gesprochen, doch sie ging darüber hinweg und beharrte darauf, daß er die Dinge maßlos übertreibe.

Schließlich hing Toms Geduld nur noch an einem seidenen Faden, und er reagierte mit Wutanfällen. Einmal, berichtete Bettina, habe er ihr vorgeworfen, sich wie ein zweijähriges Kind zu verhalten. Sie versprach, sich zu ändern, gewöhnlich nach einer tränenreichen Konfrontation, fiel jedoch immer wieder in ihr altes Verhalten zurück. Das Problem fing an, die Ehe auszuhöhlen, und Bettina entschied, vielleicht ganz realistisch, daß es an der Zeit sei, Hilfe zu suchen.

Bettinas Verhalten zeigt ein wichtiges Merkmal von Menschen, die sich projektiv über Abhängigkeit identifizieren. Sie sind ehrlich davon überzeugt, daß sie allein nicht zurechtkommen. Ein Gefühl der Hilflosigkeit begleitet sie ständig, auch wenn sie auf den ersten Blick sehr kompetent zu sein scheinen. Solche Personen sind davon überzeugt, für das Gelingen ihrer Beziehungen müßten sie anderen deutlich machen, daß sie nicht allein existieren können. Folglich nehmen sie das emotionale Verhalten eines kleinen Kindes an und nötigen die anderen, sich um sie zu kümmern.

Konkrete Kommunikationen bei einer projektiven Identifikation von Abhängigkeit können etwa sein, um Rat zu fragen oder um Anweisungen zu bitten, und sonstige scheinbar harmlose hilfesuchende Äußerungen. Der Patient sucht sich gewöhnlich ein bestimmtes Opfer (das kann ein Ehepartner oder ein Elternteil sein, ein Freund, ein Guru oder manchmal auch ein Therapeut) und stützt sich auf diese Person, von der Beistand und Hilfe kommen soll. Oberflächlich sieht alles harmlos und gutartig aus. Doch darunter verbirgt sich eine Metakommunikation, die etwas eher Bösartiges signalisiert: »Ich kann allein nicht überleben«; es werde also schreckliche Folgen haben, wenn sich die Hilfe, die er zu brauchen meint, nicht einstellt.

Wie sehen diese Folgen aus, und was kann das »oder sonst« in der Metakommunikation sein? Eine mögliche Folge wäre ein Kontrollverlust: Wutanfälle, hysterische Schreikrämpfe und andere Ausbrüche, die zu verstehen geben, daß seine Welt aus den Fugen gerät. Eine andere häufige Reaktion ist die Depression: Der Projizierende fühlt sich allein gelassen, zieht sich aus der Beziehung zurück und wird mutlos und verzweifelt. Schließlich kommt es zu Bemerkungen über Suizidabsichten oder sogar zu wirklichen Suizidversuchen. Welche bessere Möglichkeit gäbe es, die in der Metakommunikation enthaltene innere Bedrohung auszuspielen, als den überzeugenden Beweis zu liefern, daß man tatsächlich »nicht allein zurechtkommt«?

Die projektive Identifikation der Abhängigkeit ist bei einigen psychiatrischen Krankheitsbildern klar zu erkennen, am deutlichsten vielleicht bei einer schweren Depression, wenn ein Patient nicht mehr in der Lage ist, grundlegende Aufgaben der Selbsterhaltung wie Anziehen oder Essen selbständig zu erfüllen. Insofern nun Freunde, Verwandte oder das Pflegepersonal gezwungen sind, Versorgungsfunktionen zu übernehmen, entsteht hier eine Beziehung, in der das frühe Verhältnis zwischen Säugling und Betreuungsperson wiederhergestellt ist.

In der folgenden Beschreibung einer Frau, die wegen einer schweren Angstreaktion in einer psychiatrischen Klinik Hilfe suchte, kommt eine projektive Identifikation der Abhängigkeit subtil, aber deutlich zum Ausdruck:

> Die 26 Jahre alte Frau eines erfolgreichen Anwalts erschien mit der Klage in einer psychiatrischen Klinik, sie sei »ein Nervenbündel«. Sie sagte, sie habe das Gefühl zusammenzubrechen. Sie hatte Angst vor dem Alleinsein, Angst davor zu schreien, wegzulaufen und sich umzubringen. Zu einer dieser Angstattacken kam es mitten in der Nacht, als ihr Mann verreist war. Sie erwachte weinend und heftig zitternd und dachte mit Entsetzen: »Jetzt liege ich hier alleine krank, und mein Mann ist nicht da, und keiner weiß, wer ich bin.« (*Cameron, Margaret* 1951, S. 307)
> Die Angst behinderte sie so sehr, daß sie schließlich stationär behandelt werden mußte. Während des Krankenhausaufenthalts wurde die extreme Abhängigkeit der Patientin von ihrem Mann deutlich. Dies zeigte sich in ihrem Gefühl, nicht unabhängig von ihm existieren zu können. Wenn ihr Mann nicht da war, um nach ihr zu sehen, kam ihr ganzes Daseinsgefühl ins Wanken (»keiner weiß, wer ich bin«). Bezeichnend war auch, daß sie während ihres Klinikaufenthalts oft daran dachte wegzulaufen, und wenn sie gefragt wurde, wohin sie denn gehen würde, sagte sie: »Wahrscheinlich zu meinem Mann ins Büro« (S. 309).

Ein anderes Krankheitsbild, bei dem die projektive Identifikation von Abhängigkeit eine wichtige Rolle zu spielen scheint, ist die Agoraphobie. Eine interessante demographische Eigenart dieser Störung ist, daß die daran leidenden Personen meistens Hausfrauen sind, deren Selbstgefühl sich fast völlig auf die Ehe und ihre eheliche Identität konzentriert. Sie sind stark an ihre Partner gebunden, ihre sonstigen Beziehungen scheinen weitgehend auf Abhängigkeit zu beruhen, und mit viel Energie sorgen sie sich darum, daß immer jemand in der Nähe ist, der sich um sie kümmert. Immer wenn sie sich bedroht fühlen, zwingen sie den Ehemann (oder eine Ersatzfigur) in eine Betreuerrolle. Im Extremfall drückt sich dies in einer Agoraphobie aus, und sie können buchstäblich nicht mehr allein aus dem Haus gehen.

Ob jemand depressiv oder agoraphobisch ist oder an Angstreaktionen leidet, in jedem Fall wird mit der projektiven Identifikation von Abhängigkeit eine Beziehung zu strukturieren und aufrechtzuerhalten versucht. Patienten, die mit einer solchen projektiven Identifikation in die Therapie kommen, suchen häufig Rat zu finanziellen Angelegenheiten (dem Kauf eines neuen Wagens, Anlage ihres Geldes), welche Bücher sie lesen oder welche Filme sie sich ansehen sollen. Eine meiner Patientinnen verlangte von mir, sie über psychologische Selbsthilfebücher zu beraten und zu sagen, welches die besten seien. Als ich das ablehnte, wurde sie wütend und beschimpfte mich. Was manchmal wie eine kleine Bitte um Rat aussieht, verschleiert oft den Versuch, den Therapeuten in eine Abhängigkeitsinteraktion zu verstricken.

Wenn jemand als Objekt einer projektiven Identifikation der Abhängigkeit (z.B. ein Therapeut) Hilfe oder Rat anbietet, gibt er der projektiven Identifikation weitere Nahrung. Das läßt die projektive Phantasie weiterbestehen, so daß er sich in der wenig beneidenswerten Position befindet, für jemanden sorgen zu müssen, der seine Fürsorge eigentlich gar nicht braucht. Und es wird ihm schwerfallen, eine Beziehung aufrechtzuerhalten, bei der alles Geben einseitig ist; und schließlich wird er sich ausgesaugt und ausgenutzt fühlen. Wissentlich oder unwissentlich ist er in eine Beziehung hineingezogen worden, in der von ihm Dinge verlangt werden, die man billigerweise nur von einer Mutter erwarten kann.

Die Ursprünge einer projektiven Identifikation von Abhängigkeit lassen sich wie bei den meisten anderen projektiven Identifikationen bis zu den frühen Objektbeziehungen zurückverfolgen. Wie zu erwarten, sind Rat und Anleitung auffallende Merkmale der Mutter-Kind-Interaktion in solchen Beziehungen. Bettina zum Beispiel hatte nur vage Erinnerungen an die ersten Lebensjahre, obwohl sie noch wußte, daß sie ein sehr enges Verhältnis zu ihrer Mutter gehabt hate. Sie konnte sich jedoch noch an einige wichtige Fakten aus der Zeit vor ihren Teenagerjahren erinnern, insbesondere daß ihre Mutter ihr ständig sagte, was sie tun solle, und sie selbst bei den geringfügigsten Entscheidungen beriet, von der Wahl der »richtigen« Kleidungsstücke bis zum passenden Make-up.

Auffällig war an Bettinas Beschreibung, daß das ständige »Glückenverhalten« ihrer Mutter, wie die Tochter es nannte, mit ihrem Heranwachsen zunahm, anstatt abzunehmen. Später beriet sie sich mit ihrer Mutter über die Wahl ihrer Freundinnen und Freunde. Verlegen gestand sie, daß die Entscheidung, Tom zu heiraten, gleichermaßen die ihrer Mutter wie ihre eigene gewesen war. In ihrer ganzen Jugend wurde Bettina mehr oder weniger subtil beigebracht, daß sie nicht selbständig sein oder sich nicht auf ihr eigenes Urteil verlassen könne.

Von den verschiedenen projektiven Identifikationen, die uns begegnen, scheinen solche, die auf unaufgelöster Abhängigkeit basieren, am meisten verbreitet zu sein. Das überrascht nicht, da Abhängigkeit das Fundament der frühen Kindheit ist. Wenn in den frühen Jahren etwas falsch läuft, so geschieht das höchst wahrscheinlich in der frühen Abhängigkeit von der Mutter.

Winnicotts »hinreichend gute Mutter« ist das Gegenteil von der Mutter, die ihrem Kind eine projektive Identifikation von Abhängigkeit einschärft. Die »hinreichend gute Mutter« ist nicht nur ein befriedigendes Objekt, sondern eine Person, die die Bedürfnisse des Kindes selektiv frustriert. *Winnicott* schreibt (1971, S. 10):

> »Die hinreichend gute Mutter... zeigt anfänglich eine fast vollständige Anpassung an die Bedürfnisse ihres Neugeborenen und reduziert diese Anpassung im Laufe der Zeit immer mehr, was ganz allmählich in Einklang mit der zunehmenden Fähigkeit des kleinen Kindes geschieht, mit ihrem Versagen umzugehen.«

Indem die »hinreichend gute Mutter« darin »versagt«, an entscheidenden Übergängen auf das Kind zu reagieren, gelingt es ihr, die wachsende Autonomie des Kindes zu stärken. Wenn die Mutter »versagt zu versagen«, so wächst ein Kind heran, dessen projektive Phantasien mit Vorstellungen von Hilflosigkeit angefüllt sind.

Das größte Paradoxon der frühen Kindheit besteht darin, daß es im Rahmen einer sehr abhängigen Beziehung zu autonomem Wachsen kommt. In gesunden Mutter-Kind-Transaktionen wird autonomes Verhalten des Kindes begrüßt und gelobt. In ungesunden Transaktionen wird demselben Verhalten mit emotionalem Rückzug, Strafe und bisweilen sogar mit Verlassen begegnet, als könne die Mutter ihr Kind nur ertragen und ihm ihre Liebe und Zuwendung geben, wenn es schwach und bedürftig ist. Durch solche Erfahrungen lernt das Kind, daß gut zu sein (geliebt, akzeptiert, behalten zu werden) heißt, schwach und hilflos zu sein. Dies wird zu einem charakteristischen Merkmal der inneren Selbst-Objekt-Repräsentanzen und zu einem wesentlichen Bestandteil des Selbst. Ist dies erst einmal ein Teil unserer Innenwelt, bildet es die Grundlage für äußere Interaktionen. Solche Menschen suchen sich dann Beziehungen, in denen »Hilflosigkeit« das vorherrschende Thema ist.

Gelegentlich finden Menschen mit projektiver Identifikation von Abhängigkeit jemanden, dessen Lebensziel es ist, sich um andere zu kümmern. Wenn das geschieht, ist alles in Ordnung. Wenn aber die Interaktionen mit anderen nicht die Merkmale einer Betreuer-Kind-Beziehung haben, suchen sie sich eine solche Beziehung von sich aus zu gestalten. Und genau das soll die projektive Identifikation von Abhängigkeit leisten: Mit großem Aufwand setzen sie alles daran, die ihnen Nahestehenden zu Betreuern zu machen, in dem Glauben, damit die Basis für dauerhafte Beziehungen zu schaffen.

Macht

Die projektive Identifikation von Macht basiert auf einem inneren Kampf um Dominanz und Kontrolle. Dieser wurzelt in frühen Objektbeziehungen, in denen Macht mit Akzeptiert-Werden und Gut-Sein zusammenhing. Interpersonal wird er durch das Hervorrufen von Gefühlen der Schwäche und Inkompetenz bei anderen ausgetragen.

Wenn man das Verhalten von Menschen mit einer solche projektiven Identifikation untersucht, so findet man etwa folgende Äußerungen:

— »Tu genau, was ich sage.«
— »Laß dich von mir leiten.«
— »Mach es so.«
— »Folge meinen Anweisungen.«

Der Zweck derartiger Mitteilungen ist eine Beziehung, in der der Empfänger in eine unterwürfige Rolle gezwungen wird. Was auch immer sonst in der Beziehung ablaufen mag, vorherrschend sind Macht und Kontrolle.

Ein Beispiel: Ein Ehepaar suchte ursprünglich wegen Problemen mit ihrer 11 Jahre alten Tochter Melanie Hilfe in der Therapie. Melanie hatte öfters die Schule geschwänzt und dies verheimlicht, indem sie sich selbst Entschuldigungsbriefe geschrieben hatte. Außerdem war sie beim Ladendiebstahl erwischt worden. Der Geschäftsinhaber, der die Eltern kannte, erzählte ihnen dies, denn er wollte erst die Eltern informieren, bevor er zu drastischeren Maßnahmen greifen und etwa die Polizei einschalten würde. Zunächst kamen Melanie und ihre Eltern gemeinsam in die Therapie, um zu sehen, was eigentlich ablief. Das Mädchen leugnete zunächst die Ladendiebstähle, brach dann jedoch in Tränen aus, als ihre Eltern damit drohten, sie dem Geschäftsinhaber gegenüberzustellen. Nach wenigen Sitzungen wurde deutlich, daß Melanie kein delinquentes Kind war, sondern mit ihrem Verhalten darauf aufmerksam machte, daß sie wegen der spannungsgeladenen Ehe ihrer Eltern beunruhigt war. Wegen dieser starken ehelichen Spannungen wurde vereinbart, daß die Eltern allein kommen sollten. Der Vater war keineswegs glücklich darüber, erklärte sich jedoch damit einverstanden, »wenn es Melanie hilft«.

Die Interaktionen zwischen Melanies Eltern in den Therapiesitzungen machten deutlich, daß ihr Vater in der Beziehung dominierte. Er war etwas älter als seine Frau, hatte schon eine Ehe hinter sich und war fest entschlossen, die zweite zu einem Erfolg werden zu lassen. Dies hatte zur Folge, daß er das Leben seiner Frau weitgehend kontrollierte, indem er z.B. ihre gesamte Haushaltsführung überwachte. Er kommentierte ihren Hausputz, korrigierte ihre Buchführung und ging sogar die Einkaufsliste durch, bevor sie zum Supermarkt ging. Offensichtlich traute er ihr nicht zu, etwas selbständig zu tun.

In der Paartherapie wurden ihre Beziehung und die Umgangsformen zwischen den Partnern untersucht, insbesondere diejenigen während der Therapiestunden. In den Sitzungen mußte ich den Mann oft daran hindern, für seine Frau Fragen zu beantworten. Da sie es gewohnt war, sich ihm in allem unterzuordnen, kostete es viel Mühe, sie dahin zu bringen, für sich selbst zu sprechen. Als die Frau mit fortschreitender Therapie langsam an Selbstbewußtsein gewann, fing sie an, die Äußerungen ihres Mannes in Frage zu stellen. Außerdem berichtete sie, daß sie ihrer Tochter allmählich mehr als eigenständige Person und nicht mehr nur als Sprachrohr ihres Mannes begegnete.

Dem Mann war diese Entwicklung durchaus nicht angenehm. Er begann, sich Gründe einfallen zu lassen, an den Sitzungen nicht teilzunehmen. Da ich zu Beginn der Behandlung festgelegt hatte, daß sie entweder zusammen oder gar nicht kommen sollten, mußten wir folglich mehrere Sitzungen ausfallen lassen. In einer Sitzung behauptete er, ich würde ihre Ehe durcheinanderbringen, und drohte damit, daß er überhaupt nicht mehr kommen würde, wenn ich mich nicht zurücknähme. Seine Frau erklärte ihm daraufhin, sie würde ihn verlassen, wenn er das täte. Daraufhin lachte er sie aus, offenbar verblüfft, daß sie den Mut zu einer solchen Drohung hatte. Als sie ihm klar machte, daß sie es ernst meine, sagte er: »Mach nur weiter so, du weißt doch genau, was passiert, wenn du weggehst. Du wärst gar nicht in der Lage, alleine zurechtzukommen.« Und nach einer Pause: »In einer Woche würdest du auf allen vieren zu mir zurückgekrochen kommen und mich anflehen, dich wieder aufzunehmen.«

Es gäbe noch einiges über diese Ehe zu sagen, jedenfalls war sie ein Musterbeispiel für die projektive Identifikation von Macht. In derartigen Beziehungen ist es an der Tagesordnung, zu befehlen, zu kritisieren und die Kompetenz der Person, die das Objekt der projektiven Phantasie ist, infrage zu stellen. Die Metakommunikation hinter solchen Oberflächen-Botschaften lautet: »Du kannst ohne mich nicht überleben.« Diese versteckte Drohung liegt jeder projektiven Identifikation von Macht zugrunde. Bei diesem Paar trat sie an die Oberfläche, als die Existenz der Beziehung selbst bedroht war. Sie war jedoch die ganze Zeit vorhanden, vielleicht schon seit Beginn der Ehe.

Vielleicht ist deutlich geworden, daß eine projektive Identifikation von Macht das Gegenstück zu einer projektiven Identifikation von Abhängigkeit darstellt. Bei letzterer wird das Objekt der Projektion mit der Fähigkeit der Fürsorge ausgestattet, während es bei der ersteren davon überzeugt werden soll, daß es die Fürsorge eines anderen Menschen braucht. Beide projektive Identifikationen gleichen sich darin, daß dabei eine äußere Beziehung manipuliert wird, um ungelöste Konflikte in den eigenen inneren Objektbeziehungen zu bewältigen.

Die Ehe ist nicht der einzige Ort, an dem projektive Identifikationen von Macht zu finden sind. Wegen der emotionalen und physischen Nähe zwischen den Partnern werden hier allerdings die Störungen in den frühen Objektbeziehungen der Partner häufig noch verstärkt. Es gibt jedoch zahlreiche weitere Beispiele dafür, wie projektive Identifikationen von Macht die Beziehungen zwischen Mann und Frau untergraben und zerstören können.

Ein eklatantes und allzu verbreitetes Beispiel beschreibt *Susan Forward* in ihrer Untersuchung über misogyne Männer (»Männer, die Frauen hassen«, 1986). Sie zeigt auf, daß recht viele Männer die Frauen, mit denen sie in näheren Kontakt kommen, immer wieder mißhandeln. Diese Mißhandlungen können von impliziten Drohungen, harter Kritik und bösartigen verbalen Angriffen bis zu körperlicher Gewalttätigkeit reichen. Paradoxerweise wird das Verhalten dieser Männer von den Frauen, die »sie lieben«, oft entschuldigt. Forward zufolge wird die Beziehung zwischen diesen Partnern von einer starken Machtdynamik gespeist, in der der Mann das Bedürfnis hat, die Frau zu beherrschen und zu überwältigen. Das Hauptelement ist das der Kontrolle: »Der Misogyn muß kontrollieren, wie seine Partnerin denkt, fühlt, sich verhält und mit welchen Personen und Dingen sie sich befaßt« (S. 42). Forward meint, diese Männer hätten das Gefühl, daß Frauen sie zerstören könnten, indem sie sie verlassen. Um diese Angst zu bekämpfen, müssen sie die Stärke der Frauen beschränken. Wenn eine Frau schwach und hilflos ist, kann sie nicht anders, als an ihn gebunden zu bleiben. Forwards Beschreibung ergibt eigentlich das Bild einer Beziehung zwischen Herren und Sklaven, die ja auch der projektiven Identifikation von Macht zugrunde liegt.

Ähnliche projektive Identifikationen sind in Beziehungen zu finden, in denen nicht das Geschlecht der entscheidende Faktor ist. Zum Beispiel ist das Leben in Firmen übervoll von Beispielen dafür, wie ungleich verteilte Macht zum Mißlingen von Beziehungen beiträgt — und auch die Produktivität beeinträchtigt. In jeder Organisation finden sich Vertreter des mittleren Managements und leitende Funktionäre, die offenbar keine Verantwortung delegieren können. Solche Personen weisen ihre Untergebenen ständig darauf hin, daß sie »anscheinend nicht in der Lage sind, die Dinge richtig zu machen«, und behandeln sie, als hätten sie kaum eine eigene Kompetenz. In Organisationsberatungen sind sehr häufig institutionelle Beziehungen zu klären, die durch projektive Identifikationen von Macht beherrscht werden.

Die Ursprünge projektiver Identifikationen von Macht lassen sich wie bei projektiven Identifikationen von Abhängigkeit bis zu den frühen Objektbeziehungen zurückverfolgen. Zu dieser Entwicklung tragen besonders solche Interaktionen bei, bei denen Pflegepersonen mitteilen, daß sie nicht in der Lage sind, für das Knd zu sorgen. Statt dessen vermitteln sie, daß sie selbst Fürsorge brauchen. Dadurch werden die normalen Rollen in dem Betreuungsverhältnis zwischen Eltern und Kind vertauscht, und das Kind erhält paradoxerweise die Position eines Elternersatzes.

Im Bereich der Familientherapie spricht man bei solchen Beziehungsmustern von »parentifizierten Kindern« (*Boszormenyi-Nagy, Spark* 1984; *Karpel, Strauss* 1983; *Minuchin* 1974) — das sind Kinder, die in die Rolle von Betreuern für Eltern gedrängt werden, die psychisch (und manchmal auch physisch) nicht in der Lage sind, für sich selbst zu sorgen. Das verlangt größere psychische Verrenkungen, denn, wie Boszormenyi-Nagy und Spark es ausdrücken, »die Person des Kindes muß erst in die eines imaginären Erwachsenen verwandelt werden« (S. 152). Solche Beziehungsmuster sind sehr oft in Alkoholikerfamilien zu finden, in denen gewöhnlich ein oder beide Elternteile die meiste Zeit unfähig sind, allein zurechtzukommen. Das Kind lernt früh, daß die Eltern schwach, wenn nicht unfähig und unzuverlässig sind und daß es folglich nicht nur für sich selbst, sondern auch für seine Eltern sorgen muß.

Es überrascht nicht, daß ein positives Selbstgefühl in Familien mit parentifizierten Kindern einen hohen Preis hat: Das Kind merkt, daß es das Gefühl von Kompetenz und Selbstwert nur erreichen kann, wenn es seine Umgebung kontrolliert. Es muß zu einer »kleinen Mutter« oder einem »kleinen Vater« werden und verantwortungsvoll darauf achten, daß alles richtig läuft, z. B. daß die Eltern zwei oder drei Mal am Tag ordentlich essen oder abends zu Bett gehen. Es ist fast so, als wäre das Kind vorzeitig in die Zukunft versetzt worden und müßte bereits seine senilen Eltern betreuen.

Die Parentifizierung (ob in Familien mit oder ohne Alkoholiker) ist ein in der Entwicklung vorweggenommener Ausdruck einer projektiven Identifikation von Macht. Da das Kind als Betreuer fungieren soll, muß es schon eine relativ reife Entwicklungsstufe erreicht haben. Ein siebenjähriges Kind mag Vater oder Mutter dazu anhalten können, sich auszuziehen, bevor sie sich ins Bett legen; ein Säugling kann das nicht. Dennoch kann man sicher davon ausgehen, daß die Erwartungen und Gefühle, die schließlich konkret zu der Parentifizierung geführt haben, von dem Kind bereits sehr viel früher gespürt worden sind. Alkoholikereltern werden nicht über Nacht zu solchen.

Ein anderes Muster früher Mutter-Kind-Interaktion, das zum Entstehen einer projektiven Identifikation von Macht führen kann, betrifft Mütter, die zwar nicht hilflos, aber zurückgezogen und unerreichbar sind.

Forward meint, ein frühes Objektbeziehungsmuster bei misogynen Männern sehe so aus, daß die Mutter ihre Liebe und Zuneigung zurückhält und dem Kind das Gefühl gibt, unerwünscht zu sein. Die Drohung des Verlassenwerdens hängt wie ein Damoklesschwert über dem Kind und erzeugt das Gefühl einer bevorstehenden Katastrophe. Um diesem Gefühl zuvorzukommen, versucht es, das Verhalten der Mutter in seiner Phantasie zu kontrollieren. Als Erwachsene leben solche Menschen dann ihre Kontrollphantasien in Beziehungen mit Frauen aus: Indem sie diese dazu bringen, sich unzulänglich zu fühlen und Angst vor ihrer Eigenständigkeit zu entwickeln, wollen sie sich eine Sicherheit verschaffen, daß sie nicht verlassen werden.

Ein Beispiel, wie sich eine projektive Identifikation von Macht in der Therapie auswirken kann: Die Patientin Celia war selbst Therapeutin, hatte die Neigung zu intellektualisieren und reflektierte ständig über das, was in der Therapie ablief. Auf meine Bemerkungen reagierte sie oft folgendermaßen: »Das ist eine ausgezeichnete Deutung. Sie haben wirklich den Nagel auf den Kopf getroffen!« Oder: »Das trifft es nicht ganz, Ich glaube nicht, daß Sie genügend bedacht haben, was ich Ihnen gesagt habe.« Manchmal hatte ich das Gefühl, daß ich wieder an der Universität war und die Patientin sich geheimnisvollerweise in eine Supervisorin verwandelt hatte.

Ein Hinweis auf eine projektive Identifikation von Macht in der Therapie selbst ist die Kritik, die sich durch die Sitzungen zieht. Wie Celia machen manche Patienten kritische Bemerkungen über die Richtigkeit oder Unrichtigkeit der Interventionen des Therapeuten, als meinten sie, die Arbeit besser machen zu können, wenn sie nur dazu befugt wären. Andere kommentieren die Raumgestaltung oder sogar die Kleidung des Therapeuten. Eine Patientin sagte während einer Therapiesitzung zu mir: »Sie könnten jemanden gebrauchen, der Ihnen hilft, Ihre Kleidung auszusuchen.« Wahrscheinlich könnte ich das, doch die an Pygmalion erinnernde Bemerkung aus dem Mund der Patientin zeigte, daß es um mehr als nur einen guten Rat ging.

Da die Metakommunikation in der projektiven Identifikation von Macht besagt: »Du kannst allein nicht überleben (oder zumindest nicht zurechtkommen)«, bringt sie die Objekte dieser Projektionen in eine unangenehme Lage. Ständig geht es um Kompetenz, Kontrolle und Macht. Für eine Beziehung verspricht das nichts Gutes, und meistens dauert es nicht lange bis zu den ersten empörten Konfrontationen und Wutausbrüchen. Wenn man gegen irgendetwas eine besonders starke Abneigung hat, dann dagegen, sich anhören zu müssen, daß man unfähig sei. Wie inkompetent jemand auch sein mag, er nimmt es immer übel, wenn man ihm sagt, daß er alleine nicht zurechtkomme.

Erwartungsgemäß sind projektive Identifikationen von Macht bei Männern häufiger als bei Frauen. Für projektive Identifikationen von Abhängigkeit gilt das umgekehrte Verhältnis. *Jessica Benjamin* (1986) vertritt die These, daß solche Unterschiede sich davon ableiten, wie in der patriarchalischen westlichen Gesellschaft die Geschlechtsidentität aufgebaut wird. Benjamin erläutert, auf welche Weise Männer und Frauen in unserer Kultur jeweils einen »Objektstatus« erreichen, und meint, daß das Suchen nach dem personalen Selbst und das Streben nach Erwünschtheit zu unterwürfigem Verhalten bei Frauen und zu dominantem Verhalten bei Männern führe. Danach wären Frauen erwartungsgemäß stärker anfällig für projektive Identifikationen von Abhängigkeit. Solche Muster leiten sich ab von Erfahrungen in der Entwicklungszeit, durch die Frauen gezwungen werden, zu Objekten anstatt Subjekten des Begehrens zu werden (*Benjamin* 1986, S. 87-88). Das männliche Selbstgefühl dagegen, das in Erfahrungen wurzelt, in denen Kontrolle und Dominanz einen hohen Wert haben, wird mit größerer Wahrscheinlichkeit durch projektive Identifikationen von Macht zum Ausdruck gebracht. Natürlich gibt es Ausnahmen. Jedenfalls lassen sich in der klinischen Arbeit die üblichen kulturellen Muster wiederfinden.

Sexualität

Die projektive Identifikation von Sexualität ist eine interpersonale Dynamik, durch die Beziehungen mit sexuellen Mitteln hergestellt und aufrecht erhalten werden sollen. Speziell soll sie bei der Person, auf die sie sich richtet, eine erotische Reaktion auslösen und die Beziehung auf dieser Basis in Gang halten. Sexuelle Erregung wird so zur Hauptstütze der Beziehung und soll gewährleisten, daß sich die Beziehung für die Person, die das Objekt der projektiven Identifikation ist, als attraktiv erweist.

Das Verhalten bei sexuellen projektiven Identifikationen unterscheidet sich äußerlich nicht sehr von dem sexuellen Verhalten in einer beliebigen anderen Beziehung. Es reicht von Koketterie und anzüglicher Kleidung bis zum direkten Verführungsversuch. Der Unterschied zwischen normalen Beziehungen und solchen, die durch sexuelle projektive Identifikationen gekennzeichnet sind, hat hauptsächlich mit der getriebenen Art der sexuellen Aktivität und ihrem ausschließenden Charakter zu tun: Die Sexualität überschattet alles andere; anstatt Teil der Beziehung zu sein, *ist* sie die Beziehung.

Die stillschweigende Voraussetzung in solchen Beziehungen ist, daß Sexualität der Leim ist, der alles zusammenhält. Dahinter steht die Angst, die Beziehung würde beeinträchtigt und könnte schließlich zerbrechen, wenn Sexualität nicht die wichtigste Komponente wäre. Dazu zwei ganz unterschiedliche Beispiele: Im ersten Fall geht es um eine Frau namens Ingrid, die therapeutische Behandlung suchte, weil sie an chronischer Schlaflosigkeit litt und darüber unglücklich war, daß es ihr nicht gelang, langfristige Beziehungen einzugehen. Der zweite Fall handelt von einem Patienten, der nach seiner Scheidung Schwierigkeiten im Umgang mit Frauen hatte.

Ingrid war eine 36 Jahre alte Grundschullehrerin, die nach dem Tod ihres Vaters Norwegen mit 12 Jahren verlassen hatte, um bei einer Tante und einem Onkel in den USA zu leben. Sie war eine attraktive Frau und verabredete sich regelmäßig mit Männern, doch im Lauf der Jahre war es ihr nicht gelungen, langfristige Beziehungen einzugehen. Da sie ihre Verbindungen mit Männern nur sehr vage beschrieb, war es schwer, ein genaues Bild davon zu bekommen, wie ihre Interaktionen mit Männern tatsächlich aussahen. In der ersten Therapiephase berichtete sie vor allem von ihren Kontakten mit verschiedenen Männern, mit denen sie sich in den letzten Jahren getroffen hatte.

Das Muster dieser Verabredungen hatte etwas Gezwungenes: Sie begegnete einem Mann, ging mit ihm aus und arrangierte es so, daß beide beim ersten oder zweiten Treffen im Bett landeten. Das war an und für sich nicht merkwürdig, bis auf die zwanghafte Regelmäßigkeit, mit der dies ablief. Schon merkwürdiger war, wie sie sich am Morgen danach verhielt.

Wenn die beiden die Nacht in der Wohnung des Mannes verbracht hatten, zögerte sie ihr Weggehen so weit wie möglich hinaus. Hatten sie die Nacht bei ihr verbracht, drängte sie den Mann dazu, den ganzen Tag mit ihr zu verbringen, zumindest aber einen Teil des Morgens. Oft flehte sie den Mann inständig an, bei ihr zu bleiben, gewöhnlich ohne Erfolg. Sie hatte kein Gefühl für die Wirkung ihres Verhaltens auf die Männer und keine Ahnung, warum die meisten nie wieder anriefen.

Im Verlauf der Behandlung verriet Ingrid mehr über ihre chronische Schlaflosigkeit. Es stellte sich heraus, daß ihre Unfähigkeit zu schlafen mit einem bestimmten, immer wiederkehrenden Alptraum zusammenhing. Zuerst sagte sie nur, daß er sexueller Art sei und sehr lebendige Szenen von zwei Menschen beim Koitus enthalte. Später verriet sie, daß sie die Frau in dem Traum sei und der Mann ihr Vater. Obwohl der Traum nicht allzu oft auftrat, kehrte er doch häufig genug wieder, um ihr Angst vor dem Einschlafen zu machen, weil er ja wiederkommen könnte. Sie sagte mir, sie habe Angst, schließlich »verrückt« zu werden, wenn sich daran nichts ändern würde.

Der Zusammenhang zwischen Ingrids Traum und ihren Interaktionen mit Männern begann deutlich zu werden, als sie über ihre frühe Kindheit sprach. Sie war das späte und einzige Kind von Eltern, die sehr wohlhabend waren und im Osloer Gesellschaftsleben eine wichtige Rolle spielten. Ihr Vater stand an der Spitze eines Industriekonzerns und verbrachte die meiste Zeit im Büro oder auf Geschäftsreisen im Ausland. Ingrid hatte kaum Erinnerungen an ihre Mutter, die starb, bevor Ingrid zwei Jahre alt war. Der Vater ging keine weitere Ehe ein, und Ingrid wurde hauptsächlich von einer Kinderfrau großgezogen.

Die lebendigste Kindheitserinnerung Ingrids war die Erinnerung an etliche schöne Frauen, die in ihrem Haus auftauchten. Sie kamen immer abends, manchmal aßen sie mit ihrem Vater und ihr und erschienen dann erst wieder am nächsten Morgen. Sie erzählte, sie habe diese Frauen aus der Ferne bewundert und gleichzeitig um die Fähigkeit beneidet, sich offenbar das verschaffen zu können, wonach sie sich so verzweifelt sehnte: die Liebe und Aufmerksamkeit ihres Vaters.

Erst später wurde ihr klar, daß diese Frauen die Geliebten ihres Vaters waren. Er war ein attraktiver und wohlhabender Mann, und es fiel ihm leicht, junge und schöne Frauen für sich zu gewinnen. Auch war es für sie offensichtlich, daß diese Beziehungen vor allem sexueller Art waren. Der Traum war ein Objektbeziehungsausdruck für den Wunsch eines Kindes, von seinem Vater geliebt zu werden, vermischt mit den Vorstellungen einer erwachsenen Frau, was eine Frau für Männer attraktiv mache. Er enthielt die gleiche Dynamik, die hinter ihrer projektiven Identifikation von Sexualität lag.

Jacksons Fall war nicht so dramatisch wie der von Ingrid, obwohl er in mancher Hinsicht durchaus ähnlich war. Jackson hatte sich während seiner 14 Jahre dauernden Ehe hin und wieder auf andere Frauen eingelassen, obwohl seine Frau erst nach etwa zehn Ehejahren davon erfahren hatte. Als sie zum erstenmal von seinen außerehelichen Abenteuern erfuhr, drohte sie damit, ihn zu verlassen; sie nahm davon jedoch Abstand, nachdem Jackson ihr versprochen hatte, sich nicht mehr mit anderen Frauen abzugeben. Es gelang ihm aber nicht, sein Versprechen zu halten, und nach zwei Jahren bitterer Vorwürfe und ständigen Streits verlangte seine Frau schließlich die Scheidung.

Jacksons Entschluß, sich in Therapie zu begeben, wurde ausgelöst durch einige Mißerfolge beim Aufbau dauerhafter Beziehungen mit Frauen und durch gelegentlich auftretende Depressionen, die zu schweren Alkoholexzessen geführt hatten. Nach seiner Scheidung glaubte er, daß er das Junggesellenleben genießen könnte. Anfangs tat er das auch, aber nach fast drei Jahren zielloser Liebschaften ohne tiefe Bindung kam er zu dem Schluß, daß er eigentlich etwas Tiefergehendes wollte. Er mußte jedoch feststellen, daß das, wonach er suchte, nicht so leicht zu finden war. Die Frauen, für die er sich am meisten interessierte, schreckten gewöhnlich vor ihm zurück, besonders wenn er die Sprache auf eine engere Bindung brachte. Einige, mit denen er sich getroffen hatte, als er noch verheiratet war, schienen sich jetzt, wo er allein und frei war, weniger zu ihm hingezogen zu fühlen. Mit der Zeit wurde Jackson immer verwirrter und fühlte sich »abgehängt«, wie er es ausdrückte.

Ein Hauptproblem war für Jackson, daß er sich in seinen Beziehungen mit Frauen so leer fühlte. Auch wenn seine Kontakte sexuell stimulierend waren, schien es ihnen an irgend etwas zu fehlen. Der Grund dafür wurde deutlich, als er seine Beziehungen beschrieb, speziell die nichtsexuellen Aspekte: Für ihn war Beziehung identisch mit Sexualität. Das galt nicht nur für flüchtige Bekanntschaften, sondern auch für ernsthafte Beziehungen. Dabei sah er gar nicht so sehr die Frauen als Sexualobjekte an, vielmehr sah er sich selbst so. Jackson war außerstande, sich selbst in einem anderen als sexuellen Zusammenhang als attraktiv oder erwünscht zu sehen. Das vor allem war die Basis für seine sexuelle projektive Identifikation.

Der Schlüssel zum Verständnis sexueller projektiver Identifikationen liegt in ihren Kommunikations- und Metakommunikationsmustern. Auf der Kommunikationsebene sollen Doppeldeutigkeiten, bestimmte Körperhaltungen und sonstige erotische Kunstgriffe den Empfänger anziehen und eine sexuelle Erregung entstehen lassen. Der Projizierende ist der Besitzer eines sexuellen Bonbonladens, in dem Spaß, Erregung und Flucht vor der Langeweile für kaum mehr als eine Affäre von ein paar Nächten zu haben sind.

Die Metakommunikation bietet jedoch mehr an als bloße Sinnesfreude, und zwar eine Botschaft von sexueller Erfüllung, die über bloße orgasmische Befriedigung weit hinausgeht. Sie signalisiert mehr als »Ich werde dich scharfmachen«; sie verspricht: »Ich werde dir das Gefühl geben, sexuell kompetent zu sein«. Kurz gesagt, die Metakommunikation verspricht, den Empfänger sexuell heil zu machen. Sie enthält umgekehrt auch die implizite Drohung, daß sich der Empfänger weniger heil, weniger sexuell leistungsfähig fühlen wird, wenn er auf die versteckte Botschaft nicht reagiert.

Die eigentliche Absicht von Patienten mit sexuellen projektiven Identifikationen besteht darin, ihre interpersonale Erwünschtheit sicherzustellen, indem sie sich ihrer sexuellen Attraktivität vergewissern. Wie andere projektive Identifikationen rührt auch diese Form von Beziehungspathologie von gestörten Objektbeziehungen her, in denen das Kind ausschließlich für ein ziemlich eingeschränktes Verhalten geschätzt wurde. Die früher »gespeicherten« Botschaften über die eigene sexuelle Erwünschtheit werden weitergegeben, und je pathologischer die frühen Objektbeziehungen waren, um so nachteiliger sind die Folgen.

Ein Beispiel dafür ist der Fall eines schwer gestörten siebenjährigen Kindes mit einer tiefen sexuellen Pathologie. Der Junge hatte von früher Kindheit an eine Neigung, sich zu exhibieren und später in der Öffentlichkeit zu masturbieren. Das geschah schließlich mit solcher Häufigkeit, daß er vom Schulbesuch ausgeschlossen wurde. Der Junge war von der Beschäftigung mit Sexualität völlig beherrscht und mußte schließlich in eine kinderpsychiatrische Klinik überwiesen werden, wo die Diagnose »kindliche Schizophrenie« gestellt wurde.

Ich habe zwar nicht das Kind behandelt, hatte jedoch die Gelegenheit, im Rahmen eines erweiterten Behandlungsprogramms die Mutter kennenzulernen. Im Erstgespräch erfuhr ich, daß der Vater die Familie vor einigen Jahren verlassen hatte und daß sie für die Erziehung allein zuständig war. Es war jedoch vom ersten Augenblick unserer Begegnung an deutlich, daß sie nicht viel von einer Elternfigur an sich hatte. Die Frau war selbst am Rande einer Psychose. Ihr Denken war sehr desorganisiert, und sie redete über das Kind, als handele es sich um einen Gegenstand. Sie war unfähig zu begreifen, warum ihr Sohn in der Klinik war, und hatte sich nur wegen des Drucks der Schulbehörde damit einverstanden erklärt, ihn dort unterzubringen.

Im Verlauf der Therapie erfuhr ich, daß die Mutter das Kind vom Zeitpunkt der Geburt an als Sexualobjekt behandelt hatte. Sie erzählte, daß sie beim Baden und Wickeln mit den Genitalien des Jungen gespielt hatte, und sprach von Situationen, in denen sie ihn gegen ihren Körper rieb. Sie schien sich dessen nicht bewußt zu sein, was sie da sagte, und kicherte die meiste Zeit, während sie dieses beschrieb. Doch das vielleicht pathologischste Beispiel dafür, wie sie die Beziehung sexualisierte, waren bestimmte Spiele auf dem Spielplatz in der Nähe ihrer Wohnung, zu dem sie mit dem Jungen eine Zeitlang häufiger gegangen war. Der Junge war damals ein oder zwei Jahre alt, und sie schaukelte mit ihm besonders gern auf der Wippe, wobei sie sich selbst auf das Ende der Wippe und den Jungen zwischen ihre Beine setzte. Nach ihrer Beschreibung, die von anzüglichen Blicken und Kichern begleitet war, hatte ich kaum Zweifel, daß sie den Jungen dazu benutzte, sich zu masturbieren. Später gab sie das in gewisser Weise zu. Obwohl man einwenden könnte, daß ein Kleinkind wirklich nicht weiß, was da vor sich geht, muß sich doch etwas Sexuelles vermittelt haben. —

Menschen mit projektiven Identifikationen von Sexualität lernen von klein auf, daß sie so lange erwünscht sind, wie sie den Erwachsenen in ihrer Umgebung irgendwie eine sexuelle Erregung liefern. Die Botschaft an das Kind lautet immer: »Du bist so lange erwünscht, wie du mich erregst.« Diese grundlegende Botschaft hat das kleine Kind in seine Welt innerer Repräsentanzen einverleibt und bildet schließlich die Grundlage für spätere Interaktionen mit anderen.

Beziehungen ganz auf sexueller Grundlage zu strukturieren ist eine Möglichkeit, sich seines Selbstwertes zu vergewissern. Daß Umfang und Qualität unseres Austauschs mit anderen Menschen dadurch stark eingeschränkt werden, tritt dabei in den Hintergrund. Sind innere Objektbeziehungen dieser Art erst einmal in das Selbst einverleibt, hat ein Mensch kaum eine andere Wahl, als ihren Geboten zu folgen.

Einschmeicheln

Bei der vierten Hauptform projektiver Identifikation ist die wichtigste emotionale Komponente von Beziehungen die Selbstaufopferung. Andere sollen fortwährend bemerken, daß die projizierende Person etwas aufgibt oder die Interessen des Empfängers über ihre eigenen stellt. Es geht um den konzertierten Versuch, andere dahin zu bringen, daß sie für seine Handlungen und erbrachten Opfer dankbar sind. Einige Beispiele für solche Interaktionen:

— »Ich bemühe mich so sehr, es dir leicht zu machen.«
— »Ich arbeite mir die Knochen wund.«
— »Du weißt gar nicht zu würdigen, wieviel ich für dich tue.«
— »Du nimmst mich immer als selbstverständlich.«

Ob ein solcher Satz etwas über die eigene Person (»Ich arbeite so viel«) oder über einen Mangel des anderen (»Du tust nie genug«) aussagt, in jedem Fall zielt er darauf ab, dem Angesprochenen Anerkennung zu entlocken.

Wer das Objekt einer projektiven Identifikation des Einschmeichelns ist, befindet sich ständig in Situationen, in denen von ihm Dankbarkeit und Anerkennung erwartet wird. Er soll Bemerkungen darüber machen, wieviel leichter sein Leben angesichts der ständigen Aufmerksamkeit geworden ist, die ihm zuteil wird. Explizit und implizit wird er genötigt, dem Projizierenden zu versichern, daß alles, was dieser tut oder sagt, sein Leben erleichtert. Für diesen ist das Allerwichtigste zu wissen, daß er *hilfreich* ist.

Henrietta, eine alleinstehende Frau mittleren Alters, kam mit ihren beiden Söhnen in den Teenagerjahren in Familientherapie. Der Anlaß war, daß die Jungen in der Schule Probleme machten. Ihre Lehrer berichteten, der eine sei sehr streitsüchtig geworden, während sich der andere immer zurückgezogener verhalte. Das Problem wurde zunächst als ein rein schulisches betrachtet, aber dann gab es Anzeichen, daß sich häusliche Schwierigkeiten darin widerspiegeln könnten — daher die Empfehlung einer Familientherapie.

Bei der Exploration der Familiendynamik zeigte sich sehr viel Wut in der Familie, die großenteils in Henriettas Umgang mit den Jungen wurzelte. Einige Schwierigkeiten gingen auf die bloße Tatsache zurück, daß die Jungen größer wurden. Vor allem aber ging es um die Abneigung der Jungen, auf Henriettas Bedürfnis nach Anerkennung dafür einzugehen, wieviel sie für sie tat. Ihre wütende Weigerung, auf Henriettas »Aufopferung« zu reagieren, hinterließ bei ihr das Gefühl von Niedergeschlagenheit und Unerwünschtheit.

In einer Familienszene, die diese Dynamik deutlich machte, ging es um das Autofahren. Die Jungen hatten beide noch keinen Führerschein und waren darauf angewiesen, daß Henrietta sie fuhr. Immer wenn sie in den Wagen stiegen, ermahnte Henrietta sie, sich anzuschnallen und die Türen von innen zu schließen. Bevor sie sich rühren konnten, hatte sie sich jedoch schon herübergebeugt und selbst alle Knöpfe gedrückt. Das lief in ritualisierter Weise ab. Die Jungen berichteten, daß sie das als überflüssige Aufdringlichkeit, als Zumutung und Belästigung empfänden. Einmal waren sie aus dem Wagen gestürmt und hatten sich geweigert, mit ihr zu fahren.

Während einer Therapiesitzung kam es zu einer längeren Diskussion darüber, was in dem Wagen vorgefallen war. Einer nach dem anderen erzählte seine Version der Geschichte. Auf den ersten Blick schien es ja um eine bedeutungslose Sache zu gehen — was machte es schließlich schon aus, wer die Knöpfe an der Tür herunterdrückte? Doch als jeder seine Version erzählte, wurde der Wortwechsel immer hitziger. Es entwickelte sich ein heftiger Streit um die Türknöpfe, wobei die Jungen argumentierten, daß sie das selbst erledigen könnten, und Henrietta darauf beharrte, sie versuche nur zu helfen.

An dieser Stelle fragte ich Henrietta, was ihrer Meinung nach geschehen würde, wenn sie die Kinder nicht an die Türknöpfe erinnern würde. Ihr Gesicht wurde sehr traurig, und sie fiel in ein langes Schweigen, ja sie schien sogar mit den Tränen zu kämpfen. Schließlich fragte ich sie, woran sie denke. Sie antwortete in einem sehr verzagten Ton: »Wozu wäre ich denn dann noch nütze?«

Es ist traurig, daß eine Frau, die einen Großteil ihres Lebens eine Familie zu versorgen und Kinder großzuziehen hatte, ihr ganzes Selbstwertgefühl aus der Anerkennung für ihre Leistungen bezieht. Noch trauriger ist, daß eine derartige Interaktion untergräbt, wonach sie sich verzweifelt am meisten sehnt: für das geliebt zu werden, was sie *ist*, anstatt für das, was sie *tut*. Anstatt Interaktionen der Fürsorglichkeit zu pflegen, verwendet sie ihre Energie vor allem darauf, sich zu vergewissern, daß sie anerkannt wird. Ein solcher Umgang mit anderen ist das wesentliche Kennzeichen projektiver Identifikationen des Sich-Einschmeichelns.

Wer mit projektiven Identifikationen des Einschmeichelns agiert, braucht Anerkennung für die vielen Akte seiner Selbstaufopferung. Er muß wissen, daß der Empfänger erkennt, was er für ihn tut. Doch unter all dem verbirgt sich eine tiefere, mächtigere Mitteilung, die etwas über den zugrundeliegenden Handel aussagt, nämlich die Metakommunikation: »Du bist in meiner Schuld«. Man erwartet etwas als Gegenleistung. Und dieses »Etwas« ist die Zusicherung, daß andere Menschen unter allen Umständen eine Beziehung zu einem aufrechterhalten werden.

Das möchten wir natürlich alle gern von unseren engsten, vertrautesten Beziehungen glauben. Wir alle möchten glauben, daß wir wertvolle Menschen sind, und sicher sein, daß die uns Nahestehenden den Kontakt mit uns lohnend finden. Wer durch eine projektive Identifikation des Einschmeichelns Beziehungen herstellt, hat wenig Vertrauen und kann nicht wirklich glauben, daß andere Menschen, selbst Mitglieder der eigenen Familie, einen tatsächlich für das lieben, was man ist. Man ist überzeugt, sich einschmeicheln zu müssen, um sich seiner Erwünschtheit sicher sein zu können. Und deshalb richtet man seine Beziehungen so ein, daß andere sich einem verpflichtet fühlen.

Die frühe mütterliche Botschaft an Kinder, die später mit projektiven Identifikationen des Einschmeichelns agieren, lautet: Sie müssen etwas leisten für die, die sich um sie kümmern, sonst werden sie nicht geliebt. Solchen Kindern wird beigebracht, daß ihr eigentlicher Wert in ihrer Nützlichkeit liegt. Nur durch nützliches Tun können sie sich selbst davon überzeugen, daß sie »gut« sind. Demzufolge müssen sie sich ständig bei anderen einschmeicheln, um mit ihnen in Beziehung sein zu können.

Projektive Identifikationen und interpersonale Pathologie

Projektive Identifikationen sind verhaltensmäßige Auswirkungen von projektiven Phantasien, deren Ursprung in pathologischen Objektbeziehungen liegt. Sie wirken sich auf Beziehungen einschränkend aus und bestimmen weitgehend, was darin stattfindet. Bei der projektiven Identifikation der Abhängigkeit geht es hauptsächlich um Hilflosigkeit, bei den projektiven Identifikationen der Macht, Sexualität und des Einschmeichelns jeweils um Kontrolle, Erotik und Selbstaufopferung. Dies alles wird von machtvollen Metakommunikationen gelenkt, die den projektiven Identifikationen zum Erfolg verhelfen sollen.

Wenn wir uns die verschiedenen Komponenten einer projektiven Identifikation in Erinnerung rufen, von denen zu Beginn des Kapitels die Rede war, so können wir jetzt vielleicht erkennen, wie jede zur Fortdauer der interpersonalen Pathologie beiträgt: Die *projektive Phantasie* ist in der Metakommunikation enthalten, die auf verborgene Weise signalisiert, worum es in der Beziehung eigentlich geht. Der Objektbeziehungswunsch, die Triebkraft hinter der projektiven Phantasie, wird in verborgene Botschaften umgewandelt, die das Verhalten des Empfängers kontrollieren und einschränken sollen.

Die *Verhaltensinduktionen* sind in den verschiedenen Mitteilungen enthalten, aus denen die projektive Identifikation besteht. Sie sind die konkreten interaktionalen Manipulationen, die die Eigenart der bestehenden Beziehung prägen. In den realen Botschaften, also den aktuellen Interaktionen zwischen Projizierendem und Empfänger, erscheint als äußeres Verhalten, was zuvor nur im Bereich des Imaginären existierte. Ob sexueller, abhängiger, aufopfernder oder kontrollierender Art, geben sie der projektiven Identifikation ihre besondere Prägung.

Schließlich ist das Schicksal der projektiven Identifikation mit der *Reaktion des Empfängers* verankert. Wenn jemand für seine projektive Identifikation einen Menschen als Objekt wählt, dessen eigene Bedürfnisse der projektiven Identifikation entsprechen, so entstehen nicht zwangsläufig Probleme. Bei einer projektiven Identifikation der Abhängigkeit hat er vielleicht das Glück, auf jemanden zu stoßen, dessen Lebenswunsch es ist, sich um andere Menschen zu kümmern. Leistet das Objekt jedoch Widerstand, erlebt der Projizierende möglicherweise Angst, Niedergeschlagenheit, Wut und andere »Symptome« — Belege, daß die Projektion mißlungen ist. Solche Menschen suchen dann sehr oft Hilfe.

Tabelle 1: Die wichtigsten projektiven Identifikationen

Projektive Identifikation	Haltung in der Beziehung	Metakommunikation	Induktion
Abhängigkeit	Hilflosigkeit	»Ich kann nicht überleben«	Fürsorglichkeit
Macht	Kontrolle	»Du kannst nicht überleben«	Unfähigkeit
Sexualität	Erotik	»Ich werde dich sexuell heil machen«	Erregung
Einschmeicheln	Aufopferung	»Du bist in meiner Schuld«	Anerkennung

Die vier in diesem Kapitel besprochenen projektiven Identifikationen sind in Tabelle 1 aufgelistet. Neben diesen Beziehungsmustern gibt es auch solche, bei denen verschiedene projektive Identifikationen miteinander verschmelzen, z. B. Abhängigkeit-Sexualität. Einige davon werden in einem späteren Kapitel untersucht. Meistens finden sich die vier beschriebenen Konfigurationen jedoch als eigenständige, unabhängige Muster. Sie sind in der klinischen Arbeit leicht zu identifizieren und stehen im Mittelpunkt der Objektbeziehungstherapie.

Teil II

Die Therapie

Kapitel 4

Erste Phase — Innere Beteiligung

Die therapeutische Beziehung: Grundlage des Wandels

Projektive Identifikationen sind Überbleibsel früher Objektbeziehungen, die als Störungen in zwischenmenschlichen Beziehungen zum Ausdruck kommen. Wer mit projektiven Identifikationen agiert, hat früh gelernt, daß er, um eine Beziehung aufrechtzuerhalten, abhängig, kontrollierend, sexuell aufreizend oder einschmeichelnd sein muß. Die Entscheidung für ein solches Verhalten ist nicht so sehr rational, doch vieles, was man in ganz jungen Jahren lernt, gründet sich nicht auf Logik oder Vernunft. Objektbeziehungsmuster, die früh im Leben entstehen, werden gewöhnlich mehr von emotionalen als von intellektuellen Faktoren beeinflußt.

Doch hinter den projektiven Identifikationen steckt noch ein anderes Motiv, das im Hinblick auf Psychotherapie optimistischer stimmt. Obwohl projektive Identifikationen zweifellos pathologischer Natur sind, sind sie doch ein Versuch, Beziehungsdefizite zu korrigieren. Pathologische Objektbeziehungsszenarien der ersten Jahre zu wiederholen bedeutet das Bemühen, den schlechten Ausgang der frühen Kindheit »umzuschreiben«. Wer seine Beziehungen mit projektiven Identifikationen zu strukturieren sucht, sehnt sich verzweifelt nach einem »guten« Ausgang. Er möchte von den Menschen seiner Umgebung für das geliebt werden, was er ist, und nicht dafür, daß er bestimmte Bedürfnisse erfüllt.

Mit dieser geheimen Hoffnung kommen Menschen in die Therapie und halten an der Behandlung fest, trotz mancher Rückschläge und Enttäuschungen. Auf der einen Ebene kommen sie wegen ihrer Angstanfälle, zerbrochenen Ehen, Depressionen usw., und wenn man sie fragt, warum sie in Behandlung sind, so antworten sie: »damit es mir besser geht«. Doch auf einer anderen, viel tieferen Ebene möchten sie in der Lage sein, von anderen psychisch »gehalten« zu werden, mit ihnen verbunden zu sein, ohne sich gefährdet zu fühlen. Aber leider können sie sich nur mit projektiven Indentifikationen einen Anschein von Verbundenheit schaffen. Ein Patient drückte es so aus: »Im Grunde meines Herzens weiß ich, daß es einen besseren Weg gibt, aber ich traue ihm nicht.«

Die Objektbeziehungstherapie ist eine Möglichkeit, diesen Projektionsmustern entgegenzuwirken und diese Gefühle zu verändern. Dabei dient die therapeutische Beziehung sozusagen als Bühne, auf der die Beziehungspathologie des Patienten deutlich werden kann. So kann der Therapeut die Metakommunikationen in den projektiven Identifikationen konfrontieren und darauf widersprechend, also therapeutisch reagieren. Vielleicht findet der Patient im Verlauf der Behandlung zu einem besseren Verständnis für seine gegenwärtigen Objektbeziehungen oder sogar zu Einsichten über die früheren. Doch ein Verstehen dieser Art ist nur zweitrangig und hat wenig mit der eigentlichen Veränderung zu tun, wie es im Rahmen der Objektbeziehungstheorie verstanden wird. Vielmehr sind die konkreten Veränderungen in der Therapeut-Patient-Beziehung Auslöser und Gradmesser für nachhaltige Veränderungen im Alltag.

In der Objektbeziehungstherapie ist die Therapeut-Patient-Beziehung eine spezifische und einzigartige Objektbeziehung. Denn einer der Beteiligten läßt sich bewußt auf eine Beziehung ein, von der er weiß, daß er darin das Objekt einer projektiven Identifikation wird (*Ogden* 1982, S. 54), daß also die Interaktion mit dem Patienten früher oder später eine manipulative Qualität annimmt. Indem er ein interpersonales Milieu schafft, in dem es wahrscheinlich zu projektiven Identifikationen kommt, bietet er eine Gelegenheit in vivo, sich im Hier und Jetzt mit ihnen auseinanderzusetzen.

Malin und *Grotstein* (1966) meinen, das grundlegende Ziel von Therapie sei die Modifikation der inneren Objektwelt des Patienten durch die Veränderung von projektiven Identifikationen. Diese Überzeugung klingt auch in der Feststellung von *Ogden* an:

»... Die Essenz dessen, was für den Patienten therapeutisch ist, liegt in der Fähigkeit des Therapeuten, die Projektionen des Patienten aufzunehmen, Aspekte seines eigenen reiferen Persönlichkeitssystems dazu zu benutzen, die Projektion zu verarbeiten, und dann die 'verdaute' Projektion durch die therapeutische Interaktion für die Reinternalisierung zugänglich zu machen.« (1982, S. 20)

Dazu muß der Therapeut dafür sorgen, daß die projektive Identifikation an die Oberfläche kommt und zu einem Teil der therapeutischen Beziehung wird. Dann nämlich kann er dem Patienten mit seinen Reaktionen Alternativen aufzeigen zu dem, was er gewöhnt ist. Das ist es, was die therapeutische Beziehung von den meisten anderen Beziehungen unterscheidet. Die meisten Menschen, die mit dem Patienten zu tun haben, besonders in intensiven langfristigen Beziehungen, werden schließlich ärgerlich, deprimiert und verstimmt. Manche geben sogar alle Hoffnung in die Beziehung auf und ziehen sich zurück. Nicht so der Objektbeziehungstherapeut — seine atypische Reaktion auf die projektive Identifikation des Patienten und sein Engagement für den Behandlungsprozeß gibt der Objektbeziehungstherapie ihren besonderen Charakter.

In der Praxis bedeutet das, daß sich der Therapeut auf seine eigenen Reaktionen auf die projektiven Identifikationen des Patienten stützen muß, um den Behandlungsprozeß voranzubringen. Diese Reaktionen dienen zum einen als diagnostisches Instrument für die Pathologie des Patienten, zum anderen als Grundlage für therapeutische Interventionen. So betrifft eine »Deutung« in der Objektbeziehungstherapie eher die gegenwärtigen Manipulationen des Patienten als Geschehnisse in der Vergangenheit. Indem der Therapeut den Patienten konfrontiert und sich weigert, der projektiven Identifikation zu entsprechen, versucht er, durch *die Beziehung* Veränderungen in den gewohnten und selbstschädigenden Beziehungen des Patienten anzuregen.

Soweit eine kurze Zusammenfassung dieses sensiblen und komplexen Vorgehens. Die therapeutischen Interventionen stehen in einem Vier-Phasen-Prozeß, zu dem nach dem »Motivieren« des Patienten das »Herauslocken« der projektiven Identifikation, das Konfrontieren und das Wiederherstellen der betroffenen Beziehung gehören. Die erste Phase wird als »Innere Beteiligung« bezeichnet — es geht dabei um die Bemühung, die emotionale Bindung des Patienten für den psychotherapeutischen Prozeß zu gewinnen.

Innere Beteiligung des Patienten wecken

Die meisten Menschen, die eine Therapie beginnen, haben kaum eine Vorstellung von dem, worauf sie sich einlassen. Sie wissen nur wenig von Psychotherapie als Fachgebiet oder von den Interventionen, mit denen Veränderungen bewirkt werden sollen. Die meisten suchen nur eine Möglichkeit, ihr Leiden zu verringern, — sie wollen sich weniger angstvoll, weniger deprimiert und weniger von den Wechselfällen des Lebens überwältigt fühlen. Dafür sind sie bereit, etwas von ihrer Zeit, einen Teil ihres Einkommens und vielleicht sogar einige Gewohnheiten aufzugeben.

Nur selten kommen Patienten mit dem Wunsch in eine Therapie, radikale Veränderungen in ihrer Persönlichkeit und in ihren eingefahrenen Verhaltensmustern zu erreichen. Selbst diese Patienten sind sich selten bewußt, wieviel Schmerz und Unannehmlichkeiten ein solcher Wandel tatsächlich mit sich bringen kann. Die meisten gehen zum Therapeuten etwa wie zu ihrem Hausarzt: Sie wissen, daß irgend etwas nicht stimmt, und sie wollen eine Pille, damit es ihnen besser geht. Je kleiner die Pille, desto zufriedener sind sie.

Doch die Psychotherapie ist kein medizinisches Verfahren. Es gibt keine Pillen, keine »Zauberkugeln« für die Lösung von Problemen, mit denen sie in die Therapie kommen. Zwar gibt es Psychopharmaka, um Angst zu unterdrücken und Depressionen zu mildern; aber frustrierende und unbefriedigende Beziehungen lassen sich damit nicht in befriedigende und produktive verändern. Patienten müssen also damit rechnen, daß Therapie zu einer schwierigen Erfahrung wird, besonders wenn es um Störungen in den Objektbeziehungen geht. Man kann dies einem Patienten zu Beginn erklären, doch hat der Therapeut gewöhnlich mehr davon als der Patient. Denn selbst wenn dieser weiß, daß die Therapie schwierige Entscheidungen und mühsame Zeiten mit sich bringen wird, kann er doch nicht wirklich einschätzen, was das bedeutet. Es ist eine Sache zu *wissen*, worum es in Therapien geht, und eine andere, dies tatsächlich zu *erleben*.

Viele Patienten haben daher bald nach Beginn der Behandlung ein ungutes Gefühl, worauf sie sich da eingelassen haben, und fragen sich, ob ihre Entscheidung für eine Behandlung richtig war. Manche haben nun mehr Angst als am Anfang. In dieser Phase muß man sich daher mit den Widersprüchen des Patienten befassen und dafür sorgen, daß er in der Behandlung bleibt. Deshalb verharrt der Therapeut nicht in seiner distanzierten professionellen Haltung, sondern läßt sich auf eine Beziehung ein, die Elemente der Fürsorge, der inneren Beteiligung und des persönlichen Engagements enthält. Patienten werden schwerlich nur deshalb die Therapie fortsetzen, weil sie leiden oder weil der Therapeut beeindruckende Diplome vorweisen kann. Vielmehr müssen sie das Gefühl haben, daß der Therapeut einige ihrer Objektbeziehungsbedürfnisse erfüllen kann, selbst wenn diese noch vage und unbestimmt sind. »Ohne genügend Vertrauen in das Können des Therapeuten werden sie mit der Therapie aufhören oder in der therapeutischen Interaktion unbeteiligt bleiben« (*Beitman* 1979, S. 306).

Nicht selten beschließen Patienten, die Behandlung abzubrechen, bevor sie überhaupt erst richtig zum Zuge kommen konnte. Der Therapeut erhält einen Anruf oder sonst eine Mitteilung, daß der Patient etwas anderes versuchen wolle, manchmal auch den Hinweis, der Patient fühle sich soviel besser, daß er doch keine Hilfe brauche. Solche Mitteilungen bedeuten selten das, was sie besagen. Auch wenn die Lebensumstände sich ändern können, verändern sie sich doch nicht *so* grundlegend.

Wenn Patienten in einer frühen Behandlungsphase die Flucht ergreifen, so liegt der Grund darin, daß ihre innere Beteiligung, ihr Engagement in eine therapeutische Beziehung mißlungen ist. Was gesagt und getan wird, geschieht mit der irrtümlichen Annahme, daß bereits eine Beziehung bestehe. So fangen Patienten an, sich zu fragen, ob sie vielleicht gegen ihren Willen da hineingeraten sind. Manche Patienten sind schon ausgestiegen, bevor die Therapie über die erste oder zweite Sitzung hinausgekommen ist.

Therapeutische Bindung und vorzeitige Beendigung

Eine vorzeitige Beendigung ist im gesamten Therapieverlauf ein relevantes Thema, besonders jedoch in den Anfangsphasen (*Hoffman* 1985). Eine häufige Klage von Anfängern unter den Therapeuten ist, daß ihre Patienten nicht regelmäßig erscheinen oder daß sie mit der Therapie aufhören, bevor sie richtig angefangen hat. Eine genaue Untersuchung der ersten Sitzungen macht oft deutlich, daß der Therapeut zu vieles zu früh versucht hat. Anstatt sich auf die innere Beteiligung des Patienten zu konzentrieren, wird ein Vorschlag gemacht oder eine Deutung angeboten, auf die der Patient schlecht vorbereitet ist.

Als Beispiel hierfür mag die Arbeit von Lorraine dienen, einer Supervisandin von mir, die gerade eine Behandlung bei einem Patienten begonnen hatte, der Probleme mit seinem »Liebesleben« hatte. Obwohl viele Patienten therapeutische Hilfe suchen, weil ihre Liebesbeziehungen dürftig und inhaltsarm geworden sind, litt dieser Patient nicht an einem Mangel an Liebesbeziehungen, sondern an einem Überfluß. Er erzählte der Therapeutin, er habe gleichzeitig mit drei verschiedenen Frauen ein Verhältnis, das bei zweien ernst sei, und wünsche sich von der Therapeutin Hilfe bei der Auswahl seiner Beziehungen.

Die Therapeutin war etwas bestürzt, daß der Patient so geschäftsmäßig mit seiner mißlichen Lage umging. Er schien nicht besonders unglücklich durch die Art, wie er sein Problem schilderte. Er sah sich selbst als einen Don Juan und genoß die Vorstellung, so viele Frauen zu haben. Sein Problem war eher ein logistisches als ein emotionales.

In den ersten beiden Sitzungen bemühte Lorraine sich um Informationen über den Patienten und die Qualität seiner Interaktionen mit den Frauen. Aus seiner Beschreibung, wie er seine Freundinnen behandelte, schloß sie, daß er ein in sich gekehrter und recht narzißtischer Mensch sei, dessen Beziehungen ziemlich oberflächlich blieben. Seine Schilderung war durchsetzt von Bemerkungen wie: »Ich brauche das Gefühl«, oder: »Ich muß das haben«. Gewöhnlich begannen seine Äußerungen: »Es ist sehr wichtig für mich, daß ich...«, um damit zu enden, er meine, dies und jenes sagen, tun oder haben zu müssen. Nur selten zeigte er Interesse an der Wirkung seiner Bedürfnisse auf andere. Um ihn herum war eine Fassade von Selbstvertrauen und Zuversicht, die schwer zu durchdringen war.

Etwa mit der dritten Stunde begann dieses Selbstvertrauen brüchig zu werden. Als er zur Therapiestunde erschien, sah er sehr niedergeschlagen aus. Auf die Frage der Therapeutin gestand er, etwas ganz Furchtbares sei passiert: Eine der Frauen, mit denen er liiert war, hatte ihn wegen eines anderen Mannes verlassen. Während er die Geschichte erzählte, brach er in Tränen aus, und schluchzend sagte er, das habe ihn so aus der Bahn geworfen, daß er an Selbstmord gedacht habe. Er habe immer noch Angst davor, daß er sich etwas antun könne, und wisse nicht, was er noch tun würde.

Es war alles sehr dramatisch, und Lorraine war sichtlich erschüttert. Jedoch sah es von meinem Platz hinter der Einwegscheibe aus wie Heuchelei. Die Tränen waren einfach nicht überzeugend. Während der Patient schluchzte, warf er wiederholt einen kurzen Blick auf Lorraine, um zu sehen, wie sie reagierte. Das Bild von jemandem, der in der einen Stunde in bezug auf seine Beziehungen cool und selbstbewußt und in der nächsten völlig am Boden zerstört ist, war sehr brüchig. Irgend etwas stimmte hier einfach nicht.

Im weiteren Verlauf der Sitzung wurde es Lorraine immer unbehaglicher, und sie wußte nicht mehr so recht, was sie sagen oder tun sollte. Sie reagierte mit einer Deutung, er habe die Zurückweisung durch seine Freundin als Versagen erlebt, und dies bedrohe ihn wohl in seiner Männlichkeit. Der Patient richtete sich auf seinem Sitz gerade auf, riß sich zusammen und sprach für den Rest der Stunde ruhig darüber, was sich in der Woche bei der Arbeit ereignet hatte.

Damit signalisierte er im Grunde das Ende der Therapie. Als der Patient zur nächsten Sitzung nicht erschien, wartete Lorraine eine Woche und versuchte dann erfolglos, telephonisch mit ihm Verbindung aufzunehmen. Einige Wochen später erhielt sie einen Brief, in dem der Patient ihr dankte und mitteilte, wie gut es ihm gehe. Obwohl Lorraine und ich hofften, daß es tatsächlich so sei, hatten wir starke Zweifel.

Später diskutierten wir in einer Supervisionssitzung, was in der letzten Therapiesitzung abgelaufen war. Lorraine gab zu, sehr erschrocken gewesen zu sein, als von Selbstmord die Rede war. Sie war natürlich in Sorge, ihren Patienten zu verlieren, und suchte verzweifelt in ihrem Kopf nach etwas »Therapeutischem«, das sie sagen könnte. Sie meinte, sie müßte etwas *tun*, und so kam es zu der Deutung. Dabei war ihre Deutung gar nicht falsch, vermutlich sogar genau zutreffend; aber sie kam zu einem Zeitpunkt, an dem der Patient noch nicht voll beteiligt war und noch keine therapeutische Bindung bestand.

Ein erfahrener Therapeut weiß, daß er von Anfang an auf die innere Beteiligung des Patienten achten muß, denn ohne seine Mitarbeit ist überhaupt keine Therapie möglich. Der Therapeut mag die besten Absichten haben und sehr fähig sein; doch wenn der Patient in der therapeutischen Beziehung nichts anderes als den Kontakt zu einem Experten mit einem höheren akademischen Grad sieht, wird seine anfängliche Motivation für die Behandlung schnell verblassen. Dann jedoch wird er wahrscheinlich kaum untersuchen wollen, *warum* sein Interesse nachgelassen hat. Sehr oft ist auch der Therapeut auf diese Frage nicht allzu erpicht — der Patient war entweder »nicht zur Therapie bereit« oder »nicht psychologisch eingestellt«. Wahrscheinlich hat eine vorzeitige Beendigung jedoch weniger mit solchen Patientenvariablen zu tun als mit dem Versäumnis des Therapeuten, von Anfang an auf die therapeutische Bindung zu achten.

Ein weiterer Grund, warum eine therapeutische Bindung zu Beginn der Behandlung so wichtig ist, bezieht sich auf spätere Therapiephasen: Selbst wenn ein Patient seine ersten Ängste und Befürchtungen überwinden kann, wird er vielleicht dem Druck in späteren Phasen nicht standhalten. In einer erfolgreichen Objektbeziehungstherapie muß sich der Patient mit seinen projektiven Identifikationen auseinandersetzen. Da das sehr bedrohlich sein kann, mag der Patient zu Zeiten den Wunsch haben, mit der Behandlung aufzuhören. Der Schmerz der Veränderung erscheint oft schlimmer, als wenn man einfach krank bleibt. Deshalb ist die Anfangsphases in der Behandlung von so großer Bedeutung.

Wie bindet man nun den Patienten? Wie fördert der Therapeut das therapeutische Bündnis? Indem er über das sich darbietende Problem hinausgeht und der Neigung, sofort »etwas zu tun«, nicht nachgibt und indem er Interesse an den kleinen Details im Leben des Patienten zeigt: Was tut er für seinen Lebensunterhalt? Wer sind seine engsten Freunde? Mit welchen Enttäuschungen ist er in letzter Zeit konfrontiert worden? Doch das Sammeln der Fakten ist nicht so wichtig wie die Haltung dabei dem Patienten gegenüber; es muß mit Vorsicht und mit einem Blick auf die innere Beteiligung des Patienten geschehen, damit eine »emotionale Verbindung« (*emotional linking*) entsteht.

Emotionale Verbindung

Mit dem Ausdruck »emotionale Verbindung« sind Interventionen gemeint, die ein empathisches Verstehen vermitteln sollen (*Beitman* 1987, S. 48-52). Diese Techniken sind aus dem klientenzentrierten Ansatz hervorgegangen und dienen dazu, dem Patienten Mitgefühl und Wertschätzung zu zeigen, vor allem indem der Therapeut auf die emotionalen, gewöhnlich nonverbalen Botschaften in den Äußerungen des Patienten reagiert. Wenn der Patient beispielsweise sagt, daß er Fernsehsendungen und Filme meidet, in denen es um Gewalt geht, könnte der Therapeut etwa antworten: »Anscheinend löst physische Gewalt bei Ihnen große *Angst* aus.« Oder wenn der Patient erwähnt, daß er aufpassen muß, was er bei der Arbeit sagt oder wem er es sagt, antwortet der Therapeut vielleicht: »Es ist oft *deprimierend*, wenn man nicht einmal den Menschen trauen kann, mit denen man zusammenarbeitet.« Indem der Therapeut die emotionale Botschaft heraushebt, schafft er eine empathische Basis für die emotionale Verbindung (*Cashdan* 1973). Beispiele sind folgende Formulierungen:

— »Sie sind *glücklich*, wenn sie über... reden.«

— »Wenn es um... geht, scheinen Sie die *Fassung zu verlieren*.«

— »Es *ärgert* Sie wirklich, daß...«

— »... macht Sie *verlegen*.« (*Cashdan* 1973, S. 66)

In dieser Phase muß der Therapeut den Patienten auch spüren lassen, daß er auf seiner Seite steht. Menschen mit defizitären Objektbeziehungen reden in der Therapie oft von ihrem Versagen in Liebesbeziehungen, an ihrem Arbeitsplatz, in der Ausbildung usw. Für einen erfahrenen Therapeuten ist es ja leicht, in solchen Berichten schlecht angepaßte Verhaltensmuster zu erkennen, die zwangsläufig zu Mißerfolgen führen, und noch leichter, dies anzusprechen. Aber in dieser Behandlungsphase sollte er dies besser für sich behalten und nicht zu sehr ins Deuten und Aufklären geraten.

Besonders wichtig ist dies in der Paartherapie, in der oft beide Partner beweisen wollen, daß der andere schuld sei. Da beide in die Therapie kommen, wollen sie anscheinend »die Ehe retten«; aber jeder hat offenbar ein größeres Interesse daran zu beweisen, daß er bzw. sie der Geschädigte ist, und meint, ein unparteiischer »wahrer« Bericht über die Vorgänge in der Ehe würde *seiner* Variante der Geschichte Recht geben. Und der Therapeut soll natürlich jeweils den entsprechenden Schiedsspruch fällen. Aber in der Ehe gibt es verschiedene Wahrheiten, die je für sich gültig sind. Und auf beide Wahrheiten (die des Mannes und die der Frau) muß sich der Therapeut einlassen.

In der Anfangsphase einer Paartherapie bitte ich deshalb beide, Mann und Frau, mir zu berichten, was sie für die Ehe tun und was ihrer Meinung nach falsch gelaufen ist. Während ihrer Erzählungen bemühe ich mich darum, eine empathische Bindung herzustellen und damit ihre innere Beteiligung zu fördern. Ich ermuntere z. B. den Mann, »seine Geschichte« zu erzählen, und danach sage ich: »Es muß hart sein, im Büro mit all dem Druck fertigzuwerden, der Ihnen im Lauf eines Tages begegnet. Da wäre es schön, nach Hause zu kommen und nicht obendrein noch mit Ihrer Frau und den Kindern zurechtkommen zu müssen.« Oder wenn die Frau *ihre* Geschichte erzählt hat, sage ich ihr vielleicht: »Es muß die Hölle sein, Beruf und Haushalt bewältigen zu müssen und abends Hausarbeit machen und mit einem Trupp streitender Kinder zurechtkommen zu müssen. Ich wette, daß Sie sich an manchen Tagen wünschen, Sie könnten alles Ihrem Mann überlassen und in die Badewanne steigen.«

Außerdem kann man das Ziel einer emotionalen Verbindung auch durch Humor oder ein »irrationales« Verhalten erreichen. Ein Beispiel dafür ist der Fall einer Patientin (Isabel), die wegen einer schweren Depression und akuter Suizidgefahr an mich überwiesen worden war. Sie war bei einem anderen Therapeuten in Behandlung gewesen, in deren Verlauf sie depressiv und suizidal wurde. Der relativ unerfahrene Therapeut wurde natürlich sehr besorgt und überwies sie an einen Psychiater der Region, der bereit war, sie als Notfall sofort in Behandlung zu nehmen. Er stellte bei ihr die Diagnose einer »großen (unipolaren) Depression« und begann eine Behandlung mit Antidepressiva. Als er nach zweieinhalb Wochen keine spürbare Besserung erkennen konnte, beschloß er, sie in stationäre Behandlung zu überweisen. In dem einzigen Krankenhaus in der näheren Umgebung mit einer psychiatrischen Abteilung war gerade kein Bett frei, und Isabel wurde mitgeteilt, daß sie mindestens drei Wochen würde warten müssen, bevor sie aufgenommen werden könnte. Der Leiter der psychiatrischen Abteilung schlug ihr vor, es in einem anderen Krankenhaus zu versuchen, doch Isabel hatte drei kleine Kinder und wollte nicht zu weit von ihnen entfernt sein. Sie lehnte es daher ab, die Region zu verlassen, und beschloß zu warten. Der Psychiater, bei dem sie in Behandlung war, fühlte sich durch diese Vereinbarung etwas in Sorge. Er rief mich an und fragte, ob ich mich um Isabel kümmern könne, bis sie in das Krankenhaus aufgenommen werde. Ich willigte ein, und unter diesen Umständen begann ich, Isabel zweimal wöchentlich zu sehen.

Beim ersten Treffen mit Isabel war ich bestürzt. Sie war nicht nur sehr blaß, sondern sah auch abgezehrt aus. Ihre Kleidung, die wie ein Leichentuch um ihre Glieder hing, sah aus, als wäre sie zwei oder drei Nummern zu groß. Offensichtlich aß sie nichts und hatte in den letzten Monaten beträchtlich an Gewicht verloren. Sie war so depressiv, daß es ihr schwerfiel, mehr als ein Flüstern von sich zu geben. Noch auffäliger war, daß ihr Kopf so zur Seite hing, als könnte sie nicht die Energie aufbringen, ihn gerade zu halten. Ich konnte gut nachvollziehen, daß der Psychiater Angst hatte, sie unbeaufsichtigt zu lassen.

Während der Sitzung berichtete Isabel, was zu ihrer gegenwärtigen Verfassung geführt habe. Am wichtigsten schien zu sein, daß ihr Mann sie verlassen hatte, ohne sich zu verabschieden und ohne eine Adresse zu hinterlassen. Isabel erzählte, sie sei eines Morgens aufgewacht und habe auf dem Küchentisch einen Zettel gefunden mit der Mitteilung, er habe genug und würde jetzt gehen. Auch wenn es mit der Ehe schon seit Jahren bergab ging, war sie über sein plötzliches Weggehen völlig fassungslos. Isabel glaubte, sie könne die Dinge wieder in Ordnung bringen, wenn sie nur mit ihrem Mann reden könnte. Auf dem Zettel stand, daß er in Kürze zurückkommen würde, um seine Habseligkeiten abzuholen und den Kindern sein Weggehen zu erklären. Er kam jedoch nie zurück, und sie mußte nicht nur selbst mit seinem Verschwinden zurechtkommen, sondern auch mit den Fragen und der Bestürzung der Kinder.

Während des ersten Gesprächs wurde deutlich, daß sich Isabel in akuter Suizidgefahr befand. Ständig entwertete sie sich selbst (sie gab sich die Schuld daran, daß ihr Mann sie verlassen hatte, und betonte, sie sei keine besonders gute Frau) und machte Bemerkungen, die an Suizid denken ließen: »Ich weiß nicht, ob es sich lohnt, überhaupt weiterzumachen«; sie sei allen eine Last, und alle, auch ihre Familie, wären besser dran, wenn sie nicht da wäre.

Gegen Ende der Sitzung fragte ich sie direkt, ob sie daran denke, sich umzubringen. Eine Weile saß sie stumm da, dann nickte sie. Ich lenkte ihre Aufmerksamkeit darauf, was mit ihren Kindern geschehen würde, wenn sie sich das Leben nähme. Doch mit meinem Appell an ihre Muttergefühle kam ich nicht weit. »Wahrscheinlich wäre es besser für sie, wenn ich nicht da wäre«, antwortete sie. »Ich bin keine gute Mutter. Sie wären besser dran mit jemandem, der für sie besser sorgen könnte, als ich es kann.« Offensichtlich würde ich mit vernünftigen Argumenten nicht weit kommen. Also versuchte ich es auf einem anderen Weg und sagte kurz vor Schluß der Sitzung: »Ich habe mir die Sache überlegt, und wenn Sie sich um die Ecke bringen wollen, möchte ich Sie nicht mehr sehen.«

Isabel sah mich ungläubig an. »Was?« murmelte sie.

Ich fuhr fort: »Also, das ist so: Sie sind depressiv und sehen ziemlich durcheinander aus, aber trotzdem mag ich Sie.« Ich wartete, bis sie meine Worte aufgenommen hatte, und fuhr fort: »Das Problem ist, wenn ich mit Ihnen weiterarbeite, kann es passieren, daß ich Sie noch lieber mag. Wenn sie dann hingehen und den Löffel abgeben, bin *ich* derjenige, der depressiv wird.« Und ich hätte schon genug Probleme und wolle nicht auch noch depressiv werden. Wenn sie sich wirklich umbringen wolle, könnten wir genausogut jetzt gleich Schluß machen.

Isabel starrte mich eine Weile verdutzt an und sagte schließlich: »Also, Sie sind ja ganz schön verrückt«, und zum erstenmal spielte der Hauch eines Lächelns um ihren Mund. Den Rest der Stunde sprachen wir über meine Verpflichtung ihr gegenüber und ihre mir gegenüber, und schließlich fragte sie, wann wir uns wieder treffen würden. Beim Hinausgehen meinte sie: »Machen Sie sich keine Sorgen. Ich bringe mich nicht um.«

Sie hielt Wort. Doch sie war nicht in der Lage, außerhalb des Krankenhauses zu leben. Ihre Depression war einfach zu schwer, und ihre Lebenssituation hatte sich nicht nenneswert geändert. Doch sie dem Krankenhaus fernzuhalten, war auch nicht mein Ziel, sondern ich wollte sie genügend binden, um sie daran zu hindern, sich umzubringen, und um sie auf das vorzubereiten, was vor ihr lag — sich mit ihren Kindern und mit der bevorstehenden Trennung von ihnen zu befassen. In der letzten Sitzung sagte Isabel zu mir: »Sie sind der einzige Mensch, der mich zum Lachen bringt.« Für den Anfang ist das manchmal genug.

Die innere Beteiligung in jemandem zu wecken, die auf einer Bindung zwischen relativ Fremden beruht, ist selten leicht. Das gilt besonders bei der Arbeit mit Kindern, da sie meistens nicht von sich aus in die Therapie kommen, sondern dazu gezwungen werden. Sie sind mit dem Gesetz in Konflikt geraten, versagen in der Schule oder haben die Geduld ihrer Eltern überstrapaziert. Anders als Erwachsene, die aus eigenem Antrieb zur Therapie kommen als einem Ort, wo sie Antworten zu finden hoffen, haben Kinder keine andere Wahl. Viele Kinder setzen deshalb den Bemühungen des Therapeuten, mit ihnen in Kontakt zu kommen, sehr viel Widerstand entgegen.

Ein Kind, das ich wegen seines zwangsneurotischen Verhaltens behandelte, weigerte sich sogar, mit mir zu reden. Mark, ein sympathischer, gut angezogener Junge von zwölf Jahren, war zu mir überwiesen worden, weil er in der Schule Angst zu haben schien und in seinen Leistungen ständig nachließ. Die schulischen Unterlagen zeigten, daß er zwar recht aufgeweckt war (sein IQ war 116), doch nicht sehr gesellig. Die Lehrer erklärten, er sei bei seiner Arbeit sehr ängstlich und brauche für alles übermäßig viel Zeit, etwa für das Schreiben eines kurzen Aufsatzes.

Seine Eltern berichteten über ein ähnliches Verhalten zu Hause, er würde selbst für einfache Hausaufgaben Stunden benötigen. Sie schilderten ihn als sehr gewissenhaft, und er sei ein »sehr guter Junge«. Ihre Beschreibung seines Verhaltens zeigte jedoch, daß Marks Gutartigkeit von allzu großer Fügsamkeit herrührte; man würde ihn wohl richtiger als ein sehr anpassungsbereites Kind beschreiben.

Zweifellos ist es für einen Therapeuten sehr frustrierend, wenn sich ein Patient weigert zu sprechen. Es ist eine andere Sache, mit einem stummen Schizophrenen oder mit einem autistischen Kind zu arbeiten, denn hier erwartet man kein sinnvolles Gespräch, sofern überhaupt, etwa bei Autismus, eine Sprachfähigkeit vorhanden ist. Es ist jedoch besonders ärgerlich, wenn ein Patient, der sprechen kann und sogar geschickt im Umgang mit Worten ist, die Sprache (bzw. ihr Fehlen) zum Vermeiden der inneren Beteiligung benutzt.

Obwohl ich alles mögliche versuchte, erwiesen sich meine Bemühungen, Mark in ein Gespräch hineinzuziehen, als fruchtlos. Ich versuchte ihn zu überzeugen, daß der Kontakt mit mir ihm helfen würde, seine Beziehungen zu seinen Mitmenschen zu verbessern. Ich sagte ihm, alles, worüber wir sprechen würden, bleibe unter uns, und je eher wir zur Sache kämen, desto früher bräuchte er nicht mehr zu mir zu kommen. Ich erzählte sogar Witze, doch nichts half. Jeder Versuch, Mark für die Sache zu gewinnen, schlug fehl.

Irgendwann versuchte ich es mit ein paar Brettspielen. Mark sah mich geringschätzig an, als ich ein Damebrett brachte und sorgfältig die Steine aufstellte. Mit Monopoly kam ich auch nicht viel weiter. Als ich jedoch ein Schachspiel aus dem Schrank holte, merkte ich, wie sich sein Ausdruck veränderte. Das war zunächst alles. Für den Rest der Stunde und während der ganzen folgenden Sitzung weigerte sich Mark, mehr zu tun, als mir gegenüberzusitzen und auf die Steine zu starren. In der darauffolgenden Sitzung jedoch schob er einen Bauern vor. Schach wurde das Medium, über das Mark und ich miteinander interagierten. Ich kann mich nicht genau erinnern, wie viele Sitzungen wir schweigend oder fast schweigend beim Schachspiel verbrachten, es müssen mindestens vier oder fünf gewesen sein. Die einzigen Worte von Mark in dieser Zeit waren »Schach« und »Schachmatt«, letzteres in der fünften Sitzung, als er schließlich ein Spiel gewann. Er war offensichtlich erfreut darüber, mich geschlagen zu haben, sah aber etwas angstvoll aus.

Ich ermunterte Mark, mir zu sagen, welche Gedanken und Gefühle er dabei habe, wenn er mich schlägt, und schließlich sprach er über das »Gewinnen« und seine Gefühle, es besser zu können als Erwachsene. In der weiteren Behandlung ging es um Selbstschutz und darum, es gut zu machen und von anderen akzeptiert zu werden. Interessanterweise haben wir dabei meistens Schach gespielt — ein Großteil der Therapie fand über dem Schachbrett statt.

Heute meine ich, daß ich in den ersten Sitzungen mit Mark etwas ungeduldig war. Ich wollte, daß Mark »über seine Probleme redet«, und betrachtete die Sitzungen, in denen wir Schach spielten, als vergeudete Zeit. Rückblickend ist mir jedoch deutlich, daß Schach zu spielen der einzige mir bekannte Weg war, Mark für die Therapie zu gewinnen, und somit auch ein entscheidender Teil des Behandlungsprozesses.

Studenten, mit denen ich arbeite, wollen oft ungeduldig den ersten Teil der Therapie hinter sich bringen und zu der »wirklichen klinischen Arbeit« kommen. Es bedarf einiger Erfahrung — und einiger verlorener Patienten —, bis man überzeugt ist, daß es klinische Arbeit *ist*, den Patienten zu binden. Diese erste Phase ist ein wichtiger Teil der Objektbeziehungstherapie, und wenn sie nicht erfolgreich ist, bleiben spätere Interventionen wirkungslos.

Anregungen und Ratschläge

Neben der emotionalen Verbindung können auch Anregungen und Ratschläge dazu dienen, die innere Beteiligung zu fördern (*Beitman* 1987). Meistens erwarten Patienten vom Therapeuten nützliche Informationen, wie sie sich aus ihrem Dilemma befreien können. Diese Erwartung ist nicht unbedingt realistisch, denn der Therapeut ist ja nicht immer so viel klüger als der Patient, wenn es um konkrete Probleme geht. Da aber der Therapeut nicht emotional in die Schwierigkeiten des Patienten verwickelt ist, kann er die Dinge aus einer anderen Perspektive sehen und manchmal das eine oder andere kluge Wort dazu sagen. Die folgende Falldarstellung soll dies veranschaulichen.

Eduardo, ein erfolgreicher Elektrounternehmer, kam wegen ungelöster Probleme nach einer bitteren Scheidung in Behandlung. Er war glücklich wiederverheiratet, aber besorgt, daß so manche Wut, die er immer noch gegenüber seiner ersten Frau empfand, in seine neue Ehe überspringen würde. Außerdem gab es Schwierigkeiten mit seinem Sohn Victor im Teenageralter wegen seiner Besuche und der Probleme, die sich dadurch in seiner neuen Familie ergaben.

Eduardos Exfrau war in eine andere Stadt gezogen, die etwa 400 km von seinem jetzigen Wohnsitz entfernt lag. Sie hatte das Sorgerecht für Victor zugesprochen bekommen unter der Bedingung, daß er seinen Vater in den Sommermonaten und in den Schulferien besuchen durfte. Trotz der langen Busreise war der Junge sehr daran interessiert, seinen Vater zu besuchen, und die Vereinbarung schien zunächst gut zu klappen.

Das Problem war, daß das Verhältnis zwischen Victor und seiner Stiefmutter alles andere als herzlich war. Victor hatte die Angewohnheit, ganz beiläufig Bemerkungen (gewöhnlich kritische) darüber zu machen, wie seine Stiefmutter für seinen Vater sorge, und stellte Vergleiche dazu an, wie sein Vater von Victors Mutter behandelt worden war. Seine Bemerkungen begannen mit den Worten: »Als Papa noch zu Hause wohnte…,« und stellten seine Stiefmutter in ein negatives Licht. Eduardo hielt Victor diese Bemerkungen nicht vor und vermutete, sie würden zeigen, was Victor seine Mutter zu Hause hatte sagen hören.

Im Lauf der Zeit geriet Eduardo bei Victors Besuchen immer mehr in Konflikte. Obwohl seine Frau vieles tolerierte, war sie doch zunehmend über das Verhalten des Jungen verstimmt. Eduardo redete mit Victor, doch änderte sich dadurch wenig, und sie sahen jedem weiteren Besuch mit größerer Besorgnis entgegen. Eduardo wollte seinem Sohn die Besuche nicht verbieten, spürte jedoch die Belastung für die Ehe.

In einer unserer ersten Sitzungen schlug ich eine Alternative zu den Besuchen vor, die vielleicht entschärfen könnte, was sich zu einer explosiven Situation zu entwickeln drohte. Ich überlegte, ob Eduardo und Victor sich nicht irgendwo zwischen der Heimatstadt des Jungen und dem Ort treffen könnten, in dem Eduardo und seine Frau wohnten. Das würde Victors Reisezeit verkürzen, für Eduardo allerdings eine zwei- bis dreistündige Autofahrt bedeuten. Er könnte für ein Wochenende ein Hotelzimmer mieten, mit Victor essen gehen, sich ein Basketballspiel ansehen oder abends ins Kino gehen. Tagsüber könnten sie etwas besichtigen oder tun, wozu sie Lust hätten. Auch wenn ein solches Übereinkommen das Problem der langen Sommerferien nicht lösen würde, könnte es doch einigen Druck von der Ehe fernhalten und seinem wie Victors Wunsch entgegenkommen, miteinander in Kontakt zu bleiben.

Eduardo folgte meinem Rat. Er und Victor genossen ihr gemeinsames Wochenende, und am Schluß schmiedeten sie eifrig Pläne für ihr nächstes Treffen. Eduardo war sehr erfreut, wie sich die Dinge entwickelt hatten, und lobte mich überschwenglich. Ich hielt ihm entgegen, daß ich die Verabredung zwar vorgeschlagen hätte, er sie aber selbst zu einem Erfolg gemacht habe. Dennoch freute ich mich über diese Entwicklung, besonders deshalb, weil sie den Beteiligungsprozeß förderte.

Obwohl Anregungen und Ratschläge meistens ungefährlich zu sein scheinen, können sie auch fehlschlagen, wenn man nicht einige Vorsicht walten läßt. *Langs* (1973) nennt ein Beispiel, in dem ein durchaus vernünftiger Rat ungewollt empfindliche Punkte berührte und eine Störung der therapeutischen Beziehung zur Folge hatte. Es ging um den Vorschlag eines veränderten Schlafarrangements in einer Familie, in der es versteckte Inzestphantasien gab. Wenn der Therapeut sich nicht ziemlich sicher ist, daß sein Ratschlag auch stimmig ist, so sollte er ihn wohl besser für sich behalten.

In der ersten Phase der Therapie sollte man grundsätzlich nur dann einen Rat anbieten, wenn er relativ ungefährlich ist und gute Aussicht auf Erfolg hat. Es war zwar denkbar, daß mein Rat für Eduardo hätte fehlschlagen können, aber kaum wahrscheinlich. In der ersten Phase geht es weniger darum, Probleme zu lösen, als den Patienten für die therapeutische Beziehung zu gewinnen.

Kurz gesagt, Patienten brauchen das Gefühl, daß jemand für ihre Not Verständnis hat und auf ihrer Seite steht, der ihnen in einer dauerhaften Beziehung helfen kann, mit den Wechselfällen des Lebens umzugehen. Gleichzeitig fürchten sie sich vor einer solchen Beziehung. Sie glauben, Beziehungen seien von Natur aus gefährlich, denn schließlich werde man abgelehnt und verlassen. Deshalb können sich die meisten Patienten nur mit einiger Ambivalenz auf die therapeutische Beziehung einlassen.

Die Phase der Initiierung und Etablierung der inneren Beteiligung und emotionalen Bindung in der Objektbeziehungstherapie dient dazu, diese Ambivalenz zu überwinden. Sie soll sicherstellen, daß der Patient in der Behandlung bleibt, und eine Beziehungsgrundlage für die spätere Arbeit schaffen. Dies kann auf vielerlei Arten zustandekommen; die Grenzen liegen nur im Erfindungsreichtum des Therapeuten. Solange es der therapeutischen Bindung des Patienten an den Therapeuten dient, kann dies durch Unterstützung (Support), Humor, empathisches Verstehen und andere »Techniken« geschehen.

Im Fall von Roy (vgl. Kapitel 2), dem Kind das an Pica litt, brauchte ich in der ersten Phase dem Jungen nur die Mittel zu geben, mit denen er sich selbst ausdrücken konnte. Mit den Zeichnungen konnte Roy die Beziehungsprobleme deutlich machen, die in verschiedenen Phasen der Therapie wichtig waren. Sein Bild mit Raumfahrzeugen, die vom Mond abheben, entstand beispielsweise in der letzten Therapiephase, als es um Beendigung und Trennung ging. Den Objektbeziehungsthemen, die mit Verlassenheit zu tun hatten, mußten wir uns beide erst stellen, bevor die Therapie abgeschlossen werden konnte. Vielleicht wäre es ohne die Zeichnungen nicht möglich gewesen, auf dieser Ebene zu interagieren.

Ein Indikator dafür, daß die Bindungsphase der Behandlung zuende geht, sind Äußerungen von Patienten, daß sie sich auf die Therapiesitzungen freuen. Dies steht in deutlichem Gegensatz zu den ersten Therapiesitzungen, in denen sie oft Zweifel und Befürchtungen äußern, worauf sie sich da eingelassen haben. Sie wollen eigentlich nicht in Behandlung sein, und ginge es ihnen nicht so schlecht, wären sie auch nicht da. Psychotherapie ist bestenfalls wie Lebertran: Man schluckt ihn, aber mit einigem Widerwillen.

Verläuft diese erste Phase der Therapie jedoch erfolgreich, hellt sich die Stimmung der Patienten auf, und sie sehen die Therapie in einem neuen Licht; sie sagen, es gehe ihnen besser, ihre Beziehungen hätten sich verbessert und das Leben schiene etwas weniger trübe. Es macht nichts, daß dies illusorisch und nur von kurzer Dauer ist. Wichtig ist, daß es zu einer therapeutischen *Bindung* gekommen ist und der Patient begonnen hat, den Therapeuten in seine innere Objektwelt aufzunehmen. Wenn das geschieht, kann der Therapeut ziemlich sicher sein, daß die Bindungsphase erfolgreich abgeschlossen ist und die Therapie in die nächste Phase übergehen kann.

Kapitel 5

Zweite Phase: Projektive Identifikation

Die therapeutische Beziehung verändert sich merklich in der zweiten Behandlungsphase, wenn sich die Beziehungspathologie des Patienten zu zeigen beginnt. Der Patient merkt, daß der Therapeut mehr ist als nur ein weiterer Fachmann: Etwas scheint an der gegenwärtigen Beziehung anders zu sein, als er es bisher mit Anwälten, Ärzten und Steuerberatern erlebt hat. Diese Wahrnehmung nährt sich aus dem Wunsch, jemanden zu finden, der sich »wirklich« um einen kümmert, und in einer Beziehung mit jemandem zu sein, der dies tatsächlich will und nicht nur muß. Je stärker dieses Gefühl wird, desto wahrscheinlicher werden die projektiven Identifikationen des Patienten an die Oberfläche kommen.

Wenn dieser Punkt in der Behandlung erreicht ist, hat der Therapeut bereits eine deutliche Vorstellung, welche Verhaltensweisen zu den projektiven Identifikationen des Patienten gehören. Indem er dem Patienten genau zuhört, was in seinen Beziehungen schiefgeht, kann er sich ein ziemlich getreues Bild von seinen Schwierigkeiten machen. Doch jemandem zuzuhören, der von seinen projektiven Identifikationen spricht, ist etwas anderes, als deren Objekt zu sein. Die Objektbeziehungstherapie unterscheidet sich von anderen Therapien dadurch, daß sie sich besonders darauf konzentriert, wie der Therapeut als Person in die Pathologie des Patienten hineingezogen wird.

Das erste Anzeichen dafür, daß der Therapeut zum Objekt einer projektiven Identifikation geworden ist, ist ein vages Gefühl, daß irgend etwas nicht in Ordnung ist: Er wird wütend und irritiert, beginnt zu zweifeln, ob er gute Arbeit leistet, oder fühlt sich sexuell angezogen. Derartige Gedanken und Gefühle sind, wenn auch beunruhigend, ein natürlicher

Bestandteil der Objektbeziehungstherapie, nämlich eine Reaktion auf die interpersonale Pathologie des Patienten, und gehören in die Rubrik »Gegenübertragung«.

Als Gegenübertragung bezeichnet man in der Objektbeziehungsarbeit die emotionalen Reaktionen des Therapeuten auf die projektiven Identifikationen des Patienten. Im Unterschied dazu versteht man in der klassischen Psychoanalyse unter »Gegenübertragung« unerwünschte, die Analyse behindernde Reaktionen des Analytikers, die sich aus eigenen ungelösten psychosexuellen, gewöhnlich ödipalen Konflikten ableiten. Solche Reaktionen müssen befriedigend gelöst werden, in der Regel durch Besprechung mit dem Lehranalytiker. Damit die analytische Arbeit erfolgreich abgeschlossen werden kann, muß die Gegenübertragung beseitigt oder zumindest auf ein leicht zu handhabendes Maß reduziert werden (*Ernsberger* 1979; *Langs* 1982).

In der Objektbeziehungstherapie wird die Gegenübertragung nicht als Ausdruck von ungelösten ödipalen Konflikten des Therapeuten betrachtet, sondern als natürliche Reaktion auf die projektiven Identifikationen des Patienten. Sie gilt daher als wertvoller, ja sogar notwendiger Teil des Behandlungsprozesses (*Bollas* 1983; *Meyers* 1986; *Ogden* 1982). Dabei wird die emotionale Reaktion des Therapeuten genau beobachtet und genutzt, um die projektive Identifikation und die darin enthaltene Metakommunikation durch das Erleben genau zu erfassen.

Ein Therapeut ist z. B. bei einem bestimmten Patienten gegen Ende der Therapiesitzungen regelmäßig überbesorgt und fragt sich, ob der Patient allein zurechtkommen oder bis zur nächsten Sitzung dekompensieren werde. Solche Gefühle können, besonders wenn sie wiederholt auftauchen, signalisieren, daß eine projektive Identifikation von Abhängigkeit wirksam ist. Als Gegenübertragung verstanden, kann der Therapeut seine eigenen Gefühle zu diagnostischen Zwecken nutzen und seine emotionalen Reaktionen verstehen, die sonst nur verwirrend oder störend wären.

Natürlich stellt sich hier die Frage, wie der Therapeut »wissen« kann, ob seine Gefühle Reaktionen auf die projektive Identifikation des Patienten sind oder durch äußere Lebensumstände hervorgerufen werden, die nichts mit dem Patienten zu tun haben. Ist eine sexuelle Erregung des Therapeuten seine Reaktion auf die sexuelle projektive Identifikation einer Patientin, oder bedeutet sie, daß das Leben des Therapeuten selbst mit sexuellen Schwierigkeiten belastet ist und er die Therapie dazu benutzt, sie zu lösen?

Selbstverständlich muß sich jeder Therapeut, besonders in der Objektbeziehungstherapie, diese Fragen stellen. Wer effektive therapeutische Arbeit leisten will, muß Reaktionen, die durch das therapeutische Geschehen ausgelöst werden, von anderen unterscheiden können, die nichts damit zu tun haben. Wie sich beides unterscheiden läßt, soll in einem späteren Kapitel erörtert werden. Im folgenden soll zunächst untersucht werden, wie sich die verschiedenen projektiven Identifikationen in der Therapie selbst zeigen, denn ihr Sichtbarwerden ist das Hauptmerkmal der zweiten Behandlungsphase.

Abhängigkeit

Patienten, die sich in ihren Kontakten mit anderen auf die projektive Identifikation von Abhängigkeit stützen, drängen den Therapeuten in die Rolle eines Betreuers. Er wird als überaus sensitiv, allwissend und omnipotent betrachtet, und die Therapien sind mit Bitten um *Ratschläge, Anweisungen* und *Unterstützung* durchsetzt. Als Beispiel diene das Verhalten eines Patienten (Dom), der gerade zum zweitenmal geschieden worden war und zur Behandlung kam, um seine nächste Ehe nicht wieder scheitern zu lassen:

Irgendwann in der Anfangsphase der Therapie hatte Dom erfahren, daß ich verheiratet bin und nie geschieden wurde. In einer Stunde sagte er: »Jemand hat mir gesagt, daß Sie seit über 15 Jahren mit derselben Frau verheiratet sind. Sie wissen anscheinend, wie man eine Ehe führt. Vielleicht könnten Sie mir ein paar Tips geben.« Mein erster Impuls war, Dom zu geben, was er haben wollte. Was konnte es schaden? Zumindest konnte ich ihm sagen, daß man für eine gute Ehe viel Geduld und Sinn für Humor braucht. Dann wurde mir klar, daß es vermessen war zu meinen, ich würde das Geheimnis des Eheerfolgs *wirklich* kennen, und töricht, dies den Patienten glauben zu machen. Und es zeigte sich, daß der Patient gerade das nicht wollte; vielmehr sollte ihm jemand sagen, wie man mit Frauen umgeht.

Patienten, die sich auf die projektive Identifikation von Abhängigkeit stützen, verhalten sich dem Therapeuten gegenüber so, als wüßte dieser »die Antworten«: Der Therapeut weiß etwas, das der Patient nicht weiß, oder wenn er es jetzt noch nicht weiß, wird er es schon zur rechten Zeit herausfinden und ihm später mitteilen. Der Therapeut weiß die Antworten natürlich nicht. Was der Therapeut hat, ist er selbst, und auch wenn dem Patienten das vielleicht nicht klar ist, ist es das, was der Therapeut zu geben hat.

Wenn Patienten mit ihren wirklichen Gefühlen in Berührung wären und ihre wahren Sehnsüchte benennen könnten, so würden sie zugeben, daß sie sich verzweifelt eine Beziehung wünschen, in der sie sich anerkannt fühlen. Aber leider meinen sie, dieses nur dann erreichen zu können, wenn sie sich so verhalten, als wären sie hilflos; nur wenn sie sich als bedürftig hinstellen, als könnten sie mit ihrem Leben nicht selbst zurechtkommen, würden andere Menschen, in diesem Fall der Therapeut, zu ihnen stehen.

Das war sehr deutlich im Fall von Catherine, die als Anwaltsgehilfin in einem großen Anwaltsbüro arbeitete und wegen starker Unsicherheitsgefühle und gelegentlicher Angstanfälle zur Behandlung kam. Catherine berichtete, sie sei schon immer nervös veranlagt gewesen, doch in den letzten Monaten scheine ihre Nervosität sie bei ihrer Arbeit zu behindern. Sie habe sogar schon gedacht, daß man ihr deswegen vielleicht kündigen würde. Diese Gefühle hatten keine reale Grundlage, da die Anwälte, für die sie arbeitete, sehr viel von ihr hielten. Sie hatten nie ihre Tüchtigkeit oder ihre Arbeitsfähigkeit in Frage gestellt. Trotzdem fühlte sie sich immer nervöser und befürchtete, schließlich »alles zu verpatzen«.

In der Behandlung zeigte sich, daß Catherines Angst, ineffektiv zu sein und »alles zu verpatzen«, am stärksten in ihrem Umgang mit Männern war. Sie erzählte mir auch, die glücklichste Phase ihres Lebens sei die erste Zeit ihrer Ehe gewesen, die zwölf Jahre gedauert hatte und vor zwei Jahren geschieden worden war. Catherine behauptete, sie wisse wirklich nicht, warum sie und ihr Mann Schluß gemacht hätten, außer daß sie sich im Lauf der Jahre immer weiter voneinander entfernt hätten.

In den folgenden Monaten sprachen wir über ihre Beziehung zu ihrem früheren Mann, und was in der Ehe schiefgegangen sei. Dabei wurde deutlich, daß Catherines Beziehung zu ihrem Mann eine starke Komponente von Abhängigkeit enthalten hatte. Sie verließ sich darauf, daß er die Rechnungen bezahlte, die Einkäufe erledigte und Arbeiten im Haushalt übernahm. Sie ließ sich sogar von ihm sagen, wie sie sich anziehen solle. Wenn sie ausgingen, fragte sie ihn, welches Kleid und welche Schuhe sie anziehen solle und welcher Schmuck dazu passen würde. Sie wirkte etwas verlegen, als sie mir das erzählte, doch schob sie dieses Gefühl beiseite, indem sie erklärte: »Ich bin ein sehr unsicherer Mensch.«

Catherines Interaktionen mit ihrem früheren Ehemann waren etwas ungewöhnlich. Es geschieht zwar nicht selten, daß eine Frau ihren Mann bittet, ihr zu sagen, wie sie aussieht, wenn sie sich zurechtgemacht hat, und umgekehrt, doch Catherine wollte ausdrücklich, daß ihr Mann tatsächlich ihre Kleidung für sie auswählte. Außerdem hatte Catherines Verhalten diesbezüglich eine rituelle, fast getriebene Qualität. Es paßte eher zu einem verschreckten kleinen Mädchen als zu einer Frau von 34 Jahren.

Mit fortschreitender Therapie tauchten dieselben Verhaltensweisen Catherines auf, die auch die Beziehung zu ihrem Mann gekennzeichnet hatten. So wollte sie sich mit mir darüber »beraten«, wie sie sich gegenüber ihrem Arbeitgeber verhalten solle: Wie könnte sie ihre Vorgesetzten nach einer Gehaltserhöhung fragen? Was müsse sie tun, um befördert zu werden? Sie hatte zusätzliche Aufgaben im Büro übernommen, z. B. die Anleitung neuer Anwaltsgehilfinnen, und war der Meinung, daß sie nicht angemessen dafür entlohnt würde. Catherine war sich hinsichtlich ihrer Stellung bei der Arbeit unsicher und wollte von mir wissen, was sie tun solle.

Catherine erwartete von mir außerdem Anleitungen für den Umgang mit Männern. Sie hatte wieder angefangen, sich mit Männern zu verabreden, doch nach 12 Ehejahren war das für sie wie ein völlig neuer Anfang. Zum Beispiel wollte sie wissen, wie man passende Männer finden kann: Wie weit geht man bei einer ersten Verabredung? Erwarten Männer sexuelle Kontakte früher als zu der Zeit, in der sie ihre ersten Rendezvous hatte? Es waren alles berechtigte Fragen, doch es ist zu überlegen, ob der Therapeut dazu der geeignete Partner ist.

Rat zu suchen ist nicht pathologisch. Manchmal kann der Therapeut die Probleme des Patienten einfach deshalb aus einer anderen Perspektive sehen, weil er zu dem emotionalen Aufruhr des Patienten genügend Abstand hat. Doch wenn Therapiesitzungen hauptsächlich ausgefüllt sind mit Informationssuche, Streben nach Anleitungen, Bitten oder sogar Forderungen nach Unterstützung, so stellt sich die Frage, ob hier nicht etwas anderes abläuft. Mit großer Wahrscheinlichkeit und in der Mehrzahl der Fälle liegt hier eine projektive Identifikation von Abhängigkeit vor.

Bei der Arbeit mit Patienten, die ihre Welt mit Hilfe projektiver Identifikationen von Abhängigkeit strukturieren, kommt es oft zu »Notrufen« und wiederholten Krisen. Der Patient ruft an und teilt dem Therapeuten mit, seine Welt breche auseinander oder er glaube, nicht bis zur nächsten Sitzung durchhalten zu können. Häufig zeigt sich, daß die Krise übermäßig hochgespielt worden ist und leicht in der nächsten Therapiesitzung hätte bewältigt werden können. Obwohl ein Therapeut nur schwer Patienten zurückweisen kann, die zusammenzubrechen scheinen, so kann er doch nicht nebenbei einen Notdienst versehen. Die meisten Krisen dieser Art sind keine wirklichen Krisen, sondern Versuche, den Therapeuten in die Rolle eines Retters zu zwingen.

Hinter solchen Hilferufen und Bitten um Anleitung liegt eine Metakommunikation, die der Therapeut als seine Gegenübertragung verspürt: als Drang, dem Patienten weit mehr zu »helfen«, als es angemessen wäre. Vielleicht erlebt der Therapeut dies zunächst als Überfürsorglichkeit. Er könnte sich etwa Sorgen machen, daß der Patient offen depressiv wird oder mit seinen Angelegenheiten vielleicht nicht ohne zusätzliche Hilfe zurechtkommt (längere Sitzungen, mehr Sitzungen pro Woche, die private Telefonnummer des Therapeuten). Die bei dem Therapeuten ausgelöste Reaktion ist Hilfsbereitschaft oder, genauer gesagt, Fürsorglichkeit.

In dem Versuch zu helfen gibt der Therapeut vielleicht unbeabsichtigt den Rat, um den der Patient gebeten hat. Aber meistens verfehlt der Rat sein Ziel, und es endet damit, daß der Patient dem Therapeuten Vorwürfe macht. So geschah es auch in dem Fall einer etwas introvertierten und passiven Frau, die klagte, ihr Mann würde sie immer anfahren. Sie beschrieb ihn als selbstgerechten Wichtigtuer, der sich selbst immer an die erste Stelle setze und sie gewöhnlich kurz abfertige. Ich bestärkte die Patientin, es mit ihrem Mann aufzunehmen und sich entschiedener zum Ausdruck zu bringen, wenn er sie das nächste Mal herumkommandiere. Als sie zur nächsten Sitzung kam, sagte sie, sie habe sich meine Worte zu Herzen genommen und einmal ein paar Machtworte sprechen wollen. Als ich fragte, was geschehen sei, antwortete sie mit kläglicher Stimme: »Er ist mir über den Mund gefahren« und beschuldigte mich, ihr falsch geraten zu haben.

Meistens ist es besser, dem Drang zu helfen nicht nachzugeben. Wenn wir unsere erste Reaktion zurückhalten und überprüfen, erweist sie sich oft als Gegenübertragung und läßt den manipulativen Aspekt der Bitte des Patienten erkennen. So klagte einer meiner Patienten über Probleme im Umgang mit Frauen, womit er sexuelle Probleme meinte. Im Bett fühle er sich linkisch, und nach seiner Erfahrung wollten die Frauen immer die Führung übernehmen, wenn es um Sex geht. In einer Sitzung brachte er ein Exemplar von *Reader's Digest* mit und zeigte mir einen Aufsatz mit dem Titel »Zehn Tips, wie sie ihr Sexualleben verbessern können«, den er gelesen hatte. Er hatte am Kiosk ein Exemplar gekauft in der Hoffnung, der Artikel könne ihm bei seinen sexuellen Schwierigkeiten helfen. Doch es ging um mehr: Ich sollte alle zehn Punkte durchgehen und ihm raten, welcher ihn meiner Meinung nach am besten weiterbringen würde. Obwohl ich mich versucht fühlte, ihm zu helfen (die Gegenübertragungsreaktion), beschloß ich, mich zurückzuhalten. Ich bin weder ein Sexberater, noch besser über Sex informiert als die Autoren dieses Artikels. Dabei wurde mir klar, daß ich »gebeten« wurde, in eine projektive Identifikation von Abhängigkeit einzusteigen. Der Patient bat mich, eine Entscheidung für ihn zu treffen, die er wahrscheinlich selbst treffen konnte. Auf einer tieferliegenden Ebene teilte er mir mit, er könne *überhaupt keine* Entscheidung allein treffen.

»Die Gegenübertragung nutzen« heißt, *auf die eigene Reaktion zu reagieren*. Das bedeutet, (1) sich zu erlauben, auf die in der projektiven Identifikation enthaltene Metakommunikation emotional zu reagieren, und (2) diese Information als diagnostisches Instrument zu benutzen. Der Therapeut soll sich also in eine Art emotionales Barometer verwandeln; er muß auf das, was in ihm selbst geschieht, *emotional reagieren können*, und das, was in der Beziehung geschieht, *intellektuell reflektieren*. Indem sich der Therapeut auf diese Weise von dem Patienten »benutzen« läßt, nutzt er die Gegenübertragung, um die Metakommunikation des Patienten durch sein Erleben einzuschätzen.

Hat der Therapeut erst einmal ein sicheres Gefühl, was in der Beziehung abläuft, also die Metakommunikation genau erfaßt, so gilt es, sich die geeignete Reaktion zu überlegen. Natürlich könnte er »behilflich« sein. Aber bei einer projektiven Identifikation von Abhängigkeit würden Ratschläge und Anweisungen nur die Pathologie des Patienten verstärken und wären nicht besonders therapeutisch. Vielmehr muß er die hinter der projektiven Identifikation verborgene Metakommunikation an die Oberfläche kommen lassen, damit er ihr therapeutisch begegnen kann. D. h. der Patient soll persönliche und versteckte Kommunikationen in solche übersetzen, die offen und interpersonal zugänglich sind. Bei einer projektiven Identifikation von Abhängigkeit müßte der Patient also offen erklären: »Ich kann ohne Sie nicht überleben,« oder etwas Entsprechendes. Wenn der Therapeut den Patienten nicht dazu bringen kann, wird sich die

Therapie unter der Last mehrdeutiger und belangloser Aussagen festfahren.

Wie erreicht der Therapeut das? Wie läßt sich die Metakommunikation ans Licht bringen? Zunächst einmal muß der Therapeut deutlich machen, daß das, was geschieht, interaktionaler Natur ist: Er muß die Beziehung »in das Therapiezimmer« bringen, also die aktuelle Therapeut-Patient-Beziehung konkret benennen und als gültig anerkennen, indem er sich auf das Geschehen im Hier und Jetzt konzentriert.

Das ist nicht leicht. Für Patienten, und manchmal auch für Therapeuten, ist es einfacher, über andere Beziehungen als die zu reden, deren Teil sie gerade sind. So kann man stundenlang über Beziehungen von Patienten zu ihren Eltern oder Partnern usw. reden, ohne jemals die Objektbeziehung zu berühren, die am nächsten liegt und schließlich am zugänglichsten ist. Sehr oft kommt es zu einer Verschwörung zwischen Therapeuten und Patienten, indem sie über etwas Vergangenes oder sonst etwas außerhalb des Therapiezimmers reden, als Abwehr dagegen, sich mit dem zu befassen, was jetzt zwischen ihnen geschieht.

Eine meiner Patientinnen, eine Lehrerin mit schweren zwangsneurotischen Symptomen, sprach lange Zeit nur darüber, wie unzulänglich sie sich in ihrer Arbeit fühle. In einer Sitzung fing sie an zu beschreiben, wie sehr sie sich in Gegenwart anderer kontrollieren müsse aus Angst, sich sonst »wie eine Verrückte zu benehmen«. Sie ließ im unklaren, was sie damit meinte. Ich fragte sie, ob sie sich im Zusammensein mit mir verrückt benehmen würde. Sie lachte, doch immer wenn sie auf das Thema der Verrücktheit zu sprechen kam, übertrug ich es auf unsere Beziehung, bis sie schließlich ausdrücken konnte, was sie damit meinte. Für sie bedeutete es, die Kontrolle zu verlieren, unbeherrscht zu schluchzen und hilflos zu werden. Daraufhin ging es darum, was es heiße, bei mir die Kontrolle zu verlieren und hilflos zu werden.

Wenn die Beziehung »in das Behandlungszimmer« geholt worden ist, muß der Therapeut darauf achten, daß die Mitteilungen, aus denen die projektive Identifikation besteht, so direkt wie möglich werden. Sehr oft bemänteln Patienten ihre Forderungen und Bitten um Hilfe mit Fragen, die mit »Was wäre, wenn...« beginnen, z. B.: »Was wäre, wenn ich Sie bitten würde, mir bei... zu helfen?« oder »Wie wäre es, wenn ich Sie bitten würde, mir beizubringen, wie man...?« Solche Bedingungs- und Probesätze müssen in konkrete Fragen verwandelt werden, und so sagt der Therapeut dem Patienten etwa: »Sie müssen mich fragen, wenn Sie das herausfinden wollen« oder: »Es gibt nur eine Möglichkeit, das in Erfahrung zu bringen.« Nur indem er die Metakommunikation hinter den vagen Bitten des Patienten an die Oberfläche kommen läßt, kann er sie zu einem deutlichen Bestandteil der Therapeut-Patient-Beziehung machen.

Letztlich muß sich der Therapeut weigern, dem Patienten die Zuneigung, Führung und Unterstützung zu geben, die er sich wünscht. Das fällt den meisten Therapeuten schwer, denn es scheint im Widerspruch zu einem wichtigen Bestandteil ihres Selbstbildes zu stehen — dem des professionellen Helfers. Es ist sehr schwer, Nein zu einem Patienten zu sagen, der in den Kämpfen einer Krise zu stecken scheint und seine Hand nach Hilfe ausstreckt. Doch manchmal muß man genau das tun, damit die Therapie Erfolg haben kann. Der Bitte um Hilfe nachzukommen nährt die Pathologie des Patienten. Die Weigerung zwingt ihn, auf die in der Metakommunikation enthaltene Drohung oder Warnung zurückzukommen.

In der zweiten Phase der Objektbeziehungstherapie gilt es darum, die Metakommunikation sichtbar zu machen. Bei einer projektiven Identifikation von Abhängigkeit soll der Patient tatsächlich eingestehen, daß er ohne den Therapeuten nicht überleben zu können meint. Ist die Metakommunikation greifbar geworden, liegt sie nicht mehr in der projektiven Phantasie des Patienten, sondern ist ein faßbares Merkmal der konkreten Therapeut-Patient-Beziehung. Der Therapeut ist jetzt in der Lage, therapeutisch damit umzugehen.

Macht

Wenn in einer Therapie die projektive Identifikation von Macht eine zentrale Rolle spielt, so geht es um Fragen der Kontrolle: Wer hat die Führung? Der Patient meint, alles in der Beziehung kontrollieren zu müssen, wenn sich die Dinge entwickeln sollen. Wir haben somit eine Situation, in der der Therapeut als der Experte gilt, der Patient jedoch bestrebt ist, das Geschehen zu lenken. Der Patient verhält sich dabei gegenüber dem Therapeuten nicht anders als in seinen sonstigen Beziehungen. Patienten, die mit Hilfe projektiver Identifikationen von Macht interagieren, werden von ihren Bekannten als kontrollierend und übermäßig kritisch beschrieben. Alle ihre Beziehungen, besonders die engen, sind hierarchisch strukturiert. Die wichtigste Frage in ihrem Umgang mit anderen scheint zu sein, wer oben und wer unten ist. Ob wir von Arbeitsbeziehungen oder von Liebesbeziehungen sprechen, immer geht es darum, wer die Kontrolle hat.

Projektive Identifikationen von Macht und ihre Manifestationen in zwischenmenschlichen Beziehungen sind in vieler Hinsicht das Gegenstück zu projektiven Identifikationen von Abhängigkeit. Bei letzterer meint die betreffende Person, einen Mangel zu haben und ohne die Unterstützung wichtiger anderer nicht funktionieren zu können; bei ersterer meint sie, andere hätten einen Mangel und könnten ohne einen Mächtigen, der ihnen den Weg weist, nicht funktionieren. In der Psychotherapie zeigt sich dies in den Versuchen des Patienten, zu bestimmen, was in der Behandlung geschieht.

Projektive Identifikationen von Macht zeigen sich, wie die meisten anderen projektiven Identifikationen, am deutlichsten in der zweiten Behandlungsphase. Gelegentlich kann man jedoch bereits zu Beginn der Therapie ihre Anzeichen erkennen. Dies zeigte sich z. B. bereits beim ersten Telefongespräch mit Nancy, Bezirksleiterin einer nationalen Wohltätigkeitsorganisation, die einen Termin vereinbaren wollte, um mit mir aktuelle Konflikte mir ihren erwachsenen Kindern zu besprechen. Nachdem ich mit ihr kurz über ihr Problem gesprochen hatte, schlug ich vor, ein erstes Treffen zu vereinbaren. Sie bat mich, am Apparat zu bleiben, während sie ihren Terminkalender holen ging. »Ich nehme an, daß Sie ziemlich beschäftigt sind,« bemerkte sie, als sie wieder am Apparat war. Sie fragte mich, welche Zeiten bei mir frei seien, und sagte, sie würde sie mit ihrem Arbeitsplan vergleichen. Es stellte sich heraus, daß kein Termin paßte, den ich ihr anbot: Montags und mittwochs hatte sie Sitzungen, und sonst war sie meistens unterwegs. Wir haben wohl fünf oder zehn Minuten gebraucht, um eine Zeit zu finden, die uns beiden paßte, und zwar erst, nachdem ich einige Termine in meinem Kalender herumgeschoben hatte.

Die erste Sitzung gestaltete sich als Neuauflage unseres Telefongesprächs. Die Zeit, die wir ausgemacht hatten, war doch nicht so günstig. Nancy wollte unseren Termin neu festlegen. Ich versuchte, ihr entgegenzukommen. Noch einmal brauchten wir 15 Minuten, um eine uns beiden passende Zeit auszumachen. Selbstverständlich schienen alle Termine, die ich ihr anbot, ungeeignet zu sein. Schließlich änderte ich noch einmal meinen Arbeitsplan, um ihren Bedürfnissen entgegenzukommen. Obwohl es mir damals noch nicht klar war, war Nancys Verhalten ein Vorbote späterer Machtspiele. Ihr Versuch, den Planungsablauf zu kontrollieren, war eine Manifestation einer projektiven Identifikation von Macht und ein früher Hinweis auf ihr Bedürfnis, zu bestimmen, wer die Beziehung kontrollieren würde.

Rückblickend war mir klar, daß ich Nancy in die Hand gespielt hatte. Dabei hätte ich wahrscheinlich ähnlich reagiert, wenn ich erkannt hätte, was da geschah. Der Zeitpunkt, die Wirkung einer projektiven Identifikation zu beleuchten, liegt in der zweiten Therapiephase, nicht in der ersten. Wie bereits aufgezeigt, muß der Therapeut Äußerungen der projektiven Identifikation zu Beginn der Behandlung zulassen, ja sogar bestärken, wenn er die Metakommunikation in Erscheinung treten lassen will. Wenn man zu Beginn der Therapie nicht die Grundlagen für das Sichtbarwerden der projektiven Identifikation schafft, wird sich später nicht viel ereignen.

Nancys projektive Identifikation kam erst später voll zum Ausdruck: Mit fortschreitender Therapie wurde zunehmend deutlich, daß sie ihren Kopf durchsetzen mußte. Wenn ich versuchte, die Beziehung zu ihrem älteren Sohn in den Mittelpunkt zu stellen, beharrte sie darauf, es würde uns weiterbringen, wenn wir uns mit dem jüngeren beschäftigen würden. Versuchte ich, einen Zusammenhang zwischen ihren Beziehungen zu Kollegen und zu ihren Kindern herzustellen, betonte sie, es gäbe keinen Zusammenhang zwischen beidem und sie sei nicht in der Therapie, um über ihren Job zu reden. Und wenn ich versuchte, die Aufmerksamkeit von dem, was »draußen« geschah, auf das Geschehen im Therapiezimmer zu lenken, wurde sie sehr ungehalten. Schließlich erklärte Nancy, sie würde die Behandlung abbrechen, wenn ich mich weiterhin mit unserer Beziehung befassen würde. Sie war der Meinung, ich würde »zu persönlich«, und was im Therapiezimmer geschehe, habe absolut nichts mit dem zu tun, was sie in die Therapie geführt habe. Doch es war eine leere Drohung. Ich blieb hartnäckig, und schließlich konnten wir uns mit ihrem Bedürfnis befassen, den Therapieverlauf zu bestimmen. Ich erinnere mich, daß sie in dieser Phase an einer Stelle halb scherzhaft, halb aufgebracht zu mir sagte: »Sie lassen nicht locker, wie? Sie versuchen es immer wieder, wie ein Elefant im Porzellanladen.«

Die Notwendigkeit, die Beziehung »in das Behandlungszimmer« zu bringen, ist im voranstehenden Abschnitt im Zusammenhang mit projektiven Identifikationen von Abhängigkeit angesprochen worden. Dasselbe gilt für die projektive Identifikation von Macht. Während es zweckmäßig, ja sogar beruhigend für die Patienten ist, in der Bindungsphase der Behandlung über frühere Beziehungen zu reden, muß hier eine Änderung eintreten, wenn die Phase der projektiven Identifikation erreicht ist. Da sich die Objektbeziehungstherapie mit den projektiven Identifikationen des Patienten befaßt, wie sie sich *in vivo* ereignen, müssen nun statt der Interaktionen mit anderen diejenigen mit dem Therapeuten thematisiert werden.

Zu diesem Zweck kann man z. B. fragen, ob die Gefühle des Patienten zu anderen Personen den Gefühlen ähnlich sind, die er für den Therapeuten empfindet, ob er also etwa die Wut gegenüber dem Arbeitgeber manchmal auch im Therapiezimmer erlebt. Ein direkterer Weg ist, den Zusammenhang selbst herzustellen: Als Nancy von ihrem Wunsch sprach, daß ihre Kinder sich in Geldangelegenheiten an ihren Rat hielten, sagte ich: »Ich habe manchmal das Gefühl, Sie möchten gern, daß ich im Hinblick auf das, was wir in der Therapie tun sollen, Ihrem Rat folge.«

Solche Bemerkungen werden von dem Patienten manchmal rundweg abgelehnt oder als »läppisch« oder »ohne Grundlage« betrachtet. Das sollte den Therapeuten jedoch nicht davon abbringen, diese Richtung weiterzuverfolgen. Es muß nicht immer alles stimmen, was man sagt. Die Richtigkeit oder Unrichtigkeit dieser »Deutungen« ist weniger wichtig als die Verlagerung im Gespräch, die dadurch gefördert wird. Diese Verlagerung bringt Therapeut und Patient dazu, über das Geschehen in der Therapie zu sprechen, anstatt sich in endlosen Debatten darüber zu verlieren, was außerhalb der Therapie abläuft oder was sich in der Vergangenheit zugetragen hat. Hierfür muß zwar auch Raum sein, aber der Behandlungsprozeß darf davon nicht beherrscht werden.

Je mehr die Therapie im Hier und Jetzt der Therapeut-Patient-Interaktion verankert ist, desto wahrscheinlicher wird der Therapeut die Metakommunikation an die Oberfläche bringen können. Wie auch bei anderen projektiven Identifikationen muß der Therapeut Fragen mit »Was wäre, wenn...« in direkte Aussagen verwandeln und den Patienten auffordern, implizite Mitteilungen explizit zu machen. Wenn Nancy eine Bemerkung machte wie: »Ich frage mich, was passieren würde, wenn ich hier die Fragen stellen würde,« so antwortete ich: »Ich glaube, Sie wollen damit sagen, daß Sie gerne bestimmen würden, was hier geschieht.« Natürlich leugnete Nancy das und meinte, ich würde immer alles verdrehen, was sie sagte; ich mißverstünde ihre Absichten, und sie wolle nur sicherstellen, daß alles gut liefe. Gleichzeitig stellte sie in subtiler Weise meine Fähigkeit als Therapeut in Frage, indem sie beiläufig Bemerkungen über meine Ausbildung und die Angemessenheit meiner Interventionen fallenließ.

Die häufigsten Gegenübertragungsreaktionen auf eine projektive Identifikation von Macht sind »Gefühle der Unzulänglichkeit und der Kastration« (*Ogden* 1982, S. 49). Ich erinnere mich, wie ich aus Sitzungen mit Nancy herauskam und mich fragte, ob ich tatsächlich das Wesentliche nicht verstanden und schlechte Therapie gemacht habe. Nachdem ich die Gegenübertragung analysiert und als Reaktion auf die projektive Identifikation erkannt hatte, suchte ich eine passende Gelegenheit, die damit verbundene Metakommunikation herauszustellen.

Diese Gelegenheit bot sich während einer Sitzung, in der sich Nancy besonders kontrollierend verhielt und sich darüber ausließ, daß sie, wenn man ihr nur eine kleine Chance geben würde, wahrscheinlich bessere therapeutische Arbeit machen könne als ich. Mitten in ihrer Schmährede unterbrach ich sie und forderte sie auf, indem ich mich von meinem Sitz erhob, den Platz mit mir zu tauschen. Sie war etwas verblüfft, ließ sich jedoch darauf ein. Nachdem wir die Plätze gewechselt hatten, sagte ich zu ihr: »Das Feld gehört ganz Ihnen. Sie haben die Führung. Machen Sie es, und seien Sie die Therapeutin.«

Nancy sah verwirrt aus und machte zunächst Bemerkungen, wie albern das sei. Darauf folgte ein langes Schweigen, und dann bat sie, sich wieder auf ihren Platz setzen zu dürfen. Ich sagte, sie solle doch noch etwas dort sitzenbleiben und mir mitteilen, was ihr durch den Kopf gehe. Sie wirkte etwas verlegen, sagte dann jedoch in dem Stil »Wenn Sie es wirklich wissen wollen«: der Erfolg der Therapie sei ihrer Meinung nach davon abhängig, daß sie die Führung übernähme; ich sei zwar »ein ziemlich guter Therapeut«, aber man brauche kooperative Patienten wie sie, wenn die Sache wirklich funktionieren solle.

Die Metakommunikation bei einer projektiven Identifikation von Macht lautet: Du schaffst es (oder überlebst) nicht ohne mich. Die durch diese Mitteilung ausgelöste Gegenübertragung erzeugt Gefühle von Unzulänglichkeit und drohendem Mißerfolg. Der Therapeut wird kritisiert, er mache es nicht richtig und bringe keine größeren Veränderungen zustande. Der Patient kommt mit »Krisen« und »Notlagen«, mit denen der

Therapeut nie richtig umzugehen scheint. Der Patient ist beherrscht von Ungeduld und meint, daß die Dinge erst dann richtig in Gang kommen würden, wenn er selbst und nicht der Therapeut die Führung übernehmen würde.

Wenn Therapeuten mit projektiven Identifikationen von Macht konfrontiert sind, fangen sie an zu zweifeln, ob sie wirklich verstehen, was da abläuft, und ob sie es richtig machen. Der Patient sieht die Therapie als ein Stück Arbeit, das getan werden muß, und ist unzufrieden damit, wie es gehandhabt wird. Da Psychotherapie keine exakte Wissenschaft ist und zum Wesen therapeutischer Arbeit viel Ungewißheit gehört, erweisen sich Therapeuten als geeignete Objekte für Angriffe von Patienten, die projektive Identifikationen von Macht benutzen.

Nicht selten empfinden daher Therapeuten solche Patienten als lästig und entwickeln geheime Phantasien, wie sie sie wieder loswerden können: Wenn der Patient nur in eine andere Stadt übersiedeln würde; wenn er nur einen anderen Therapeuten finden oder — noch besser — plötzlich Fortschritte machen würde! Dann könnte das Leben wieder so behaglich und vorhersagbar sein wie früher. Solche Empfindungen — und die Wut, die sie nährt — sind eine natürliche Reaktion auf die induktiven Manöver des Patienten, sie bilden die Gegenübertragung zu einer projektiven Identifikation von Macht.

Wie bei der projektiven Identifikation von Abhängigkeit benutzt der Therapeut die Gegenübertragung als eine Art Beziehungsfenster, durch das er auf die zwischenmenschliche Pathologie des Patienten blicken kann, mit anderen Worten, die Gegenübertragung liefert die Diagnose. Mit diesem »Wissen« kann er auf den Patienten therapeutisch anstatt mit Zurückweisung oder Wut reagieren. Auf einen Patienten wütend zu werden, weil er Gegenübertragungsgefühle auslöst, wäre das gleiche, wie wenn man auf einen Patienten wütend würde, weil er krank ist.

Zwei Gruppen von Personen, bei denen projektive Identifikationen von Macht sehr verbreitet sind, sind Führungskräfte im Wirtschaftsbereich und Psychotherapeuten. Aus welchen Gründen auch immer stellen Wirtschaftsführungskräfte und Therapeuten (zumindest jene, die sich in Therapie begeben) oft Beziehungen her, in denen Kontrolle ein vorherrschender Faktor ist. Obwohl man meinen könnte, Therapeuten seien ideale Patienten, versuchen sie oft, die Therapie zu übertreffen. Sie verweisen auf ihre therapeutischen Fähigkeiten, auf ihr Verständnis von Behandlung und auf bekannte »Namen«, auf die sich ihre eigene Arbeit stützt. Auffallend ist die Intellektualisierung, und die Interaktionen zwischen Therapeut und Patient sind durch eine Art professioneller Überlegenheitshaltung gekennzeichnet.

Ob der Patient nun ein Therapeut, ein Firmenleiter oder eine Hausfrau ist, in jedem Fall bleibt die Aufgabe in dieser Behandlungsphase die gleiche: die Wirkung der projektiven Identifikation (in diesem Fall von Macht) herauszustellen und die Metakommunikation aufzudecken. Auf irgendeine Weise muß der Therapeut eine Botschaft mit dem Inhalt hervorlocken, daß der Therapeut ohne den Patienten nicht überleben kann, oder zumindest, daß der Therapeut mit dem, was er vorhat, ohne die Hilfe des Patienten einen Fehlschlag erleiden wird. Ist das gelungen, so ist das Hauptziel der zweiten Behandlungsphase erreicht.

Sexualität

Unter den projektiven Identifikationen, denen man in der Objektbeziehungstherapie begegnet, sind solche sexueller Art am empfindlichsten. Das hat seinen Grund darin, daß Sexualität in der Objektbeziehungstherapie mehr ist als nur ein Gesprächsgegenstand: Es ist nicht lediglich ein Teil im Leben des Patienten, den Therapeut und Patient untersuchen und analysieren, sondern ein zentraler und ständiger Teil der Therapeut-Patient-Beziehung. Da sich sexuelle Themen auf das Gefühl von Therapeuten, begehrenswert zu sein, auswirken, kann ein zwischenmenschlicher Austausch, der solche Gefühle berührt (therapeutischer oder anderer Art), persönlich bedrohlich sein.

Deshalb ist es durchaus verständlich, daß Therapeuten dem Thema Sexualität als Teil der gegenwärtigen Beziehung oft gerne ausweichen und die sexuellen Gefühle des Patienten in weniger direkter Weise ansprechen, wie z. B.: »Können Sie sich an ähnliche Gefühle gegenüber jemand anderem in ihrem Leben erinnern?« oder »Erinnert Sie das an etwas, das Sie früher einmal gefühlt haben?« Derartige Fragen verlagern das, was sich zwischen Therapeut und Klient abspielt, von der unmittelbaren Gegenwart in vergangene oder anderweitige gegenwärtige Beziehungen des Patienten.

Zwar wird Sexualität weniger bedrohlich, wenn sie »aus dem Therapiezimmer« entfernt wird, doch trägt das dazu bei, die in der projektiven Identifikation enthaltenen Objektbeziehungsprobleme zu umgehen. Wenn es in der Objektbeziehungstherapie darum geht, eine In-vivo-Inszenierung der projektiven Phantasien des Patienten auf Beziehungsebene entstehen zu lassen, muß der Therapeut bereit sein, zum Objekt der Manipulationen des Patienten zu werden. Wenn Sexualität die einzige verläßliche Möglichkeit ist, die ein Patient kennt, um Beziehungen zu anderen aufrechtzuerhalten, so muß der Therapeut darauf achten, daß er ihre Äußerungen nicht hemmt.

Patienten spielen projektive Identifikationen von Sexualität in der Therapie aus, indem sie erotische Elemente in die Beziehung einführen. Einige Patienten geben zum Beispiel detaillierte Beschreibungen ihrer sexuellen Probleme und Vorlieben. Frauen sprechen etwa über tiefe im Gegensatz zu äußeren Orgasmen, und Männer liefern Einzelheiten ihrer sexuellen Eroberungen. Andere Patienten lassen regelmäßig Doppeldeutigkeiten in die Unterhaltung einfließen, als würden sie eine Art sexuelles Spiel mit dem Therapeuten spielen. Wieder andere drängt es dahin, das Therapiezimmer in einen Seminarraum zu verwandeln, in dem sie mit dem Therapeuten Gespräche über veraltete sexuelle Sitten oder über gesellschaftliche sexuelle Codes führen.

Ein Patient, ein Anwalt namens Sean, beschrieb nicht nur sein zwanghaftes Bedürfnis, junge Anwältinnen zu verführen, wann immer er auf einer juristischen Tagung war, sondern erstattete mir auch immer wieder in allen Einzelheiten Bericht über den Ablauf seiner Eroberungen: wie er bei einer Sitzung eine attraktive Frau ausfindig machte, sie in sein Zimmer hochlockte und dann dazu verführte, die Nacht mit ihm zu verbringen. Das Ungewöhnliche dabei waren die außerordentlich ausführlichen Beschreibungen seiner sexuellen Aktivitäten, so als wollte Sean mich mit Worten in seine sexuellen Eskapaden einbeziehen.

Worte sind nicht das einzige Mittel, die Therapie zu sexualisieren. Oft erfüllen auch Kleidung und anzügliche Körperhaltungen diese Funktion. So schieben Frauen etwa ihr Kleid bis zu den Oberschenkeln hoch und nehmen eine verführerische Sitzhaltung ein. Oder sie machen es sich zur Gewohnheit, sich weit vorzubeugen, um einen tieferen Blick in ihren Busen zu erlauben, als es bei einer solchen Gelegenheit angemessen wäre. Männer setzen sich bisweilen mit weit auseinandergestellten Beinen dem Therapeuten gegenüber, um mit ihrer Körpersprache deutlich zu machen, was ihrer Meinung nach der wichtigste Teil von ihnen ist. Durch solche nonverbalen Manöver schaffen es männliche und weibliche Patienten, dem Therapeuten die Teile von sich zu »präsentieren«, die ihrer Meinung nach von anderen am meisten geschätzt werden.

So kam eine Patientin, die in einer Spielzeugfabrik Montagearbeiten machte, zu den ersten Therapiesitzungen in ihrer Arbeitskleidung, in Blue Jeans und einem sackartig hängenden Flanellhemd. Sie entschuldigte sich für ihren Aufzug, aber sie müsse direkt von der Arbeit zu den Sitzungen kommen und habe keine Zeit, sich »etwas Anständiges« anzuziehen. Ich machte mir darüber nicht viele Gedanken und sagte, das sei schon in Ordnung. Es war daher merkwürdig, daß sie kurze Zeit später in einem durchscheinenden, tief ausgeschnittenen Cocktailkleid zu erscheinen begann. Ob sie sich nun bei der Arbeit oder in einer Telefonzelle umzog, es ließ jedenfalls erkennen, wie sie unsere Beziehung sah, und kündigte die Richtung an, die die Therapie später nehmen würde.

Obwohl männliche Patienten seltener verführerische Kleidung als Teil ihrer sexuellen projektiven Identifikationen benutzen, kommt es doch gelegentlich auch dazu, z. B. bei einem Patienten von Judy, einer Ausbildungskandidatin in klinischer Psychologie, die bei mir Supervision machte. Der Patient, ein attraktiver Mann Anfang Dreißig, hatte sich zur Therapie entschlossen, um sich mit Gefühlen der Gleichgültigkeit in seinen Beziehungen mit Frauen auseinanderzusetzen. Obwohl er gerade mit niemandem zusammen war, hatte er etliche kurze Affären gehabt, die ihn aber alle nicht wirklich befriedigt hatten. Ein interessanter Vorgang in der Therapie mit ihm war, daß er im Lauf der Wochen seine Art, sich zu kleiden, veränderte. Zu Beginn der Behandlung erschien er in langer, weiter Hose und Sporthemd. Als die Therapie fortschritt und das Wetter wärmer wurde, begann er, sich immer spärlicher zu bekleiden, und kam schließlich in enganliegenden kurzen Shorts und einem weißen Madrashemd, das bis zum Bauchnabel offen war. Es war zwar Sommer, doch die Art seiner Kleidung und ihre Wirkung auf meine Supervisandin machte deutlich, daß andere Faktoren als Wetter und Mode im Spiel waren.

Das Ziel einer sexuellen projektiven Identifikation ist letztlich sexuelle Befriedigung. Patienten, die diese projektiven Manöver benutzen, sind davon überzeugt, andere würden die Beziehung mit ihnen nur aufrechterhalten, wenn sie sie sexuell befriedigen oder ihnen ein besonders männliches bzw. weibliches Gefühl geben können. Aus der Sicht des Patienten bildet der Therapeut hier keine Ausnahme. Auch wenn er erklärt, mit dem Patienten in Kontakt zu bleiben, weil er sich beruflich dazu verpflichtet hat, oder aus menschlichen Gründen oder einfach wegen des Geldes, das er verdient, ist der Patient davon überzeugt, daß der eigentliche Grund nur sexueller Art sein könne, denn für ihn ist Sexualität das Fundament aller seiner Beziehungen.

Es ist eine traurige Tatsache, daß Menschen, die zu sexuellen projektiven Identifikationen greifen, ihr Selbstwertgefühl fast ausschließlich aus der Sexualität beziehen. Ein Patient hat es so ausgedrückt: »Der einzige Ort, wo ich gut bin, ist im Bett.« Sein Selbstwertgefühl so weit zu reduzieren wäre ein entmutigendes Lebenskonzept. Trotzdem gehen sehr viele Menschen mit der Überzeugung durchs Leben, daß ihr Wert für andere vor allem in der sexuellen Befriedigung liegt, die sie ihnen geben können.

Wie kann der Therapeut sexuelle projektive Identifikationen erkennen? Wie bei anderen projektiven Identifikationen lautet auch hier die Antwort: durch die Gegenübertragung. Die typische Reaktion auf Patienten mit einer projektiven Identifikation von Sexualität ist, einfach gesagt, sexuelle Erregung: Der Therapeut fühlt sich angenehm erregt und sexuell stimuliert, und genau dies soll die projektive Identifikation bewirken. Es war daher nicht verwunderlich, daß ich mich durch Seans Berichte zunehmend gefesselt fühlte. Zunächst meinte ich rationalisierend, es sei wichtig, genau zu wissen, wie er mit Frauen umgehe, um ihn besser verstehen zu können. Doch als ich ihn dann Stunde um Stunde seine diversen Abenteuer schildern ließ, kam mir der Gedanke, daß ich vielleicht *allzu* interessiert an seinen Beschreibungen war. Seine Geschichten von sexuellen Eroberungen, gewürzt mit intimen Details, wie er sich beim Koitus mit Frauen verhielt, waren sehr anregend, und die Therapiestunden wurden für mich allmählich zu einer privaten Peep-Show. Als mir klar wurde, daß mein Interesse keineswegs so intellektuell motiviert war, wie ich zunächst gemeint hatte, konnte ich meine Reaktion für diagnostische anstatt für sexuelle Zwecke nutzen.

Ein weiteres Beispiel: Beata, eine Künstlerin im Alter von 40 Jahren, suchte therapeutische Hilfe, um mit chronischen Magenbeschwerden und gelegentlich auftretenden Depressionen fertigzuwerden. Sie hatte zuvor einige Ärzte konsultiert, darunter einen bekannten Internisten und einen sehr angesehenen Gastroenterologen. Zunächst bestand der Verdacht auf

Magengeschwüre, doch alle Untersuchungen waren ohne Befund, und die Ärzte kamen zu dem Schluß, daß es kein organisches Problem sei. Mit dem Hinweis, daß ihre Symptome durch Streß ausgelöst sein könnten, überwiesen sie sie zurück an ihren Hausarzt, der ihr eine Psychotherapie empfahl.

Als Tochter begabter Eltern (ihre Mutter war Schauspielerin und ihr Vater Fernsehproduzent) hatte Beata eine recht unglückliche Kindheit erlebt. Ihre Eltern hatten sehr wenig Zeit für sie gehabt, und sie war hauptsächlich von einer älteren Schwester großgezogen worden. Die Teenagerjahre waren für sie eine Zeit sozialer Isolation mit gelegentlichen Phasen von Promiskuität und starkem Alkoholkonsum. Erst als sie zu malen begann, raffte sie sich auf und konnte ein Gefühl dafür entwickeln, wer sie war. Doch der Umgang mit anderen Menschen fiel ihr immer noch schwer.

Während der Therapie erzählte Beata mir von einem Akt, den sie vor einigen Jahren von sich selbst gemacht hatte. Das Porträt hing in ihrem Wohnzimmer, und wir kamen bei einem Gespräch über Rendezvous mit Männern darauf zu sprechen. Sie lud oft Männer zu sich ein und fragte sich nun, ob es ihnen nicht »einen falschen Eindruck« gebe. Während sie diese Bedenken ausdrückte, fuhr sie gleichzeitig unbeirrt fort, es in allen Einzelheiten zu beschreiben: wie sie ihre üppigen Brüste und die schlanken Linien ihres Körpers durch die zarte Wirkung diffusen Gegenlichts einzufangen versucht habe. Ich war durch Beatas Beschreibung gefesselt. Ich fühlte mich wie bei einem Vortrag über Vermeer, wie Maler bei ihrer Arbeit natürliches Licht verwenden. Doch es war mehr als das. Sie ging immer weiter ins Detail, und ihre Beschreibung wurde immer erotischer. Schließlich war kaum noch etwas der Phantasie überlassen, und sie hätte mir genausogut nackt gegenübersitzen können. Erst nach der Sitzung wurde mir klar, daß ich die Zielscheibe einer projektiven Identifikation von Sexualität gewesen war und daß mein Interesse an ihrem Porträt mehr die Wirkung einer Gegenübertragung als künstlerischer Natur war.

Trotz der Tatsache, daß sexuelle projektive Identifikationen oft nur allzu offensichtlich sind, ist es manchmal doch schwer, die Gegenübertragung als solche zu erkennen, besonders wenn die Reaktion des Therapeuten als Zeichen von Schwäche oder als unprofessionell betrachtet wird. Judy, die Studentin, deren Patient in kurzen Shorts in die Therapie kam, fragte sich in der Supervision, ob es überhaupt Sinn habe, ihn weiter zu sehen. Ihr kam es so vor, daß er nicht »psychologisch eingestellt« sei und die Therapie zu nichts führen würde.

Das kam etwas überraschend, und ich beschloß, der Frage mit ihr nachzugehen. Dabei erfuhr ich, daß für Judy die Arbeit mit dem Patienten sehr beunruhigend geworden war, daß sie jeder Sitzung mit Beklommenheit entgegensehe und in einer Sitzung den Impuls gehabt habe, aus dem Zimmer zu laufen. Das verwirrte sie, denn es legte den Gedanken nahe, daß etwas mit ihr nicht stimmen könne und daß sie als Therapeutin nicht geeignet sei, denn eine fähige Therapeutin würde sich doch nicht so von ihren Gefühlen überrollen lassen.

Es stellte sich heraus, daß die Gefühle, von denen sie sprach, sexueller Art waren. Sie fühlte sich von dem Patienten zunehmend angezogen. Das war für sie aus mehreren Gründen beunruhigend: Zum einen war sie mit einem Mann befreundet, den sie bald heiraten wollte; und obwohl ihr Interesse an dem Patienten keine wirkliche Bedrohung dafür war, machte sie sich doch darüber Gedanken. Außerdem war es ihr peinlich, mir gegenüber ihre sexuellen Gefühle zuzugeben; sie meinte, daß sie sich nicht professionell verhalte: Statt dies als natürliche Reaktion auf die sexuelle projektive Identifikation des Patienten zu verstehen, sah sie darin ein Versagen.

Natürlich war es das nicht. Wenn es ein Versagen gab, dann lag es in dem fehlenden Erkennen, daß man sexuelle Gefühle für einen Patienten haben und dennoch ein guter Therapeut sein kann. Ein wirkliches Versagen wäre es allerdings, nach der Gegenübertragung zu *handeln*. Abgesehen von ethischen Fragen würde das bedeuten, den Patienten in der schlimmstmöglichen Weise im Stich zu lassen. Den sexuellen projektiven Identifikationen des Patienten nachzugeben bestätigt nur die tiefsten Ängste des Patienten: daß er im Grunde unerwünscht ist und nur wegen der sexuellen Lust, die er geben kann, geduldet wird.

Wie bei den anderen projektiven Identifikationen ist es auch hier die wichtigste Aufgabe, die Metakommunikation in den Vordergrund zu holen. Das Ende der zweiten Therapiephase ist erreicht, wenn die Verführung offensichtlich gemacht worden ist. Das ist nicht leicht, denn sexuelle Verlockungen und erotische Kunstgriffe können leicht wegerklärt werden. Eine Patientin kann sagen, daß sie ganz zufällig an dem Tag ein tief ausgeschnittenes Kleid trägt; ein Patient kann erklären, er habe eine sexuelle Begegnung nur deshalb so detailliert beschrieben, »weil es darum doch in der Therapie geht«. Außerdem können den Therapeuten die verschiedensten Anschuldigungen treffen, wie etwa, er sei ein Voyeur, oder er habe »nur Sex im Kopf«.

Anklagen dieser Art sind natürlich beunruhigend und können den Therapeuten dazu bringen, sich auf sicheren Boden zurückzuziehen. Das ist jedoch gewöhnlich ein Fehler. Ein Leitprinzip in der Objektbeziehungsarbeit ist, daß man mit der Gegenübertragung steht oder fällt. Der Therapeut braucht das sichere Empfinden, daß alle Gefühle, die bei ihm wachgerufen werden, durch die Interaktion mit dem Patienten ausgelöst worden sind. Auch wenn solche Gefühle unangenehm und oft befremdlich sind, ist es wichtig, beharrlich zu sein. Nur wenn die hinter der projektiven Identifikation liegende Botschaft in den Vordergrund geholt wird, kann sie explizit zu einem Teil der aktuellen Beziehung werden.

Aus diesem Grunde sagte ich Beata, ihre Beschreibung des Porträts erscheine mir als ihre Art, sich vor mit auszuziehen. Sie spottete zunächst über meine Deutung, versuchte dann jedoch, sie herunterzuspielen: »Es ist immerhin besser, als es wirklich zu tun.« Ich drängte sie, deutlicher zu machen, was »es« sei und was ihr wirklich durch den Kopf gehe. Zunächst blieb sie zurückhaltend, doch nach weiterem Drängen fragte sie mich, ob ich nicht Lust hätte, mit ihr in ihre Wohnung zu kommen und mir das Porträt direkt anzusehen. Damit war deutlich, daß wir das Kunstbetrachtungsseminar hinter uns gelassen hatten und daß die sexuelle Metakommunikation praktisch offenlag.

Manchmal ist die verführerische Natur der Metakommunikation nicht so weit von der Oberfläche entfernt und wird ohne großes Bemühen sichtbar: Eine Patientin kam ohne Umwege zur Sache und forderte mich auf, mit ihr ins Bett zu gehen, nachdem ich ihre erotische Körperhaltung angesprochen hatte. »Und wie soll es dann mit uns weitergehen?« fragte ich sie, auf das weitere Schicksal der Therapie bezogen. Ein Achzelzucken war die Antwort. Als ich sie fragte, ob sie glaube, wir könnten mit der Therapie weitermachen, wenn wir zusammen schlafen würden, entgegnete sie: »Zum Teufel mit der Therapie, die bringt mich sowieso nicht weiter«, um sich dann über die künstlichen Grenzen auszulassen, die die Gesellschaft zwischen psychischen und physischen Äußerungen der Zuneigung aufgestellt hat. Ihre Rede gipfelte in der Frage: »Wenn Ihnen wirklich an mir liegt, was ist dann falsch daran, es körperlich zu zeigen?«

Als ich Sean, dem Anwalt, zu zeigen versuchte, wie er die Therapie erotisierte, gestand er, er meine mich sexuell reizen zu müssen, damit ich ihn als Patient nicht fallenlasse; er sei kein besonders interessanter Mensch und könne sich nicht vorstellen, daß ich ihn sonst weiter behandeln wollte. Als ich ihm sagte, daß mir an ihm als Mensch liege und daß seine Geschichten nicht der Grund seien, weshalb ich ihn als Patient behielte, reagierte er, als hätte er mich nicht gehört, und beschrieb ein weiteres sexuelles Abenteuer. Gegen Ende der Sitzung wiederholte ich, ich könne nicht Stunde um Stunde seinen Geschichten zuhören. Er wirkte etwas niedergeschlagen, und die Stunde endete ohne viele Worte.

Die folgende Sitzung begann Sean mit den Worten: »Ich könnte Ihnen andere Sachen bringen.« »Andere Sachen?« erwiderte ich verständnislos. »Fotos, Videos, alles, was Sie wollen.« Ich sagte ihm freundlich, ich hätte kein Interesse daran, die Therapiestunde in eine Sexsprechstunde oder in eine Sexsitzung zu verwandeln. Darauf sagte Sean: »Ich tue alles, was Sie wollen, wenn Sie mich in der Therapie behalten.« Ich war etwas verblüfft, denn es hatte nie zur Debatte gestanden, daß ich Sean als Patient aufgeben wollte. Ich ging jedoch nicht diesem Aspekt seiner Äußerung nach, sondern fragte ihn, was er mit »alles« meine. Lange sprach Sean kein Wort. Dann sagte er, er würde Fellatio bei mir machen, und er würde alles tun, was ich wolle, wenn ich ihn nur weiter behalten würde. Seans Reaktion hatte etwas Verzweifeltes, und wenn es um Beziehungen ging, war er tatsächlich ein verzweifelter Mensch. Er meinte, wenn ich mich nicht dafür interessieren würde, was er sexuell zu bieten habe, könnte ich für ihn als Mensch überhaupt kein Interesse haben.

Wie bereits erwähnt, wirkt es oft hart und gefühllos, voll entfaltete Äußerungen einer projektiven Identifikation ans Licht zu zwingen. Das gilt in besonderem Maß für sexuelle projektive Identifikationen. Doch es ist nicht härter, als den Patienten dem Leiden an der Frustration und Leere zu überlassen, das bei einem Leben, das auf projektiven Identifikationen basiert, unvermeidlich ist.

Der Therapeut denkt sich die projektiven Identifikationen nicht aus — sie sind kein iatrogener Teil des Behandlungsprozesses, sondern ein deutlicher Bestandteil der Objektbeziehungen der Patienten und damit auch der psychotherapeutischen Beziehung. Wenn der Therapeut über die zweite Behandlungsphase hinauskommen will, muß die hinter der projektiven Identifikation liegende Metakommunikation in den Vordergrund treten.

Einschmeicheln

Wie schon im 3. Kapitel gezeigt, geht es bei der projektiven Identifikation des Einschmeichelns um *Selbstaufopferung:* Jemand sendet ständig Botschaften aus, wie sehr er sich für andere bemüht, wieviel er von sich selbst gibt und wie wenig er sich anerkannt fühlt. Oberflächlich betrachtet, ist dies recht harmlos. Alles, was sich solche Patienten zu wünschen scheinen, ist ein einfaches »Dankeschön«, die bloße Bestätigung, daß sie geschätzt werden. Bei genauerer Betrachtung zeigt sich jedoch, daß sie mehr dafür erwarten: Die versteckte Botschaft unter der Oberfläche, die Metakommunikation lautet: »Du bist mir etwas schuldig«, und die ist für unzählige pathologische Interaktionen verantwortlich.

Das Pathologische bei projektiven Identifikationen des Einschmeichelns zeigt sich in der Objektbeziehungstherapie in Versuchen des Patienten, hilfreich und entgegenkommend zu sein. Manche Patienten machen Bemerkungen über die Ausstattung des Therapiezimmers, als ließe sich durch ihren Rat der Raum verschönern. Andere bieten an, in ihrem Freundeskreis zu verbreiten, wie fähig der Therapeut ist. Es ist in solchen Fällen schwer, dafür nicht empfänglich zu sein, denn durch diese Werbung erschließen sie ihm ja auch zusätzliche Einkommensquellen.

Ein Beispiel: Norman, ein Patient in einer Therapiegruppe, die ich vor einigen Jahren geleitet hatte, erschien regelmäßig früher zu den Treffen als die anderen Gruppenteilnehmer. Er übernahm es, die Stühle im Raum aufzustellen, nachzusehen, ob alle Aschenbecher geleert waren, und den Krug mit frischem Wasser zu füllen. Gewöhnlich erledigte ich das, doch da es mir etwas Arbeit ersparte, schenkte ich dem nicht allzu viel Beachtung und begrüßte sogar seine »Zuvorkommenheit«.

Normans Hilfsbereitschaft zeigte sich auch in den Sitzungen selbst: Er machte Bemerkungen, um die Gruppe reibungsloser funktionieren zu lassen, wie z. B.: »Ich glaube, Dr. Cashdan versucht uns dahin zu bringen, daß wir ehrlicher miteinander umgehen«, oder: »Dr. Cashdan ist immer pünktlich, warum machen wir es uns nicht zur Aufgabe, rechtzeitig hier zu sein?« Und um das Bild abzurunden, blieb Norman noch, wenn die anderen gingen, offenbar, um beim Aufräumen zu helfen.

Ich stellte Normans Verhalten nicht in Frage, zumindest anfangs nicht. Schließlich mußte irgend jemand als letzter gehen, und was machte es schon aus, wenn er sich fünf Minuten länger aufhielt als die anderen? Außerdem war es bequem, jemanden zu haben, der beim Aufräumen half. Doch im Lauf der Zeit wurde immer deutlicher, daß Norman eine besondere Beziehung zu mir herstellen wollte, indem er sich bei mir einschmeichelte. Während er aufräumte, trug er seine eigene Meinung über das Gruppengeschehen vor und machte Vorschläge, wie ich bestimmte Mitglieder dazu bringen könne, mehr teilzunehmen. Damit machte Norman vollends deutlich, daß er eine besondere Beachtung erwartete.

Meine erste Reaktion auf Norman war im wesentlichen eine Gegenübertragung. Ich wußte es zu schätzen, daß er das Therapiezimmer herrichtete und hinterher in Ordnung brachte. Natürlich könnte man kritisieren, ich hätte mich nicht in dieser Weise überlisten lassen dürfen. Doch ein Therapeut, der die projektive Identifikation im Keim erstickt, bevor sie überhaupt richtig in Gang gekommen ist, hindert sich selbst daran, voll zu erleben, was es bedeutet, Empfänger der projektiven Phantasie des Patienten zu sein, und sie genau zu erfassen (*Ogden* 1982, S. 50). Außerdem ist es zunächst nicht immer leicht zu erkennen, was vor sich geht. Wenn ein Patient mit der projektiven Identifikation des Einschmeichelns (oder irgendeiner anderen) geschickt umgeht, kann der Therapeut in die Beziehungspathologie hineingezogen werden, ohne es zu merken. Natürlich ist eben dies der Grund, warum projektive Identifikationen so hartnäckig fortbestehen. Auf einer Ebene sind sie erfolgreich, obwohl der Patient schließlich einen Preis für ihr »Gelingen« bezahlen muß.

Ich merkte daher, daß ich auf Henrietta weitgehend genauso reagierte wie auf Norman. Zur Erinnerung: Sie war die Frau, die ihre Teenager-Söhne dadurch aufbrachte, daß sie immer, wenn die Jungen ins Auto stiegen, die Türknöpfe herunterdrückte. In der Therapie war es ein ständiges Problem, einen passenden Termin für die Familie zu vereinbaren, weil die Jungen nach der Schule an Sportveranstaltungen teilnahmen. Als ich die Therapie übernahm, wußte ich, daß damit zu rechnen sei, und ich hatte mich bereit erklärt, die Zeit zu ändern, wann immer dies nötig und möglich wäre. Henrietta nahm es auf sich, alle notwendigen Vereinbarungen zu treffen. Sie machte den Zeitplan für die Familie und achtete darauf, daß alle zusammen zur Therapie gehen konnten. Auch rief sie mich ziemlich regelmäßig an, um mir mitzuteilen, welche Veränderungen sich ergeben hatten. Dabei ließ sie nie unerwähnt, welch harte Arbeit es für sie war, die diversen Terminpläne aufeinander abzustimmen, und wie sehr sie auf meine Zeit bedacht war. Ich konnte nicht umhin, ihr Bemühen dankbar anzuerkennen.

Eine andere Art, eine projektive Identifikation des Einschmeichelns auszuagieren, besteht darin, sich als therapeutisches Versuchskaninchen zur Verfügung stellen, z. B. für neue Verfahren oder Techniken, die der Therapeut vielleicht ausprobieren möchte. Eine Patientin namens Danielle versuchte Stunde um Stunde, mich davon zu überzeugen, wie hart sie sich um den Erfolg der Therapie bemühe. Sie machte von jeder Therapiestunde genaue Aufzeichnungen, um sich damit auf die kommenden Sitzungen vorzubereiten. Außerdem versuchte sie in den Stunden ständig auf subtile Weise, mir eine Bestätigung zu entlocken, daß sie meine interessanteste Patientin sei.

Als wir in die zweite Behandlungsphase eintraten, bemühte ich mich vor allem darum, die Beziehung ins Behandlungszimmer zu bringen. Ich machte Danielle deutlich, daß sie mit ihren Aufzeichnungen und insbesondere ihrem Bestreben, sie während der Stunde mit mir durchzugehen, einen direkten Kontakt mit mir zu vermeiden suche, und es sei mir lieber, wenn sie mir direkt sagen würde, was nach ihrer Sicht im Hier und Jetzt geschehe. Sie änderte ihr Verhalten jedoch nicht. Schließlich weigerte ich mich, die Aufzeichnungen mit ihr anzusehen.

Danielle fing an, zu schmollen und sich zurückzuziehen. Sie klagte, ich würde ihre angestrengten Bemühungen um den Therapieerfolg nicht anerkennen; und kein anderer Patient sei mir so ergeben wie sie. Ich räumte ein, das könne durchaus der Fall sein, aber ich sei immer noch der Meinung, daß unser Kontakt nicht über Papierbögen laufen solle. Daraufhin schwieg sie eine Weile, bis sie mir schließlich anbot, sich als Versuchskaninchen von mir benutzen zu lassen: »Sie können jede Technik anwenden«, erklärte sie. »Wenn Sie irgendein neues Verfahren haben, das sie an mir ausprobieren wollen, tun Sie es.« Ihr Angebot überraschte mich, und ich wußte nicht, wie ich reagieren sollte. Ich fragte sie, woran sie dabei denke. Sie wiederholte lediglich ihren Vorschlag. Dann sagte sie, sie nehme an, Therapeuten seien daran interessiert, neue Techniken auszuprobieren, und wenn ich wolle, sei sie bereit, sich mir als Versuchsperson zur Verfügung zu stellen. Sie machte das Angebot mit solcher Treuherzigkeit, daß ich gerührt war.

Natürlich gab es kein derartiges Experiment, dem ich Danielle aussetzen wollte; doch die bloße Tatsache, daß sie sich so anbot, hatte etwas Bewegendes. Ich erinnere mich, daß bei mir das Gefühl entstand, ihr verbunden und verpflichtet zu sein, und daß es mir ein wenig leid tat, sie wegen der Aufzeichnungen unter Druck gesetzt zu haben, denn sie versuchte ja nur hilfreich zu sein. Erst etwas später wurde mir klar, daß meine Reaktion genau der Gegenübertragung auf eine projektive Identifikation des Einschmeichelns entsprach. Aber nun wurde es notwendig, die dahinter liegende Metakommunikation ans Licht zu holen, also Danielle zu dem Bekenntnis zu drängen, was sie für ihre Bereitschaft, meine Interessen vor ihre zu stellen, zurückzubekommen hoffte. Ich fragte sie direkt, was sie dafür zu bekommen hoffe, wenn ich ihr Angebot annehmen würde. Zuerst lautete ihre Antwort: »Nichts.« Als ich jedoch nachhakte, gestand sie, sie hoffe, ich würde sie um mich haben wollen, auch nach Beendigung der Therapie, wenn sie weiter für mich »nützlich« sein könne.

Abschließende Bemerkungen

Ob es um eine projektive Identifikation der Abhängigkeit, Macht, Sexualität oder des Einschmeichelns geht, in jedem Fall ist es die Aufgabe des Therapeuten, die dazugehörige Metakommunikation ans Licht zu bringen. Wie er dies erreicht, ist abhängig von seiner Erfindungsgabe und der »Gangart«, in der er bevorzugt arbeitet. Eines steht jedoch fest: Er muß eine klare, unanfechtbare Äußerung der Metakommunikation erhalten, die mit der projektiven Identifikation des Patienten verbunden ist, bevor die Therapie Fortschritte machen kann. Erreicht er das nicht, gerät die Therapie in eine Sackgasse; bleibt die Metakommunikation vage, mehrdeutig oder verdeckt, sind die Ziele der nachfolgenden Phase nicht zu erreichen.

Bevor ich mich der nächsten Behandlungsphase zuwende, möchte ich darauf hinweisen, daß die beschriebenen Interaktionen der zweiten Phase zwar eine gegnerische Qualität haben, aber im Kontext ernster Sorge um die Person und das Wohl des Patienten stattfinden. Durch das gedruckte Wort läßt sich der Charakter des emotionalen Austauschs kaum übermitteln, zu dem es in jeder Therapie kommt. Das gilt besonders für die Objektbeziehungsarbeit, bei der viele Interaktionen subtile, aber dennoch starke projektive Identifikationen enthalten. Manchmal sieht es so aus, als würden die Patienten neben den vielen Heimsuchungen, die es ohnehin in ihrem Leben gibt, noch einer weiteren ausgesetzt.

Daran ist etwas Wahres. Doch auf einer bestimmten Ebene wissen die

Patienten, daß ihr Umgang mit anderen unproduktiv, wenn nicht destruktiv ist. Sie spüren, daß sie sich mit ihren projektiven Identifikationen selbst schädigen und emotional belasten. Deswegen ertragen sie die Herausforderungen und Untersuchungen des Therapeuten. Doch am Ende der zweiten Phase stellt sich auch ein Gefühl der Erleichterung ein. Wie immer es weitergehen mag, zumindest ist Klarheit in der Beziehung gewonnen — die Karten liegen auf dem Tisch.

Kapitel 6

Dritte Phase: Konfrontation

Wenn die in der projektiven Identifikation des Patienten enthaltene Metakommunikation sichtbar geworden ist, wird sie zu einem erlebbaren Teil der Interaktion zwischen Therapeut und Patient. Die subtilen und vagen Botschaften, die vorher in der projektiven Identifikation verborgen waren, sind jetzt ein expliziter Bestandteil der Beziehung. Die erotischen Andeutungen haben sich in offene Verführungsversuche verwandelt; die scheinbar harmlosen Bitten um Hilfe sind in eine Forderung nach umfassender Betreuung umgewandelt worden. Da nun alle Karten auf dem Tisch liegen, kann der Therapeut den Patienten endlich direkt und nachdrücklich mit seiner Pathologie konfrontieren.

Die Reaktion des Therapeuten

Wie geht nun der Therapeut im einzelnen vor, um dies zu erreichen? Wie reagiert er auf die Metakommunikation? Indem er sich weigert, der metakommunikativen Forderung nachzugeben oder sich ihr zu fügen. Kurz gesagt, die richtige therapeutische Reaktion ist »Nein«. Indem er der gewohnten Weise des Patienten, Beziehungen zu strukturieren, entgegentritt, stellt er die projektive Identifikation in Frage.

Dies ist natürlich leichter gesagt als getan, nämlich jemanden abzuweisen, der verwundbar ist, einem Patienten »Nein« zu sagen, der bedürftig und verzweifelt zu sein scheint. Der metakommunikative Wunsch des Patienten scheint psychisch so tief zu sitzen, daß es schon fast schmerzhaft ist, darauf in einer Weise zu reagieren, die ablehnend und herabsetzend erscheinen muß. Wie sagt man einem suizidgefährdeten Patienten, daß man für sein Tun nicht verantwortlich ist, wenn er sich das Leben nimmt?

Und wie kann man jemandem »Nein« sagen, dessen sexuelle Metakommunikation deutlich sichtbar geworden ist? Einerseits gibt es genug Gründe, eine sexuelle Beziehung taktvoll abzulehnen: ethische, persönliche und therapeutische Gründe, die entschieden gegen sexuelle Kontakte mit Patienten sprechen. Dennoch ist es sehr heikel, dies jemandem mitzuteilen, der sich selbst sexuell bloßgestellt hat. Die Weigerung zu kapitulieren, und sei es aus den besten Gründen, muß auf den Patienten die Wirkung haben, daß er sich in höchstem Maße zurückgewiesen fühlt.

Um das zu vermeiden, suchen manche Therapeuten ihre Zuflucht bei Deutungen. Patienten werden aufgefordert zu untersuchen, was ihre Aussage »bedeutet«, oder wem ihre Botschaft »eigentlich« gilt. In geheimer Verständigung kommen Therapeut und Patient überein, daß es höchste Zeit ist, die frühen Objektbeziehungen des Patienten zu untersuchen. Indem sich Therapeut und Patient auf Deutungen verlegen, umgehen sie geschickt die in der Metakommunikation enthaltenen Implikationen für die Beziehung.

Man könnte fragen, was daran falsch ist, an dieser Stelle eine Deutung zu geben. Die Antwort ist, daß eine Deutung die emotionale Wirkung dessen entschärft, was in der Gegenwart geschieht. Welchen Nutzen es auch hat, die Gründe für unser Verhalten zu verstehen, er erweist sich als gering im Vergleich mit dem emotionalen Lernen, das in dieser Phase stattfinden muß. Wenn es zu einer Deutung oder Analyse kommen soll, muß sie in Form einer »stummen Deutung« erfolgen (*Spotnitz* 1985, S. 167). Direkte Deutungen bewirken in dieser Behandlungsphase nur, daß sich der wesentliche Inhalt der Therapie von der emotionalen Konfrontation zur intellektuellen Analyse verlagert.

Ein noch wichtigeres Argument gegen Deutungen in dieser Phase der Objektbeziehungstherapie lautet, daß sie sich auf kognitive, verbale Mittel stützen, sich aber auf Dinge richten, die im wesentlichen präverbal sind:

> »Eine der Schwierigkeiten mit 'verbalen Deutungen' besteht darin, daß sich, wenn ein Patient auf die projektive Identifikation als vorherrschende Form der Kommunikation, Abwehr und Objektbezogenheit baut, darin oft seine gegenwärtige Unfähigkeit zeigt, mit verbalen Symbolen umzuge-

hen, innerpsychisch (als Teil eines inneren Dialogs) wie zwischenmenschlich. Folglich kann er in verbalisierter Form angebotene Deutungen weder erfassen noch sich zunutze machen.« (*Ogden* 1982, S. 76 f.)

Für die Objektbeziehungstherapie besteht die Pathologie zumeist in Gefühlszuständen, die auf einer Gefühlsebene angegangen werden müssen. Was der Patient über Beziehungen gelernt hat, das hat er *in* diesen Beziehungen gelernt und nicht dadurch, daß er sie analysiert hat. Das heißt nicht, daß Deutungen überhaupt keinen Platz hätten, sondern nur, daß sie nicht in diese Therapiephase gehören.

Damit die Objektbeziehungsbehandlung zum Tragen kommen kann, muß der Therapeut unmißverständlich seine Abneigung signalisieren, an der Pathologie des Patienten mitzuwirken. Der Therapeut darf weder die Angemessenheit der Forderung des Patienten noch sein Recht dazu in Frage stellen. Er sollte weder nach einer Erklärung dafür fragen, was das Ansinnen des Patienten »bedeutet«, noch an dessen Grundlage heranzukommen versuchen. Er hat nichts anderes zu tun, als sich der Forderung des Patienten zu verweigern.

Wie der Therapeut »Nein« sagt, hängt von der jeweiligen projektiven Identifikation und den damit verbundenen besonderen Anforderungen ab. Auch wenn die Wortwahl im einzelnen verschieden sein mag, muß der Therapeut in jedem Fall dem Patienten sagen: Ich werde nicht mit Ihnen schlafen (Sexualität), ich werde nicht Ihr Leben für Sie in die Hand nehmen (Abhängigkeit), ich brauche Ihre Hilfe nicht, um mein Ziel zu erreichen (Macht), und ich bin Ihnen nichts schuldig (Einschmeicheln). Indem er die in der projektiven Identifikation liegende Forderung deutlich ablehnt, hinterfragt er auch ihre Berechtigung als Grundlage der Beziehung.

Gleichzeitig muß der Therapeut die Beziehung bekräftigen. Er muß dem Patienten zu verstehen geben, daß er in seinem Engagement, das zu Beginn der Therapie bestanden hat, nicht nachgelassen hat und weiter um den Patienten bemüht ist. Mit den Worten von *Mann*: »Vielleicht ist freundliche, fürsorgliche Anteilnahme des Therapeuten an dem Patienten der wichtigste Bestandteil einer angemessenen und effektiven Konfrontation« (1973, S. 44). Der Therapeut muß vermitteln, daß er die projektive Identifikation zurückweist, nicht aber den Patienten. Das kann er nur dadurch erreichen, daß er sein Engagement so deutlich und konkret wie möglich neu bekräftigt.

Was der Therapeut *nicht* tun sollte, ist, von der Bedrohung abzulenken, den Patienten zu beruhigen oder ausführlich zu erklären, was gerade abläuft. Der Patient muß sich dem stellen, wovor er am meisten Angst hat: dem Verlust von menschlichem Kontakt. Er muß lernen, daß die abgespaltenen »schlechten« Teile des Selbst kein Grund sind, verlassen zu werden. Es geht nicht darum, von neuem zu erleben, was in der Vergangenheit geschehen ist, sondern starke Gefühle in der Gegenwart. Er muß lernen, daß offene, ehrliche Beziehungen möglich sind, daß es ein Leben *nach* der projektiven Identifikation gibt.

Dies ist eine beschwerliche Zeit in der Therapie, nicht nur für den Patienten, sondern auch für den Therapeuten. Die intensiven Gefühle in dieser Phase führen oft dazu, daß sich der Therapeut fragt, ob er all die harte Arbeit, die schon getan ist, sabotiert hat. Vielleicht wird er in dem Bemühen, die Dinge wieder zurechtzurücken, den Patienten davon zu überzeugen versuchen, daß »es besser werden wird«, oder ihn bitten, »noch ein paarmal zu kommen, um zu sehen, wie sich die Sache entwickelt«. Das ist jedoch nur ein Aufschub des Unvermeidlichen und eine Erschwernis für später. Wenn die Therapie Erfolg haben soll, muß der Patient lernen, was es heißt, mit einem anderen Menschen in einer engen, nichtmanipulativen Beziehung zu sein.

Die Reaktion des Patienten

Wie zu erwarten, reagieren die meisten Patienten auf eine Konfrontation nicht mit ruhigen Vorsätzen. Es ist zu einer Art Zurückweisung gekommen, die auf verschiedenen Ebenen und mit unterschiedlichen Intensitätsgraden erlebt wird: Auf der nächstgelegenen Ebene wird die Zurückweisung als einfache Weigerung des Therapeuten erlebt, eine konkrete Bitte oder Forderung zu erfüllen. Auf einer tieferen Ebene wird sie als Ablehnung erlebt, wie der Patient Beziehungen strukturiert. Auf der tiefsten Ebene symbolisiert sie die Zurückweisung eines Teils der inneren Welt des Patienten und wird somit als Zurückweisung seines Selbst aufgefaßt.

Oft reagiert ein Patient darauf mit Wut oder mit Rückzug, er wird streitsüchtig oder droht, die Therapie abzubrechen. Dem Therapeuten wird vorgeworfen, er sei hassenswert und würde bewußt alle bisherigen Fortschritte aufs Spiel setzen. Oder der Patient fängt an zu schmollen und sich über lange Phasen in Schweigen zurückzuziehen. Die Interaktion scheint zum Stillstand gekommen zu sein, und ein Leichentuch senkt sich über die Therapie.

Das heißt nun nicht, daß der Patient die projektiven Identifikationen aufgegeben hätte; ohne einen Kampf geschieht das nur sehr selten. Nach einer kurzen Ruhepause versucht er vielmehr, wieder Anschluß zu finden und die Dinge da wieder aufzunehmen, wo sie ins Stocken geraten waren. Er spürt, daß die projektive Identifikation angegriffen worden ist, und trift gewisse Gegenmaßnahmen, um sich davor zu schützen.

Diese Gegenmaßnahmen können unterschiedliche Formen annehmen: Am häufigsten sind Verstärkung, Schuldzuweisung, sekundäre projektive Identifikation und Therapieabbruch. Beispiele für diese vier Formen werden im folgenden getrennt behandelt, obwohl sie in der Praxis oft gemischt vorkommen.

Verstärkung

Verstärkung der Forderung ist die gebräuchlichste Art, auf Konfrontation reagieren: Der sich einschmeichelnde Patient wird noch hilfreicher, noch aufopferungsvoller und noch bereiter, alles zu tun, um Anerkennung zu bekommen. Patieten mit sexuellen projektiven Identifikationen werden noch kühner und freimütiger. Sie werfen dem Therapeuten konventionelles Verhalten oder Prüderie vor. Manchmal intensiviert ein Patient die metakommunikative Forderung, indem er den Therapeuten sexuell aufstachelt. Eine Patientin nannte mich einen Feigling, als ich ihr sagte, ich würde nicht mit ihr schlafen.

Manchmal verstärken Patienten ihre metakommunikative Forderung, indem sie etwas verpfuschen: Der Patient gibt plötzlich seinen Job auf, fehlt in der Schule oder beschließt, sich scheiden zu lassen. Auffällige Demonstrationen von Ungeschicklichkeit und Unfähigkeit sollen dem Therapeuten »beweisen«, was die Zurückweisung der Metakommunikation bewirkt hat. Trotz der Versuchung, dieses Geschehen zu deuten, sollte der Therapeut sich stattdessen weiterhin nur den Forderungen des Patienten entgegenstellen.

Ein Beispiel für Verstärkung bei einer projektiven Identifikation von Abhängigkeit gibt der Fall von Catherine, der Patientin, die darauf drang, daß ich sie im Umgang mit ihrem Arbeitgeber unterstütze und ihr herauszufinden helfe, wie sie mit Männern umgehen solle, als sie nach einer Scheidung wieder anfing, Verabredungen zu treffen. Catherine hatte etwas überreizt reagiert, als ich sie zum erstenmal konfrontierte. Sie behauptete, ich würde sie durch das, was ich sagte, in den Wahnsinn treiben. In der folgenden Sitzung erklärte sie mir, ich hätte meine Äußerungen doch sicher nur gemacht, um zu sehen, wie sie reagieren würde. Sie nannte mich ihre »Leitlinie« und behauptete, daß sie mir keine Probleme machen würde, wenn ich einfach nur da wäre, wenn sie mich brauchte. Je mehr ich mich weigerte, mich ihrer »Bitte« zu fügen, um so verzweifelter wurde sie. Dann behauptete sie, sie würde zusammenbrechen, wenn ich mich nicht um sie kümmern würde. Als ich nur immer wiederholte, daß ich das nicht tun würde, wurde sie sehr niedergeschlagen und erklärte: »Dann tragen Sie persönlich die Verantwortung für das, was mir passiert.«

Dies ist eine Möglichkeit von abhängigen Patienten, ihre Abhängigkeit zu verstärken: den Therapeuten bei seinem Verantwortungsgefühl zu packen. Ein Patient löste bei mir ziemliche Besorgnis aus, indem er kurze Zeit, nachdem ich ihn mit den in seiner projektiven Identifikation von Abhängigkeit enthaltenen Forderungen konfrontiert hatte, mit einer Dose Bier zur Therapiestunde erschien. Während der Stunde nahm er immer wieder einen Schluck und zeigte sich verwundert, daß ich ihn nicht davon abhalten würde; schließlich könne er sich betrinken und in einen Unfall verwickelt werden. Obwohl er nicht mehr als das eine Bier trank, war ich dennoch in Sorge, da ich wußte, daß er in einige Autounfälle verwickelt gewesen war.

Meine Besorgnis wegen seines Trinkens war eine Wiederholung früherer Gegenübertragungsgefühle, die bei mir den Eindruck entstehen ließen, ich müsse ständig »ein Auge auf ihn haben«. Diesmal hielt ich mich zurück und beschloß, nichts zu sagen. Und tatsächlich geriet er an einem Abend nach einer Therapiestunde in einen kleineren Autounfall. In der darauffolgenden Stunde berichtete er davon und teilte mir mit, es sei meine Schuld. Er behauptete, es sei zu dem Unfall gekommen, weil ich ihn nicht am Trinken gehindert habe, und obwohl ein direkt am Unfallort durchgeführter Alkoholtest ergeben hatte, daß er nüchtern war, blieb er beharrlich bei seiner Anschuldigung.

Die drastischste Art, die metakommunikative Forderung zu verstärken und den Spieleinsatz in die Höhe zu treiben, ist natürlich eine Selbstmorddrohung. Solche Drohungen verursachen starke Gegenübertragungsgefühle von Verantwortlichkeit und mancherlei Befürchtungen. In solchen Fällen muß sich der Therapeut zuweilen heftig gegen die Versuchung wehren, von seinen Bemühungen um Konfrontation abzurücken und milder zu werden.

Ein Beispiel dafür bietet eine Therapie, in der es um eine projektive Identifikation von Abhängigkeit ging und bei der Suiziddrohungen zu einem zentralen Thema geworden waren (*Ogden* 1982). Die Patientin war Frau N., deren Mutter sich umgebracht hatte, als sie 10 Jahre alt war. Offenbar war die Mutter wenige Augenblicke, bevor sie sich erschossen hatte, in das Zimmer der Patientin gekommen, um ihr einen Gutenachtkuß zu geben. Das Kind hatte seinen Kopf weggedreht, und später war ihm gesagt worden, es trage die Schuld am Tod seiner Mutter. Im Verlauf einer langwierigen und intensiven Therapie drohte Frau N. immer wieder mit Suizid und nahm in dieser Zeit ein ziemlich hoch dosiertes Antidepressivum. *Ogdan* betont den Objektbeziehungscharakter dieses Geschehens:

> »Aus der Perspektive des Konzepts der projektiven Identifikation könnte man das zweite Jahr der Therapie als zwischenmenschliche Inszenierung einer bestimmten inneren Objektbeziehung betrachten, bei der der Therapeut gezwungen wurde, die unerträgliche Verantwortung zu erleben, die ein zehnjähriges Mädchen für Leben und Tod seiner depressiven, chronisch suizidalen Mutter empfunden hat.« (S. 59)

Ein Suizidversuch der Patientin wurde zum Wendepunkt in der Therapie, denn kurze Zeit darauf konnte sich der Therapeut mit der projektiven Identifikation der Patientin befassen.

In seiner klassischen Arbeit über Gegenübertragung trifft *Racker* (1968) eine Unterscheidung zwischen »konkordanter« und »komplementärer« Gegenübertragung. Bei der konkordanten Form projiziert der Patient sein Kind-Selbst auf den Therapeuten, so daß der Therapeut die Rolle des Kindes spielt, während der Patient die Rolle des wichtigen anderen übernimmt. Beim komplementären Fall passiert genau das Gegenteil: Der Patient projiziert die Elternrolle auf den Therapeuten und inszeniert selbst das beziehungsmäßige Gegenstück des Kindes.

In diesem Kapitel waren die meisten Beispiele für projektive Identifikation und die entsprechenden Gegenübertragungen komplementär. Nach meiner Erfahrung sind sie verbreiteter und zeigen sich auch in Behandlungen häufiger. In manchen Fällen ist jedoch der konkordante Typ vorherrschend, oder beide wechseln sich ab. In dem Beispiel von Frau N. ist die Gegenübertragung insofern eher konkordant, als der Therapeut dazu gebracht wird, sich für den Suizidversuch der Patientin (und symbolisch der Mutter) verantwortlich zu fühlen.

Jedenfalls sagte der Therapeut ihr nach der Suiziddrohung, er könne mit ihr nicht effektiv weiterarbeiten, wenn Suiziddrohungen weiterhin ein konstanter Bestandteil ihrer Beziehung seien. Damit machte er ihr deutlich, daß er ihrer metakommunikativen Drohung nicht nachgeben und sich auf kein geheimes Übereinkommen mit ihr einlassen würde, er wäre dafür verantwortlich, ob sie lebe oder stürbe. Indem er sie mit der Metakommunikation konfrontierte, signalisierte der Therapeut, daß er die »Last der Verantwortung, die ihm (von der Patientin) aufgedrängt wurde« (S. 59) nicht übernehmen würde. Kurz darauf nahmen die Drohungen deutlich ab.

In solchen Fällen muß man dem Patienten vermitteln, man werde sein Leben nicht in der ständigen Sorge verbringen, ob er am Leben bleibt; man werde weder sein Bewacher noch sein Erretter sein. Gleichzeitig ist es notwendig, die Beziehung zu bestätigen. Es ist klinisch unverantwortlich, Patienten zu sagen, man wolle nichts mit ihnen zu tun haben, wenn sie von Selbstmord reden. Bei Isabel, der schwer depressiven, suizidgefährdeten Patientin, von der im 4. Kapitel die Rede war, bin ich von diesem Grundsatz nur deshalb abgewichen, weil ich spürte, ich müsse ihr einen Schock versetzen, damit sie sich der Beziehungssituation bewußt würde; denn als ich sie zum erstenmal traf, realisierte sie kaum meine Anwesenheit.

Aus demselben Grund sagte der Therapeut von Frau N. seiner Patientin nicht, er würde mit ihr nicht weiterarbeiten, wenn sie weiter mit Suizid drohe, sondern er könne mit ihr nicht *effektiv* weiterarbeiten. Das mag einem als subtil erscheinen, ist aber von entscheidender Bedeutung für die Objektbeziehungsbehandlung. Eine Konfrontation mit der Metakommunikation muß immer mit einer Bestätigung der Beziehung verbunden sein, wenn die Konfrontation Erfolg haben soll.

Schuldzuweisung

Eine andere Reaktion auf die Konfrontation des Therapeuten wäre, ihm die Schuld für die eigenen Gefühle zu geben. Patienten, die ihre Beziehungen mit projektiven Identifikationen von Macht strukturieren, behaupten, es sei ihnen vom Therapeuten nahegelegt worden, die Führung zu übernehmen. Patienten mit projektiven Identifikationen von Sexualität behaupten, der Therapeut hätte die Möglichkeit eines sexuellen Verhältnisses ins Spiel gebracht. Der Patient macht offenbar eine völlige Kehrtwende und beschuldigt den Therapeuten wegen Reaktionen, die er durch seine projektive Identifikation selbst ausgelöst hat. Patienten mit projektiven Identifikationen des Einschmeichelns werfen dem Therapeuten vor, er wolle sie heimlich für andere Zwecke gebrauchen, z. B. ihren Fall vor einer größeren Zuhörerschaft vorstellen oder als Ausbildungsmaterial benutzen. Eine Patientin war davon überzeugt, ich würde an einem psychiatrischen Roman schreiben, in dem sie eine der Hauptfiguren sei. Natürlich enthalten derartige Anschuldigungen ein narzißtisches Element, doch sie zeigen auch, wie ein Patient die Verantwortung für seine projektive Phantasie leugnet. Es ist, als würde sich der Patient in die Gegenübertragung einschalten und diese »Information« dazu benutzen, sich vor dem aktuellen Geschehen zu schützen.

Der Gebrauch der Gegenübertragung für die Abwehr in Form einer Anschuldigung geschieht auch bei sexuellen projektiven Identifikationen, z. B. wenn Patienten dem Therapeuten vorwerfen, an ihnen sexuell interessiert zu sein oder sich provozierend zu verhalten. Pam, eine Patientin, die von ihrem Vater mit anzüglichen Witzen unterhalten wurde, verspätete sich eines Tages zu unserer Sitzung, nachdem ich angefangen hatte, sie mit ihren sexuellen Manövern zu konfrontieren. Es war ungewöhnlich, daß sie sich verspätete, ich wartete eine halbe Stunde und wollte dann gehen. Als ich gerade das Therapiezimmer verließ, kam sie atemlos und offensichtlich ganz außer Fassung die Treppe heraufgelaufen. Sie brauchte eine Weile, um sich wieder zu fassen, und noch etwas länger, um mir erzählen zu können, was passiert war: Sie war rechtzeitig zum vereinbarten Termin erschienen, hatte jedoch Angst, mir zu begegnen. So ging sie zu ihrem Wagen zurück und fuhr heimwärts. Doch schon ein oder zwei Querstraßen weiter machte sie einen Bogen und fuhr wieder zurück. Sie gestand, daß sie wohl mindestens ein dutzendmal hin- und hergefahren war, bevor sie sich endlich entschließen konnte, den Wagen abzustellen und »mich zu konfrontieren«. Sie war überzeugt, ich hätte sexuelle Absichten mit ihr, und sich sexuell mit mir einzulassen sei der Preis, den ich verlangen würde, wenn sie bei mir in Behandlung bleiben wolle.

Eine Schuldzuweisung geschieht schließlich auch bei Patienten, die sich durch Abhängigkeit projektiv identifizieren. Solche Patienten beschuldigen ihren Therapeuten oft, sie nicht erwachsen werden zu lssen. Ich habe dann den Vorwurf zu hören bekommen, zu viele Ratschläge zu geben, zu direktiv zu sein und mich »zu sehr wie eine Mutter« zu verhalten. Die Anschuldigungen grenzen oft ans Absurde, wenn man bedenkt, wie sehr der Patient Hilfe und Unterstützung sucht. Solche Bemerkungen werden jedoch so heftig vorgetragen, daß man nicht umhin kann zu glauben, der Patient sei wirklich davon überzeugt.

Ob die Schuldzuweisung nun mit einer projektiven Identifikation der Abhängigkeit, Sexualität, Macht oder des Einschmeichelns zusammenhängt, sie zeigt sich immer dann, wenn der Patient spürt, daß die projektive Identifikation aufgelöst zu werden droht. Die Abwehr des Patienten ist ein Versuch, das Eingreifen des Therapeuten in die interpersonale Pathologie zu verhindern. Um die drohende Bloßstellung abzuwehren, wendet er sich dem zu, was er als verwundbare Stelle des Therapeuten wahrnimmt, die Gegenübertragung, so als wäre er in seiner Verzweiflung zu dem Schluß gekommen, Angriff sei die beste Verteidigung.

Sekundäre projektive Identifikation

Manchmal führt die Konfrontation weder zur Verstärkung der metakommunikativen Forderung noch zur Beschuldigung des Therapeuten, sondern der Patient scheint die projektive Identifikation aufzugeben. Natürlich hofft der Therapeut, daß genau das in dieser Behandlungsphase passiert und daß der Patient nun herausfinden kann, was es heißt, in einer Beziehung ohne projektive Identifikation zu sein. Statt dessen taucht aber mitten in einer Phase scheinbarer Ruhe und Reflexion eine andere projektive Identifikation auf. Patienten, die sich vorher einschmeichelten, reagieren plötzlich wie bei einer projektiven Identifikation von Abhängigkeit; haben sie sich vorher abhängig verhalten, fangen sie jetzt mit einer sexuellen projektiven Identifikation an. Es ist, als hätte eine andere projektive Identifikation hinter den Kulissen gewartet, um als Ersatz einzuspringen, falls irgend etwas schiefgeht. Dies geschieht nun allerdings nicht so schnell, wie diese Bühnenmetapher vielleicht nahelegt. Vielmehr tritt die zweite projektive Identifikation nur langsam in Erscheinung und kündigt sich subtil an. Sie zwingt die Therapie in die zweite Phase zurück, so daß der Therapeut sich nun mit ganz neuartigen Kommunikationen und Metakommunikationen auseinandersetzen muß.

Ein Beispiel aus der Therapie mit der Patientin Beth, die ich mit einer projektiven Identifikation von Abhängigkeit konfrontierte (*Cashdan* 1973): Die Konfrontation war von großem emotionalem Aufruhr begleitet gewesen, und gegen Ende der Sitzung deutete sie an, daß sie wahrscheinlich nicht wiederkommen würde. Dennoch erschien Beth zur nächsten Sitzung, um die Therapie fortzusetzen. Die Bedürftigkeit und das Hilfesuchen, die unsere Sitzungen bis dahin bestimmt hatten, nahmen deutlich ab; in den folgenden Sitzungen jedoch sprach Beth immer mehr von ihren sexuellen Affären. In einer Sitzung schilderte sie ein Rendezvous mit einem Mann, das mit heftigem Petting geendet hatte, und berichtete sehr ausführlich, wie der Mann sie zum Orgasmus gebracht hatte. Der folgende Abschnitt beginnt mit meiner Reaktion auf die sexuelle Metakommunikation:

Therapeut: Warum all die Einzelheiten? Waren sie wirklich alle nötig?

Beth: Ich hatte nie den Eindruck, daß Sie sich an Einzelheiten stören.

Therapeut: Sie hätten mir auch einfach nur sagen können, daß Sie mit dem Mann Petting gemacht haben, und es dabei belassen.

Beth (mit Nachdruck): Ich habe einfach gedacht, das sollten Sie wissen.

Therapeut (nach weiteren Fragen dieser Art): Ich glaube, Sie haben einfach versucht, mich scharfzumachen.

Beth (in einem halb überraschten, halb scherzhaften Ton): Sie schmutziger alter Wüstling.

Therapeut: Es sind Ihre Geschichten.

Beth (jetzt ganz ernst): Sie sind verrückt!

Therapeut: Es sind Ihre Geschichten, und die sind sehr sexy.

Beth (wütend): Lassen Sie uns das Thema wechseln: Ich will darüber nicht mehr reden. (*Cashdan* 1973, S. 89 f.)

Ich verfolgte die Sache jedoch weiter, und in der folgenden Sitzung wurde die Metakommunikation faßbar, als Beth mich einlud, nach der Therapiesitzung mit ihr etwas trinken zu gehen, um sie besser kennenzulernen.

Zu einem ähnlichen Wechsel zwischen diesen beiden projektiven Identifikationen (Abhängigkeit und Sexualität) kam es bei Frau N., die als Zehnjährige dazu gebracht worden war, sich für den Selbstmord ihrer

Mutter verantwortlich zu fühlen. Es sei daran erinnert, daß sie mit einer starken projektiven Identifikation von Abhängigkeit ihren Therapeuten am Zügel hielt, indem sie ständig damit drohte, sich umzubringen. Das ließ erst nach, als der Therapeut sie mit der manipulativen Natur ihrer Suiziddrohungen konfrontierte. Obwohl diese nun nachließen und Frau N. in den Sitzungen mehr zu sprechen begann, versuchte sie weiterhin, den Therapeuten zu manipulieren, und bald darauf begannen in der Therapie sexuelle Nebentöne anzuklingen:

> »In den folgenden Monaten bemerkte der Therapeut, daß die Patientin ihn zum erstenmal sexuell attraktiv zu finden schien. In den ersten beiden Jahren der Therapie hatte sie sexuelle Themen nur flüchtig erwähnt; doch jetzt begann sie zu klagen, wie verhaßt es ihr sei, daß sich ihr Mann so benehme, als sei Sex mit ihr sein Recht.« (*Ogden* 1982, S. 61)

Die Einführung sexueller Inhalte in die Therapie sowie Anzeichen einer sexuellen Gegenübertragung verweisen auf den Beginn einer sexuellen projektiven Identifikation. Da dies so kurz nach einer erfolgreichen Konfrontation mit einer anderen projektiven Identifikation (Abhängigkeit) geschah, war Sexualität als sekundäre projektive Identifikation wahrscheinlich schon die ganze Zeit vorhanden.

Das Auftauchen einer sekundären projektiven Identifikation ist oft entmutigend, weil es einen therapeutischen Rückschlag zu bedeuten seint. Das mag in technischer Hinsicht zutreffen, aber es ist gewöhnlich kein Grund zum Verzagen. Obwohl man vieles wiederholen muß, z. B. die mit der neuen projektiven Identifikation verbundene Metakommunikation greifbar zu machen, ist das doch nicht so zeitaufwendig oder schwierig wie beim erstenmal.

Zum einen ist die dyadische Natur der Therapie bereits festgelegt, und es ist nicht mehr so mühsam, die Beziehung ins »Hier und Jetzt« zu holen. Außerdem ist der Therapeut auf seine Gegenübertragung auf den Patienten eingestellt und kann sie daher schneller erkennen und nutzen. Und schließlich ist die sekundäre Projektion eben sekundär, d. h. sie liegt nicht so tief, und die Abwehr ist geringer, so daß die mit ihr verbundene Metakommunikation sich leichter an die Oberfläche bringen läßt.

Der therapeutische Umgang mit der sekundären projektiven Identifikation gleicht dem mit der ersten: Der Therapeut muß sich darum bemühen, daß die Metakommunikation im Verhalten zum Ausdruck kommt, und den Patienten dann damit konfrontieren. Es gibt keine Abkürzung durch Deutungen, die die Konfrontation ersetzen könnten. Denn der Patient muß lernen, daß seine projektive Identifikation, ob primär oder sekundär, kein geeignetes Hilfsmittel für seine Beziehung zum Therapeuten ist.

Therapieabbruch

Wenn alles andere versagt, drohen Patienten oft mit Therapieabbruch. Nachdem sie alles ihnen Mögliche getan haben, um die Beziehung funktionsfähig zu halten, meinen sie nun, es gebe nichts mehr, was sie noch tun könnten. Sie haben den Boden unter den Füßen verloren und sehen nur noch eine Möglichkeit: die Behandlung abzubrechen. Wütend oder resigniert sagt der Patient, es gebe keinen Grund weiterzumachen, der Therapeut wolle ja mit ihm nichts zu tun haben, und jeder weitere Kontakt wäre zwecklos, wenn nicht quälend.

Dieser Entschluß beruht auf der vagen, aber starken Überzeugung, die Ablehnung der projektiven Identifikation bedeute, daß der Therapeut die abgespaltenen schlechten Teile des Selbst »entdeckt« hätte. Man darf nicht vergessen, daß projektive Identifikationen dazu dienen sollen, Beziehungen zu gestalten, die Entlarvung des »schlechten Selbst« abzuwehren und archaische und schmerzhafte Objektbeziehungen auszugleichen. Da der Patient die ersten beiden Ziele nicht erreicht hat, sieht er keine Hoffnung, jemals das dritte zu erreichen. Es scheint keine andere Möglichkeit zu geben, als sich von der Therapie und dem Therapeuten zu verabschieden.

Aber es ist nicht so leicht zu gehen. Trotz seiner Wut und Enttäuschung empfindet der Patient eine irgendwie unerklärliche Verbundenheit gerade mit der Person, die für sein Dilemma verantwortlich zu sein seint. Diese Affinität beruht auf der emotionalen Bindung, die zu Beginn der Therapie entstanden ist und die aus diesem Grund so wichtig ist. Sie kann jetzt als Puffer gegen Gefühle von Verlust und Zurückweisung dienen. Und der Therapeut kann auf dieser Grundlage die Beziehung erneut bestätigen. An dieser entscheidenden Stelle des Behandlungsprozesses muß der Therapeut sein fortbestehendes Engagement konkret deutlich machen und dem Patienten erklären, daß die Therapie noch lange nicht beendet und so lebensfähig ist wie zuvor — je konkreter, desto effektiver. Er kann ihm z. B. sagen, daß er immer noch sein Therapeut ist und daß ihm die Therapiestunde gehört.

So reagierte Beth auf die Konfrontation mit ihrer Bedürftigkeit und ihrem Hilfesuchen mit Weinen und Beschuldigungen, ich wolle sie zerstören. Nachdem sie etwa zehn Minuten lang geschluchzt hatte, kam es zu folgendem Wortwechsel:

Beth: Lohnt es sich für mich noch, weiter herzukommen?

Therapeut: Ich bin nächste Woche hier... zur gleichen Zeit, am gleichen Ort.

Beth: Ich bin nicht sicher, ob ich kommen werde.

Therapeut: Sie entscheiden, was am besten ist. Denken Sie nur daran, diese Zeit gehört Ihnen, ich werde hier sein, egal wie Sie sich entscheiden (*Cashdan* 1973, S. 89).

Beths erste Abschiedsreaktion (»Lohnt es sich für mich noch, weiter herzukommen?«) geschah in Form einer abhängigen Kommunikation, nämlich des Ratsuchens. Jedenfalls kam sie zur nächsten Stunde und setzte die Therapie fort. Erst mehrere Sitzungen später begann sich die sekundäre projektive Identifikation zu zeigen.

Wie auch immer der Patient auf die Konfrontation reagiert, der Therapeut darf seine Bemühungen nicht vorzeitig aufgeben aus Angst, daß es den Patienten zu sehr aus der Bahn werfen oder daß er die Behandlung abbrechen könnte. Anderenfalls würde er nur die pathologischen Beziehungsmuster des Patienten fortbestehen lassen und bestärken. Wenn sich Patienten von ihren projektiven Identifikationen freimachen sollen, müssen sie ihre Metakommunikationen im Umgang mit Menschen überwinden. Sie müssen dem Therapeuten als eigenständigem Menschen begegnen und nicht als Erweiterung ihrer projektiven Phantasie.

Die Veränderung in der Beziehung

Gegen Ende der dritten Phase fangen die Patienten an zu spüren, daß ihre fehlangepaßten Beziehungsmuster im Kontakt mit dem Therapeuten nicht mehr tragfähig sind. Ihr Verhalten wird weniger getrieben, und sie können nun mit dem Therapeuten anders interagieren. Gelegentlich kommt es noch zu kleineren projektiven Identifikationen, die mit der Zeit jedoch seltener und weniger intensiv werden. In der Beziehung zeigt sich eine gewisse Ruhe, und der Patient fragt sich, was nun passiert.

Diese Veränderung in der Therapeut-Patient-Beziehung kennzeichnet den Beginn der vierten und letzten Therapiephase. Irgend etwas hat sich verändert, doch der Patient kann noch nicht erkennen, was es ist und wie es mit früheren Objektbeziehungen zusammenhängt. Er weiß nur, daß er in der Beziehung jetzt ein ganz anderes Gefühl hat als vorher. Dies zeigt einen wichtigen Wendepunkt im Behandlungsprozeß an.

Nach Beendigung der Therapie frage ich die Patienten, ob sie einen »Wendepunkt« in der Therapie festmachen können. Meistens nennen sie dann etwas, das in der dritten Behandlungsphase geschehen ist. Für Beth war es der Wendepunkt, als sie zur Therapie »zurückkehrte« und feststellte, daß ich auf sie wartete, wie ich gesagt hatte; von diesem Augenblick an habe sich etwas in unserer Beziehung geändert, und sie habe angefangen, sich anders zu sehen.

Für Pam stand absolut fest, daß sich die Dinge an dem Abend grundlegend geändert hatten, als sie in der Nähe meines Therapiezimmers hin- und hergefahren war, unschlüssig, ob sie zu mir hochkommen solle oder nicht. Sie sagte, ihr Entschluß, hochzukommen und sich mit der sexuellen Natur unserer Beziehung auseinanderzusetzen, sei der Anfang entscheidender Veränderungen in der Therapie gewesen. Und dies habe außerdem wichtige Veränderungen in ihrem Verhältnis zu anderen mit sich gebracht.

Am Ende der dritten Phase tritt ein Gefühl der Erleichterung ein, beim Patienten ebenso wie beim Therapeuten. Nach etlichen schwierigen Interaktionen haben die Beteiligten gemeinsam viel erreicht. Einiges muß noch geschehen, vor allem die Beendigung der Therapie, aber der Charakter der Therapie hat sich definitiv gewandelt. Die Konfrontation hat die Atmosphäre gereinigt, und Patient und Therapeut spüren, daß jetzt etwas anderes vor ihnen liegt. Mit diesem Gefühl treten sie in die Schlußphase der Behandlung ein.

Kapitel 7

Vierte Phase: Beendigung

In der vierten und letzten Phase der Objektbeziehungstherapie lernen Patienten erkennen, wie ihre projektiven Identifikationen auf andere wirken. Außerdem lernen sie die Ursprünge ihrer fehlangepaßten Beziehungsmuster verstehen, und wie sich frühere Beziehungen in diese Schemata eingefügt haben. Und schließlich geht es um das Problem der Beendigung, denn eine Therapie abzuschließen bedeutet mehr, als nur lose Enden zusammenzubinden und Auf Wiedersehen zu sagen. Es heißt, sich mit Trennung und ihrer Bedeutung für unser Leben als autonome Menschen auseinanderzusetzen.

Die letzte Phase der Therapie verläuft in der Regel relativ ruhig, eine Zeit der Reflexion, des nüchternen Überdenkens, was alles geschehen ist. Die Therapie wird mehr »kopflastig« und richtet sich mehr auf äußere Belange. Außerdem haben Deutungen nun einen größeren Raum. Aber der Therapeut darf die Therapie nicht zu früh nach außen lenken. Um den möglichen Nutzen der Objektbeziehungsbehandlung zu maximieren, muß er noch etwas in der Therapie verweilen und die therapeutische Beziehung im Blickfeld behalten. Dies geschieht jetzt in Form von Feedback.

Feedback

Die meisten Patienten sind sich relativ wenig bewußt, welche Botschaften sie durch ihre projektiven Identifikationen vermitteln. Nur selten erkennen Menschen, die sich selbst aufopfern, wie manipulativ ihr Verhalten tatsächlich ist. Verführende Patienten zeigen sich oft völlig überrascht, daß sie erotische Signale aussenden. Die Verhaltensweisen und Mitteilungen, aus denen projektive Identifikationen bestehen, sind eine Art Lebensstil, und Menschen, die mit diesem Stil leben, sind oft überrascht zu erfahren, daß sie sich nicht normal verhalten.

Auch sind die meisten Menschen völlig blind für die Wirkung ihrer projektiven Identifikationen auf andere. Sie merken nicht, daß die Menschen, mit denen sie interagieren, mit starken Gefühlen auf ihr manipulatives und einengendes Verhalten reagieren. Vielleicht geben sie zu, daß sich andere im Kontakt mit ihnen frustriert zeigen und gelegentlich zurückziehen, doch sie sind sich nie wirklich sicher, warum das so ist. Für sie ist das emotionale Verhalten anderer oft rätselhaft.

Ein wichtiges Ziel der vierten und letzten Behandlungsphase ist es, den Patienten zu zeigen, wie sie von anderen wahrgenommen werden. Sie müssen ganz direkt und unmittelbar erfahren, wie ihre interpersonalen Manipulationen auf andere wirken. Dazu dient das Feedback darüber, wie man sich als Empfänger ihrer projektiven Manipulationen erlebt. Auf diese Weise verschafft man ihnen eine »aufbereitete Version« der projektiven Identifikation, so daß sie assimiliert (reinternalisiert) und dazu benutzt werden kann, innere Selbst-Objekt-Beziehungen zu verändern (*Ogden* 1982, S. 17).

Um die therapeutische Wirkung dieses »aufbereiteten« Feedback zu maximieren, muß der Therapeut es auf einer persönlichen Ebene halten, ohne lange, hypothetische Erklärungen, wie Ehepartner, Kollegen und Kinder des Patienten diesen wahrscheinlich wahrnehmen oder auf ihn reagieren. Statt dessen nutzt der Therapeut seine eigenen Erfahrungen mit dem Patienten für sein Feedback.

In dieser Therapiephase sage ich Patienten mit projektiven Identifikationen der Abhängigkeit, wie ihre ständigen Bitten um Rat und Anweisungen bei mir Gefühle von Frustration und Belästigung hervorrufen: Ich fühle mich nicht als beschützend und fürsorglich, sondern ausgenutzt. Ich machte Beth darauf aufmerksam und zählte die vielen Situationen auf, in denen ich mich so gefühlt hatte, z. B. wie sie aus dem Therapiezimmer gehen wollte und mich praktisch um Erlaubnis dazu bat.

In ähnlicher Weise sage ich Patienten, die früher Suizidabsichten geäußert hatten, daß mich diese Drohungen in Schrecken versetzt hätten; daß ich sie am liebsten fortgeschickt hätte, um die Verantwortung dafür zu vermeiden, was sie tun könnten; daß ich den Impuls hatte, sie an einen Psychiater zu überweisen, der sie medikamentös behandeln oder vielleicht in eine Klinik überweisen würde; oder daß alles, was ich an Fürsorge und Mitgefühl für sie hatte, von dem Bedürfnis überschattet wurde, einen Abstand zwischen mir und ihnen herzustellen.

Wieder sehen wir, wie die Gegenübertragung als therapeutisches Instrument genutzt wird, diesmal für das Feedback. Zu Beginn der Behandlung wurde sie als diagnostisches Hilfsmittel eingesetzt, um die projektiven Identifikationen zu erkennen. Später diente sie dazu, die Metakommunikation herauszustellen, und jetzt, dem Patienten die Wirkung seines Verhaltens auf andere aufzuzeigen.

Zwar ist das Feedback an den Patienten großenteils auf Ereignisse in früheren Phasen bezogen, aber auch auf das gegenwärtige Geschehen. Die Verhaltensweisen, die die projektive Identifikation des Patienten ausmachen, verschwinden nicht über Nacht. Abhängige Patienten haben oft etwas Flehendes oder Jammerndes in ihrer Stimme, und ihr Gesicht hat einen schmerzvollen Ausdruck, wenn sie um Hilfe bitten. Patienten mit projektiven Identifikationen von Macht sind andauernd kritisch und machen anmaßende Bemerkungen. Ihre Äußerungen haben oft etwas Herausforderndes, dessen sie sich selbst kaum bewußt sind. Und Patienten mit sexuellen projektiven Identifikationen geben vielem, was sie sagen und tun, eine erotische Färbung.

In all diesen Fällen spreche ich lediglich an, was gerade geschieht, wie z. B.: »Wenn Sie mich etwas fragen, hat Ihre Stimme immer etwas Flehendes.« Vielleicht füge ich hinzu, daß ich dann immer das Gefühl habe, er bzw. sie würde zusammenbrechen, wenn ich nicht mit der richtigen Antwort komme. Wichtiger noch, ich mache deutlich, daß ich dabei ein ungutes Gefühl habe und daß dadurch zwischen uns Distanz entsteht, ferner daß ich mich nicht als Versager fühlen möchte, wenn die Dinge durch meinen Rat nicht besser werden.

Entsprechend weise ich Patienten mit sexuellen projektiven Identifikationen auf die erotischen Konnotationen dessen hin, was sie gerade gesagt oder getan haben. Einer Patientin, die ich mit ihrer projektiven Identifikation von Sexualität konfrontiert hatte und die weiter aufreizende Körperhaltungen einnahm, sagte ich, daß ihr Verhalten mich anmache und bei mir das Gefühl entstehen lasse, sie »lebe zwischen ihren Beinen«. Ich machte ihr deutlich, wie sie ihren Rock hochzog, kokett die Augen niederschlug, während sie zweideutige Bemerkungen machte, usw.

Anstatt sich über meine Äußerungen aufzuregen, reagierte sie sehr interessiert und wollte mehr erfahren, so als hätte ich einen Teil von ihr aufgedeckt, dessen sie sich kaum bewußt gewesen war. Patienten reagieren fast immer positiv auf solche Rückmeldungen, besonders in dieser Behandlungsphase. Obwohl die Patientin sagte, es gebe ihr ein besseres Selbstgefühl, sich »sexy zu verhalten«, hatte sie doch keine Vorstellung, wie sehr ihre sexuellen Beziehungsmuster einen Einfluß darauf hatten, wie andere auf sie reagierten.

Während die projektive Identifikation in den Hintergrund tritt, können ihre verbliebenen Spuren in einem entspannteren und sorgloseren Klima angesprochen werden. Die oben beschriebene Patientin hatte es sich zur Gewohnheit gemacht, in eleganter, aber freizügiger Kleidung zur Therapie zu erscheinen. Das änderte sich etwas, als die metakommunikativen Aspekte ihres Verhaltens angesprochen worden waren, obwohl sie sich weiterhin sehr modisch kleidete. In einer Sitzung war ich jedoch etwas verblüfft, als sie in einer sackartig hängenden Hose und einer drapierten, etwas formlosen Bluse erschien. Dies war eine ziemlich dramatische Wende. Als ich scherzhaft bemerkte: »Bald werden Sie wie ein Mann aussehen,« lachte sie und erwiderte: »Ich tue es zu Ihrem eigenen Schutz.«

Neben dem rein informativen Wert von Rückmeldungen bedeuten sie eine wichtige Veränderung in der therapeutischen Beziehung. Das Feedback, aus der Gegenübertragung entstanden, ist eine Art Geschenk, ein Teil des Therapeuten, den dieser dem Patienten gibt. Während bis dahin nur der Therapeut »die Gegenübertragung nutzen« konnte, kann jetzt auch der Patient von ihr profitieren. Dadurch daß jemand bereit ist, seine persönliche Erfahrung mit einem anderen Menschen zu teilen, und daß diese als Angebot und nicht als Anklage übermittelt wird, kann der Patient erleben, wie es ist, mit einem anderen Menschen in einer offenen Beziehung zu sein.

Diese Beziehung ist von ganz anderer Art als die früheren Beziehungen des Patienten. Vielleicht zum erstenmal in seinem Leben macht er die Erfahrung, im Kontakt mit einem anderen Menschen sich nicht defensiv verhalten oder zu Manipulationen greifen zu müssen. Vielleicht erfährt er zum erstenmal, was es heißt, einen Freund im eigentlichen Sinne zu haben (*Schofield* 1964, S. 109).

In dem Film *Ordinary People* gibt es eine Szene, in der der Hauptdarsteller, Conrad, seinen Therapeuten fragt: »Sind Sie mein Freund?« Zu dieser Szene kommt es gegen Ende der Therapie, nachdem Conrad eine Reihe schmerzhafter, aber wirksamer Konfrontationen durchgestanden hat. Sein Therapeut, Dr. Berger, antwortet »Ja« und umarmt den Jungen. Kurze Zeit darauf gelingt es den beiden herauszufinden, welche Umstände beim Tod von Conrads Bruder eine Rolle spielten. Wie Conrad können Patienten, die diesen Punkt in der Objektbeziehungstherapie erreichen, sich in einer Beziehung erleben, in der Offenheit und Selbstenthüllung nicht Gefahr und mögliche Zurückweisung implizieren.

In der Objektbeziehungstherapie beginnt damit zugleich ein Verinnerlichungsprozeß, der in vieler Hinsicht als Gegengewicht gegen die Macht der projektiven Identifikation wirkt. Indem der Patient den Therapeuten aus dem Schraubstock der projektiven Identifikation »befreit«, erhält dieser die Merkmale eines »guten Objekts«. Er ist keine veränderte Version der schlechten Mutter mehr, der die schmerzhaften inneren Szenarien der frühen Kindheit umschreiben soll. Stattdessen wird der Therapeut für den Patienten ein eigenständiges, wichtiges, positives Introjekt.

Die Tiefe dieser Erfahrung läßt sich nur schwer zum Ausdruck bringen, ohne gefühlsselig oder sentimental zu werden. Aber für Patienten ist sie sehr bedeutsam, sie beschreiben sie als »befreiend« und sogar als erheiternd, — als sei ihnen ein Mühlstein vom Hals genommen worden. Sie fangen an, ihre Beziehungen in einem anderen Licht zu sehen, und sehen Möglichkeiten, an die sie bisher nie gedacht hatten.

Deutung

Wie bereits gesagt, spielen Deutungen in der Objektbeziehungstherapie keine größere Rolle (vgl. S. 156 f.). Das heißt jedoch nicht, daß sie gar keinen Platz im Behandlungsprozeß hätten, sondern daß wegen der Hervorhebung der projektiven Identifikationen und ihrer Veränderung Konfrontationen und andere reaktive Techniken als therapeutische Interventionen bevorzugt werden. Auch wenn der Therapeut deutet und Informationen vermittelt, ist doch die Umstrukturierung der Beziehung für eine dauerhafte Veränderung entscheidend.

Daß die Objektbeziehungstherapie den Schwerpunkt auf die Umstrukturierung von Beziehungen im Gegensatz zu einer kognitiven Umstrukturierung legt, ist in der Objektbeziehungstheorie begründet, die sich auf Ereignisse im vorsprachlichen Bereich konzentriert. Spaltungen und die Entwicklung von Selbst-Objekt-Repräsentanzen entstehen so früh, daß sie sprachlich nicht kodiert sind. Die Bedeutung dessen zu erkennen, was sich sehr früh in seinem Leben zugetragen hat, ist sehr schwer, da die Werkzeuge dieser Einsicht, d. h. Worte, damals noch nicht verfügbar waren.

Daraus ergibt sich ein Paradox: Wie kann man Ereignisse erforschen, die sprachlich nicht zugänglich sind, die sich zugetragen haben, bevor die sprachlichen Grundlagen des Gedächtnisses angelegt waren? Man könnte einfach anerkennen, daß sehr früh im Leben etwas Pathogenes geschehen ist. Auch wenn die genauen Umstände vielleicht nie ermittelt werden können, läßt sich allein die Tatsache erfassen, *daß* sie geschehen ist. Das kann an sich schon therapeutisch sein.

Mit dieser Einschränkung kann man dennoch spätere Interaktionen mit wichtigen Personen im Leben des Patienten untersuchen, indem man sie als Folgen der frühen pathogenen Interaktionen betrachtet. Auch wenn Jahre vergehen und Beziehungen wechseln, bleiben sich pathologische Beziehungen doch im Innersten gleich. Die Frau, die ihren Einjährigen zum Masturbieren benutzte, sah in ihm sieben Jahre später immer noch einen Penis. Und wer mit einem sechs Monate alten Kind eine abhängige Objektbeziehung herstellt, wird diesem Kind auch dann mit größter Wahrscheinlichkeit Hilflosigkeit beibringen, wenn es sechs Jahre alt ist. So kann man an den Kern der pathogenen Objektbeziehungen des Patienten herankommen, ohne sich in die nicht wiedergutzumachenden Ereignisse der frühen Kindheit vertiefen zu müssen.

Wie unterscheiden sich Deutungen in der Objektbeziehungstherapie von Deutungen in traditionelleren Verfahren? Die Antwort hängt damit zusammen, welche Themen vorwiegend behandelt werden: Traditionellere Verfahren, die eher ödipal ausgerichtet sind, konzentrieren sich auf Inhalte, die mit elterlicher Dominanz, Eltern-Kind-Rivalitäten und der Abfuhr von libidinösen Spannungen zu tun haben. In der Objektbeziehungstherapie haben die wichtigen Themen eher mit drohender Verlassenheit, Zurückweisung und »guten« und »bösen« Verinnerlichungen zu tun.

Ogden verdeutlicht das Voranstehende in seiner Beschreibung einer Therapie mit einer Patientin, die einige unbefriedigende Beziehungen mit

Männern hinter sich hatte (1982, S. 91-102). Die Patientin, Miss R., kam in Therapie, als sie nach der Trennung von ihrem letzten Freund das Gefühl hatte, das Leben sei »unerträglich« geworden. Sie hatte eine sehr intensive und abhängige Beziehung zu ihm gehabt, und es geschah nun zum viertenmal innerhalb von zwölf Jahren, daß eine enge Beziehung als Trümmerhaufen endete. Während der Behandlung stellte sich heraus, daß die Beziehungen zu Männern bei der Patientin gewöhnlich das Gefühl hinterließen, gequält, verwirrt und gedemütigt zu sein, was auch in der Interaktion mit dem Therapeuten in Erscheinung trat: Sie tat Dinge, die den Therapeuten offenbar zum Angriff reizen sollten. Als er sie darauf aufmerksam machte, reagierte sie sehr kühl und abweisend; es war fast, als wäre sie nicht mehr im Raum. Diese Reaktionen konnten schließlich mit dem Quälen und Gequält-Werden in der Beziehung zu ihrer Mutter in Verbindung gebracht werden, einer starken, zornerfüllten Frau, die ihre Tochter ständig herabsetzte und erbarmungslos angriff. In der Erinnerung der Patientin bestand ihre Kindheit aus einem »Schwall verbaler Angriffe durch eine Mutter, deren Gehässigkeit mit jedem Angriff zuzunehmen anstatt nachzulassen schien.« Ihre Mutter erklärte ihr, sie sei unverbesserlich dumm, überhaupt nicht liebenswert und überaus häßlich.

In einer besonders intensiven Sitzung machte der Therapeut folgende Deutung: »Sie müssen sich verzweifelt bemüht haben, ein Kind zu sein, das Ihre Mutter verachten und quälen konnte, denn wenn Sie nicht so waren, müssen Sie Angst gehabt haben, für ihre Mutter gar nicht mehr zu existieren« (S. 99). Mit dieser Deutung berührte er eine Beziehungsdynamik der Patientin, die ihrem Gefühl des Gut- und Schlecht-Seins zugrundelag.

Eine ähnliche Deutung in meiner Arbeit mit Pam konzentrierte sich auf die Beziehung zu ihrem Vater. Einige Zeit nach dem regnerischen Abend, an dem Pam mehrmals vor meiner Praxis wieder umgekehrt war, befaßten wir uns mit ihrer Ängstlichkeit und der Bedeutung von sexuellen Gefühlen dabei und untersuchten, welche Rolle Sexualität allgemein in ihren Beziehungen zu Männern spielte und auch zu ihrem Vater, der sie ständig mit obszönen Geschichten konfrontiert hatte.

In einem Gespräch habe ich ihr gesagt: »Ihr Gefühl, ich würde Sie nur aus sexuellen Gründen schätzen, scheint sich nicht allzusehr von dem Gefühl zu unterscheiden, mit dem Sie ein Interesse an den schmutzigen Geschichten Ihres Vaters heucheln.« Pam reagierte darauf mit Traurigkeit, stimmte aber zu. Wir untersuchten dann weitere Episoden mit ihrem Vater, bei denen es um ihre körperliche Attraktivität ging, und dabei wurde ihr deutlich, daß sie ihr Selbstwertgefühl fast ausschließlich aus der sexuellen Befriedigung bezog, die sie anderen gab.

Je genauer wir die Interaktionen zwischen Vater und Tochter untersuchten, desto deutlicher wurde, daß die Bedürfnisse des Vaters und nicht Pams Phantasien die treibende Kraft in der Beziehung waren. Es ging hier also nicht um das ödipale (bzw. aus dem »Elektrakomplex« abgeleitete) Verlangen eines Mädchens, das zur Verdrängung libidinöser Triebregungen geführt hätte, sondern um seinen »beziehungsmäßigen Mißbrauch« durch den Vater, der ihr beigebracht hatte, daß sie nur wegen ihres Aussehens geschätzt werde. Hierauf und auf die Folgen für Pams Selbstwertgefühl konzentrierten sich die Deutungen in dieser Phase der Behandlung.

Auch wenn Deutungen in der Objektbeziehungstherapie keine große Rolle spielen, können sie dem Patienten doch dabei helfen, ein Selbstgefühl in die Interaktion mit anderen zu übersetzen. In gewisser Hinsicht ist dies eine Umkehrung des Entwicklungsprozesses, in dem Interaktionen mit anderen in ein Selbstgefühl umgewandelt wurden. Dadurch kann der Patient sich das Gefühl, gut oder schlecht zu sein, als gute oder schlechte Erfahrung mit bestimmten Personen erklären. Dies bildet schließlich die Grundlage für das »Loslassen«.

Loslassen

Um die Behandlung erfolgreich zu beenden, müssen Patienten von pathologischen Objektbeziehungen loslassen können; genauer gesagt, sie müssen sich von Gestalten aus der Vergangenheit befreien können, zu denen sich pathologische Bindungen entwickelt haben. Das war bislang nicht möglich, weil die Gestalten, die zur Bildung des »schlechten Selbst« beigetragen haben, dieselben sind, die für die vorhandenen Gefühle des Gut-Seins (Erwünschtheit) verantwortlich sind. »Loslassen« bedeutet also, gute ebenso wie schlechte Teile des Selbst aufzugeben.

Damit der Patient eine wichtige Objektbeziehung loslassen kann, muß ein Ersatzobjekt an ihre Stelle treten. Im Leben des Patienten gab es die meiste Zeit kein solches Objekt. Kein inneres Objekt hat mitgeteilt: »Du bist gut; du bist wertvoll; andere schätzen dich.« Wann immer eine Beziehung entstanden ist, die diese Möglichkeit enthielt, wurde sie durch die verfälschende Wirkung der projektiven Identifikation des Patienten zerstört. Es gab daher keine dauerhafte Beziehung, in der sich der Patient außer für seine Fähigkeit, die Bedürfnisse eines anderen zu erfüllen, geliebt und akzeptiert fühlen konnte.

Das ändert sich in der Therapie grundlegend: durch die Beziehung zum Therapeuten. In der Objektbeziehungstherapie hilft der Therapeut dem Patienten nicht nur, mit seinen inneren Objekten umzugehen, sondern *er wird selbst zu einem dieser Objekte*. Indem er es zuläßt, daß er zu einem Teil der projektiven Phantasie des Patienten wird, und das Ergebnis des sich entwickelnden Beziehungsszenariums neu gestaltet, wird er zu einer einflußreichen neuen Gestalt in der Innenwelt des Patienten. Der Therapeut wirkt somit als innere Gegenkraft, die es dem Patienten möglich macht, die bis dahin existierenden destruktiven Objektbeziehungen zu bekämpfen und schließlich loszulassen.

Im Grunde geben Patienten ihre inneren Objekte niemals völlig auf. Miss R's Mutter und Pams Vater sind ein Teil von ihnen und werden es bis zu ihrem Tod bleiben. Doch die Verinnerlichung des Therapeuten und die dadurch entstehende Sicherheit ermöglichen dem Patienten, Teile von frühen Objekten zu erleben, die zuvor abgespalten waren. Innere Objekte, die früher als vollkommen gut *oder* vollkommen schlecht erlebt worden waren, werden jetzt als gut *und* schlecht erlebt. Wovon sich der Patient lösen muß, ist die eingeschränkte Sichtweise, die von stark polarisierten inneren Repräsentanzen genährt wurde.

Was bedeutet es »loszulassen«? Es bedeutet zu verzeihen. Es bedeutet, daß wir unsere inneren Objekte als fehlbar erleben und ihnen ihre Unzulänglichkeiten verzeihen können. Der Patient muß seine frühen Betreuer als fehlerhafte Menschen wahrnehmen, die wegen ihrer eigenen Unzulänglichkeiten unfähig waren, zu dem Patienten eine nichtmanipulative Beziehung herzustellen (*Hope* 1987). Wenn der Patient seinen inneren Objekten nicht verzeiht, wird es für ihn unmöglich sein, sich selbst zu verzeihen.

Heutzutage achten Therapeuten zunehmend auf die Bedeutung des Verzeihens für die Befreiung von verbliebenen Gefühlen der Bitterkeit. Nach der Auffassung von *Johnson* (1985) ist »der letzte notwendige Schritt [in der Therapie] das *Verzeihen*: das Verzeihen des bereits Geschehenen, das Verzeihen dessen, was gerade geschieht, das Verzeihen dessen, was vielleicht noch geschehen wird« (S. 298). Der Therapeut muß den Patienten in diese Richtung weisen, so daß er gegen Ende der vierten Therapiephase in der Lage ist, frühe Objekte freizusprechen. Er muß ihnen nicht verzeihen, was sie getan haben, sondern vielmehr ihr Unvermögen, zu erkennen, welches verheerende psychische Vermächtnis ihr Tun hinterlassen hat.

Am Ende ihrer Therapie konnte Pam ihre Bitterkeit überwinden und ihren Vater als den etwas beschränkten Menschen sehen, der er war. Als wir über ihre Beziehung sprachen, konnte sie erkennen, daß er Pam nicht nur eine solche Beziehung, auf die sie Anspruch hatte, sondern in vieler Hinsicht auch sich selbst vorenthalten hat. Mit mir als innerem Verbündeten konnte Pam schließlich dem »schlechten Vater« in sich entgegentreten und Nein zu ihm sagen. Am Ende der Therapie hatte Pam einen »anderen« Vater. Sie trauerte um das, was sie verloren hatte, aber sie konnte ihm verzeihen, daß er so war, wie er war.

Verzeihen ist nicht immer leicht. Oft müssen ihm Wut und andere mächtige Gefühle vorausgehen, die über Jahre gespeichert worden sind. Ein anschauliches Beispiel dafür aus einer von mir und einer Cotherapeutin, Ruth, geleiteten Gruppentherapie: Die Gruppe, die sich mit Beziehungsproblemen im Zusammenhang mit Scheidung und Trennung befaßte, bestand aus sechs Frauen. Eine Teilnehmerin, eine etwas depressive Frau Anfang Zwanzig, hatte sich gerade nach etwas mehr als einem Jahr Ehe von ihrem Mann getrennt. Obwohl sie anfänglich schüchtern und etwas zurückgezogen war, verriet Celia, der Grund für die Trennung sei, daß sie und ihr Mann sich auseinandergelebt hätten, und sie fühle sich dafür verantwortlich. Aus irgendwelchen unfaßbaren Gründen sei sie ihm gegenüber immer kühler und distanzierter geworden. Außerdem sei ihr das sexuelle Zusammensein unangenehm, ja sogar zuwider geworden, und schließlich hätten beide beschlossen, sich zu trennen.

Als die Gruppe zusammenzuwachsen begann und die Teilnehmer miteinander vertrauter wurden, wurde deutlich, daß sich früh im Leben Celias etwas Traumatisches ereignet haben mußte. Es war schwer, sie dazu zu bringen, über ihre Kindheit zu sprechen. Tat sie es, so zeichnete sie ein unklares Bild, insbesondere von ihrem Vater, der als verschwommene und schattenhafte Gestalt erschien. Außerdem reagierte sie seltsam auf mich. Zeitweise schien sie sehr fügsam zu sein, so daß man den Eindruck hatte, sie wolle von mir als »gutes, kleines Mädchen« gesehen werden. Dann wieder gab sie mir das Gefühl, ich würde sie mit meinen Fragen persönlich verletzen.

Nach einiger Zeit begann Celia, von einem Vorfall zu sprechen, als sie acht oder neun Jahre alt war. Es betraf ihren Vater, der ihr einen gewaltigen Schreck versetzt hatte. Darüber zu sprechen, fiel ihr ungemein schwer. Da ich den Eindruck hatte, daß wahrscheinlich Inzest eine Rolle spielte und daß sie sich damit auseinandersetzen müsse, ermunterte ich sie, der Gruppe davon zu erzählen.

Celia begann zu erzählen, wie sie eines Abends ins Bett ging, nach einer Weile aufwachte und ihren Vater neben ihrem Bett stehen sah. Ich forderte sie auf weiterzuerzählen:

Celia: Er setzte sich auf mein Bett und strich mir über das Haar.

Therapeut: Und dann...

Celia: Er sagte, daß er mich liebhat.

Therapeut: Und Sie haben gesagt, daß Sie ihn auch liebhaben.

Celia: Mm hm.

Therapeut: Und was tat er dann?

Celia (nach langem Zögern): Er schob seine Hand unter mein Nachthemd.

Therapeut: Und...

Celia (nach weiterem Zögern): Er legte seine Hand zwischen meine Beine.

Therapeut: Und...

Celia: Und er hat Sachen mit mir gemacht (weint).

Therapeut: Und das tat er mehr als einmal.

Celia: (nickt)

Therapeut: Und immer wieder.

Celia: Ja.

Eine lange Pause entstand, und dann sagte ich: »Und Sie waren die kleine Lolita, die ihn dazu verleitet hat.«

Einen Augenblick herrschte Stille. Dann war in dem Raum die Hölle los. Celia begann, hysterisch zu schreien: »Das habe ich nicht gewollt! Das habe ich nicht gewollt!« Sie schluchzte und schrie aus vollem Hals und wiederholte dabei immer wieder denselben Satz. Die Gruppenmitglieder, die zunächst geschockt waren, fingen an, mich zu beschimpfen und zu verurteilen. Mehrere Frauen standen von ihren Plätzen auf, um Celia zu trösten und zu beruhigen. Ich bedeutete ihnen, sie in Ruhe zu lassen; sie müsse sich mit dem, was geschehen war, und mit der damit verbundenen Schuld auseinandersetzen. Ich ließ sie sogar ihre Hände wieder von Celias Schultern nehmen, was die Frauen nur noch mehr aufbrachte. Zum Glück war Ruth dabei. Und vielleicht war es ein noch viel größeres Glück, daß sie eine Frau war. Sie forderte die Gruppe auf, sich im Hintergrund zu halten und Celia durch das gehen zu lassen, worin sie gerade steckte. Ich bin überzeugt, daß ihre Anwesenheit den Tag gerettet hat.

Die darauffolgenden 15 Minuten waren vielleicht die längsten meines ganzen Therapeutendaseins. Ich fühlte mich, als wäre ich bei Celia zu weit gegangen. Sie konnte kaum aufhören zu schluchzen und rang verzweifelt nach Luft. Schließlich begann sie sich zu beruhigen und schilderte ausführlich, wie sie mit ihrem furchtbaren Geheimnis gelebt hatte und sich für das, was geschehen war, verantwortlich gefühlt hatte.

Nachdem sich die Situation beruhigt hatte, wandten sich die Gruppenmitglieder der Schuldfrage zu. Währenddessen begannen sich bei Celia die Wut und die Niedergeschlagenheit zu zeigen, die sie seit Jahren gespeichert hatte. Dabei erkannte sie allmählich, daß ihre Liebe zu ihrem Vater so groß war, daß sie nicht glauben konnte, er trage die Schuld an dem Geschehen. Aus Liebe zu ihm schloß sie, sie müsse ihn irgendwie dazu verleitet haben.

Die Gruppenmitglieder unterstützten Celia weiterhin und halfen ihr, an die mit ihrem Trauma verbundene Wut heranzukommen. Als sich die Gruppe auflöste, dankte Celia mir und den anderen Teilnehmern dafür, daß wir ihr dabei geholfen hatten, sich mit dem auseinanderzusetzen, was mit ihr als Kind geschehen war, und sie meinte, sie wolle mit Einzeltherapie weitermachen. Ich weiß nicht, ob sie das Vorhaben realisiert hat und ob sie ihrem Vater hat verzeihen können. Vielleicht ist es in solchen Fällen zuviel, Verzeihung zu erwarten, doch sollte zumindest die Möglichkeit untersucht werden. Sonst können Beziehungen mit mißbrauchenden inneren Objekten, auch wenn sie erkannt werden, leicht als Selbstbestrafung (Schuld) und Selbsthaß erlebt werden.

Doch vielleicht ist ein Verzeihen für manche Patienten unmöglich. Roy, der schwarze Junge, der an Pica litt und von seinen Eltern verlassen worden war, hatte sich ein ideales Bild von ihnen geschaffen, das praktisch unerschütterlich war. Roy nahm an, sein Vater sei ein Prediger, der durch das Land reise und das Wort Gottes verkünde; seine Mutter sei eine Gospelsängerin und begleite ihn bei seiner Mission, und sie würden ihn nicht besuchen, weil sie so sehr damit beschäftigt seien, das Wort Gottes zu predigen. Da es mir nicht gelang, Roys Bild nennenswert zu beeinflussen, kam ich schließlich zu dem Schluß, daß es vielleicht klüger war, es so stehenzulassen, denn von einem Zehnjährigen wäre es sicher zu viel verlangt zu verzeihen.

Wo Objekten aus der Vergangenheit verziehen werden kann, stärkt dies die beziehungsfördernden Erfahrungen, die in den vorausgegangenen Phasen in Gang gebracht worden sind. Daß der Therapeut den Patienten angesichts seiner projektiver Angriffe akzeptiert, ist an sich schon eine Art des Verzeihens. Unter optimalen Umständen wird dies als Sich-Selbst-Verzeihen verinnerlicht. Das wird verstärkt, wenn Objekten aus der Vergangenheit verziehen wird, ist jedoch für einen erfolgreichen Abschluß der Therapie nicht unbedingt notwendig.

Trennung

Eine Trennung ist in jedem Fall ein schwieriger Prozeß. Sie ist besonders schwierig in einer Therapie, bei der die Beziehung zum Therapeuten der zentrale Bestandteil ist. Daraus folgt, daß die Loslösung des Patienten vom Therapeuten als wichtiger Bestandteil der therapeutischen Erfahrung zu sehen ist und nicht als etwas, das am Ende der Behandlung einfach angehängt wird.

Zum Akt der Trennung gehören mehr als ein Händeschütteln und gute Wünsche für den Patienten. Er stellt den Höhepunkt eines wichtigen Verinnerlichungsprozesses dar, der mit der Einverleibung des Therapeuten durch den Patienten in Form einer projektiven Phantasie beginnt und damit endet, daß der Patient die Fähigkeit zum Verzeihen entwickelt. Im Verlauf der Therapie wird der Therapeut der inneren Welt des Patienten einverleibt und als wichtiges Objekt in das Selbst des Patienten integriert.

Dieser Vorgang spiegelt in mancher Hinsicht frühere Interaktionen, in denen ebenfalls wichtige Beziehungen mit anderen in ein Selbstgefühl verwandelt worden sind. Ein Patient, ein Steuerberater Mitte Dreißig, der in sozialen Situationen gewöhnlich zunächst mit starker Angst und dann depressiv reagierte, weil er sich als »Versager« ansah, beschrieb mir mit folgenden Worten, wie er diesen Prozeß erlebte:

»Am Anfang der Therapie war ich immer ganz durcheinander und wußte nicht, wie ich reagieren sollte, wenn andere etwas an mir auszusetzen hatten. Aber auch wenn sie nett zu mir waren, wußte ich nicht, wie ich mich verhalten sollte. Ich fragte mich dann: »Was soll ich sagen?« oder »Was soll ich tun?« Doch welche Entscheidung ich auch traf, immer hatte ich das Gefühl, mich falsch entschieden zu haben. Irgendwann in der Mitte der Therapie hörte ich mich fragen: »Was würden Sie [der Therapeut] in dieser Situation tun?« Und dann redete ich in meinem Kopf mit Ihnen darüber. Gegen Ende der Therapie habe ich bemerkt, daß sich das geändert hat. Jetzt stelle ich mir einfach die Frage: »Wie gehe ich am besten damit um?« und tue eben das, was mir als richtig erscheint.«

Die Weiterentwicklung von einem inneren Dialog mit dem Therapeuten zu einem inneren Dialog mit sich selbst (»Jetzt stelle ich mir einfach die Frage«) zeigt die Weiterentwicklung von der Interaktion mit inneren Objekten zur Interaktion mit dem Selbst, die im 2. Kapitel beschrieben wurde. Aber es geht nicht lediglich darum, daß der Therapeut verinnerlicht wird, sondern daß er als »gutes Objekt« verinnerlicht wird. Während der Behandlung wird der Therapeut, mit den Worten von *Kohut*, »innerlich umgewandelt« in eine Quelle von Wertgefühl und Selbstachtung. Das zunehmende Selbstwertgefühl bildet die Grundlage für die Umstrukturierung, die der Patient in seiner Innenwelt und in Beziehungen zur äußeren Welt vornimmt. Ein gestärktes Selbst, gekräftigt durch die Einverleibung eines guten inneren Objekts, ist das Mittel, durch das die Objektbeziehungstherapie in die Welt im Großen »hineingetragen« wird.

Während der Therapeut mehr und mehr zu einem Teil der Innenwelt des Patienten wird, ist der Patient immer weniger auf die physische Gegenwart des Therapeuten angewiesen, um sich sicher fühlen zu können. Man könnte sagen, daß der Therapeut als eine Art Übergangsobjekt fungiert hat. Wie das kleine Kind ein Übergangsobjekt braucht, das ihm Trost und Sicherheit spendet, bis es die Mutter physisch und wahrnehmungsmäßig loslassen kann, so braucht der Patient den Therapeuten, um den Übergang zwischen dem Loslassen schlechter Objekte und der Verinnerlichung guter Objekte zu erleichtern. Doch wird der Therapeut nicht wie ein Übergangsobjekt in eine dunkle Schrankecke oder in eine Kiste in einer muffigen Bodenkammer abgeschoben, sondern auch nach der Trennung bleibt er ein Teil der inneren Welt des Patienten.

Damit die Trennung von dem Patienten nicht als katastrophaler Verlust oder als Verlassenwerden erlebt wird, muß der Therapeut den Patienten an die Trennungserfahrung heranführen, indem er die mit der Beendigung verbundenen Gefühle und Gedanken explizit macht. Er muß dem Patienten ermöglchen, über seine Befürchtungen und seine Traurigkeit ebenso wie über seine Freude zu sprechen. Da beides dazugehört, kann die Trennung für den Patienten zu einem bedeutsamen zwischenmenschlichen Geschehen in seinem Leben werden.

Damit das gelingt, muß der Therapeut eingestehen, daß auch für ihn die Trennung mit Gefühlen verbunden ist: Das Ende der Therapie ist nicht nur für den Patienten ein trauriges Ereignis, denn wenn der Therapeut wirklich »bei dem Patienten« war, wie die Objektbeziehungstherapie es als notwendig erachtet, hat auch er ein Gefühl von Verlust. Ich halte es für sehr wichtig, Patienten etwas davon mitzuteilen, und tue das in fast allen Fällen; ich sage z. B., ich würde mich freuen, daß sie diesen Punkt in ihrem Leben erreicht haben, und sei traurig, weil sie nicht länger ein Teil meines Lebens sind.

Die tiefen Gefühle, die oft das Ende einer Therapie begleiten, lassen sich nur schwer erfassen. Therapeuten vermeiden es gewöhnlich, über den Verlust und die Leere zu reden, die sie nach der Trennung von Patienten empfinden, mit denen sie lange Zeit gearbeitet und auf die sie viel emotionale Energie verwendet haben; denn es erscheint ihnen fast als unprofessionell. Wahrscheinlich aber rühren derartige Gefühle an eigene frühe Verlust- oder Trennungserfahrungen (*Beitman* 1987, S. 264). Das Eingestehen solcher Gefühle kann zu Trennungserfahrungen führen, die zum Persönlichkeitswachstum des Patienten wie auch des Therapeuten beitragen.

Nach diesen Überlegungen möchte ich noch einmal dahin zurückkehren, wo ich begonnen habe — zu meiner Arbeit mit Roy und den Bildern, die er während der Therapie gemalt hat (siehe Kapitel 2). Es sei daran erinnert, daß auf einem seiner letzten Bilder mehrere Raumschiffe beim Abflug vom Mond dargestellt waren; außerdem war auf dem Bild eine kleine Gestalt zu erkennen, die auf dem Mond abgesetzt worden war. Roy malte das Bild, kurz nachdem er erfahren hatte, daß ich die Einrichtung verlassen würde. Die Sitzungen, die nach diesem Bild folgten, waren stürmisch, um es milde auszudrücken, mit heftigen Wutausbrüchen und Rückzugsphasen. Mehrmals weigerte sich Roy, zur Therapie zu kommen, und ich mußte ihn auf der Station abholen. Es war völlig klar, daß er das Gefühl hatte, ich würde ihn verlassen, weil er schlecht sei. Mein Weggehen bedeutete für ihn, daß ich ihn aufgab — der unumstößliche Beweis, daß man ihn nicht lieben konnte.

Es brauchte eine Weile, bis wir darüber hinweggekommen waren und bis Roy mir seine Gefühle von Trauer und Verlust mitteilen konnte. Ich hatte selbst ähnliche Gefühle, die ich ihm zu erkennen gab. Obwohl ich zugegebenermaßen ein schlechtes Gefühl dabei hatte, ihn verlassen zu müssen (ich glaube, ich habe es noch immer), bekam unsere Beziehung langsam eine andere Qualität. Dies zeigt sich in dem letzten Bild, das Roy malte (vgl. Abb. 4): Roy fährt zusammen mit mir auf einem Schiff. Ich

Abbildung 4

stehe neben ihm auf dem Deck (damals rauchte ich und trug eine Hornbrille). Die See ist friedlich, und die Szene strahlt Ruhe, wenn nicht sogar Optimismus aus. Mit etwas Vorstellungskraft kann man sie in ihren ursprünglich Farben sehen. Die Sonne, die hinter den Wolken zum Vorschein kommt, ist leuchtend gelb, und die See ist azurblau.

Wie das erste Bild von Roy (vgl. Abb. 1, S. 50) zeigt auch dieses die offene See. In ihrer emotionalen Färbung unterscheiden sich die beiden jedoch beträchtlich. Auf dem ersten Bild waren Flugzeuge und U-Boote zu sehen, die ein Schiff angriffen und versuchten, es zu versenken. Es war ein Bild des Chaos und des drohenden Untergangs. Dies dagegen ist ein Bild der Ruhe und Integration. Hier fliegen die Dinge nicht auseinander, sondern kommen zusammen.

Die erfreulichste Seite von Roys Zeichnung zeigte sich, als wir über das Werk sprachen. Als ich Roy bat, mir etwas über das Bild zu erzählen, sagte er, es zeige uns beide beim Segeln. Dann fragte ich nach den beiden kleinen Gestalten in dem Boot neben dem Schiff, wer sie seien. Er überlegte kurz und antwortete dann: »Das sind andere kleine Kinder, die Hilfe suchen.« Daß Roy mich außerhalb unserer unmittelbaren Beziehung sehen konnte, sah ich als ein Zeichen für seine Fähigkeit zur Trennung. Er war in der Lage, mich nicht nur als *seinen* Therapeuten zu sehen, sondern als jemanden, der auch anderen helfen konnte, und er hatte sogar ein gutes Gefühl dabei. Solche Reaktionen, bei Erwachsenen wie bei Kindern, sind ein Maß für die Fähigkeit des Patienten, sich in gesunder Weise von dem Therapeuten loszulösen, und spiegeln den Therapieerfolg wider.

Schließlich ist es eine Tatsache, daß unsere Patienten zu einem Teil von uns werden, so wie wir zu einem Teil von ihnen werden. Im Jargon der Objektbeziehungstheorie ausgedrückt, kann die Identität des Therapeuten als Therapeut nicht losgelöst von seiner Beziehung zu dem Patienten betrachtet werden. Wenn es stimmt, daß »wir unsere anderen sind«, dann ist nicht nur der Patient wir, sondern wir sind unsere Patienten.

Wenn es zum Ende der Therapie kommt, kann etwas von diesem Gefühl einfach dadurch vermittelt werden, daß dem Patienten dafür gedankt wird, daß er einige Eigenheiten oder gelegentliche Fehler des Therapeuten hingenommen hat. Vielleicht möchte der Therapeut seine Anerkennung für Nachsicht des Patienten angesichts unangenehmer Episoden im Laufe der Therapie zum Ausdruck bringen. Für einen kurzen Augenblick haben Patient und Therapeut die Gelegenheit, nicht wie von Patient zu Therapeut miteinander umzugehen, sondern wie von Mensch zu Mensch. Und genau so sollte es in der besten aller therapeutischen Welten sein, wenn es zum Abschluß der Therapie kommt.

Teil III

Der Therapeut

Kapitel 8

Die persönliche Seite der Objektbeziehungstherapie

Viele Faktoren spielen eine Rolle, wenn sich ein Therapeut für eine bestimmte therapeutische Richtung als Grundlage seiner Arbeit mit Menschen entscheidet, z. B. theoretische Überlegungen: Ein Therapeut muß davon überzeugt sein, daß die Prämissen der Therapie konzeptionell stimmig sind. Die Grundprinzipien, die das Therapiegeschehen leiten, müssen mit allgemeineren anthropologischen und psychologischen Theorien, z. B. über Entwicklung und Motivation, konsistent sein.

Ein Therapeut, der sich für Objektbeziehungsarbeit entscheidet, muß demnach von der motivationalen Bedeutung früher Objektbeziehungen und ihrem Einfluß auf spätere Beziehungen überzeugt sein. Außerdem muß er verstehen, wie Spaltungen und projektive Identifikationen in der Entwicklung und in der Psychopathologie zum Ausdruck kommen. Am wichtigsten ist jedoch die Überzeugung, daß die Therapeut-Klient-Beziehung die Grundlage für therapeutischen Wandel bildet.

Sind diese theoretischen und kognitiven Voraussetzungen erfüllt, besteht zudem die Notwendigkeit, daß sich der Therapeut bei seiner Arbeit wohl fühlt. Die Persönlichkeit des Therapeuten und die Anforderungen des Systems müssen zueinander passen. Das gilt für jede Art von Behandlung: Viele Techniken der Gestalttherapie, z. B. Arbeit mit dem »heißen Stuhl« und Dialog-Übungen im Rollenspiel, setzen voraus, daß es dem Therapeuten leichtfällt, Patienten dabei zu begleiten. Das gilt nicht für alle Therapeuten — ich denke, man muß etwas von einem Fritz Perls oder Erving Polster haben, um ein guter Gestalttherapeut zu sein.

Objektbeziehungsarbeit stellt ihre eigenen Anforderungen an einen Therapeuten. Da ist zum Beispiel die Frage, was es heißt, Objekt der projektiven Identifikation des Patienten zu sein: Was bedeutet es für das psychische Wohlbefinden eines Therapeuten, wenn er auf diese Weise »benutzt« wird? Wie geht der Therapeut mit eigenen Gefühlen von Frustration, Wut oder Niedergeschlagenheit um, die sich mit Sicherheit als Bestandteil des Behandlungsprozesses einstellen werden?

Wichtige Fragen stellen sich auch zur Gegenübertragung: Wie kann der Therapeut Gefühle, die durch projektive Identifikationen des Patienten ausgelöst worden sind, von ähnlichen Gefühlen unterscheiden, die damit nichts zu tun haben? Wie kann man durch eine sexuelle projektive Identifikation geweckte sexuelle Gefühle von anderen unterscheiden, die im sonstigen Leben des Therapeuten wenig oder nichts mit einer therapeutischen Beziehung zu tun haben? Gefühle kommen nicht ordentlich verpackt mit der Aufschrift »Therapeutisch« und »Außertherapeutisch«.

Solche Fragen gehen über die Arbeit mit bestimmten Patienten hinaus und berühren den Kern dessen, was es für einen Therapeuten heißt, Objektbeziehungsarbeit zu machen. Da er sich selbst als therapeutisches Instrument benutzen muß, geht es bei diesen Fragen um die Qualität seiner Arbeit, aber auch um ein genaueres Verständnis seiner Identität als Therapeut.

Der Therapeut als Projektionsobjekt

Wenn man es zuläßt, zum Objekt der projektiven Identifikation des Patienten zu werden, ist das nicht allein eine bewußte Entscheidung und hängt nicht allein vom Therapeuten ab. Eine projektive Identifikation in der Therapie entsteht hauptsächlich aus den Bedürfnissen der Patienten, ihre projektiven Phantasien erfüllt zu sehen. Tatsächlich macht man die Entdeckung, daß man zur Zielscheibe einer projektiven Identifikation geworden ist, oft erst dann, wenn dies bereits Tatsache ist. So stellt *Ogden* fest, daß die Erkenntnis, Empfänger einer projektiven Identifikation geworden zu sein, »in gewissem Maße eine nachträgliche Einsicht ist, da die unbewußte Beteiligung an dem zwischenmenschlichen Arrangement [des Patienten] dem Erkennen vorausgehen muß« (1982, S. 43).

Aber der Therapeut muß wissen, daß sich projektive Identifikationen entwickeln werden und daß er ein wichtiges Objekt dafür sein wird. Seine anfängliche »Bereitschaft«, sich zum Empfänger der projektiven Identifikation des Patienten machen zu lassen, entspricht den Bedürfnissen des Patienten und qualifiziert seine Arbeit überhaupt als Objektbeziehungstherapie. Die Entscheidung, sich auf diese Weise benutzen zu lassen, hat allerdings zur Folge, daß der Therapeut unangenehmen emotionalen Erfahrungen ausgesetzt sein wird.

Eine solche sind Schuldgefühle: In vielen Situationen habe ich ein schlechtes Gefühl gehabt, weil ich Patienten nicht geben konnte, was sie von mir verlangten. Eine Patientin bat mich einmal, eine Bürgschaft für sie zu leisten, da sie für einen Autokauf einen Kredit aufnehmen müsse, ich sei der Mensch, der sie am besten kenne, und wenn ich nicht unterzeichnete, würde sie den Kauf nicht machen können. Natürlich war ihre Bitte unangemessen, und ich ärgerte mich, daß sie mich in die Lage brachte, Nein sagen zu müssen. Gleichzeitig hatte ich Schuldgefühle — ich fühlte mich wie ein Vater, der seinem Kind etwas verweigert, das es unbedingt braucht oder haben möchte. Erst im nachhinein konnte ich erkennen, daß ich Objekt einer projektiven Identifikation von Abhängigkeit geworden war.

Starke Gefühle werden auch geweckt, wenn ein Patient kaum verhüllte Suiziddrohungen macht. Welche Gefühle soll man von einem Therapeuten erwarten, wenn ein Patient sagt, »die ganze Sinnlosigkeit nicht mehr ertragen« zu können? Was soll er tun, wenn ein Patient mit solchen Äußerungen das Therapiezimmer verläßt? Sollte er dem Patienten nach Hause nachfahren, um sich zu vergewissern, daß er keine Überdosis Tabletten nimmt und sich nicht die Pulsadern aufschneidet? Natürlich nicht. Trotzdem bleibt ein nagender Zweifel, ob er das Richtige getan hat. Zuzulassen, daß man auf diese Weise »gebraucht« wird, bedeutet, daß man sich oft frustriert, ausgenutzt und besorgt fühlen wird.

Zum Objekt projektiver Identifikationen geworden zu sein, kann auch starke Wut auslösen. Zum Beispiel lassen Patienten mit einer projektiven Identifikation von Macht den Therapeuten ständig wissen, ihnen werde nicht geholfen. Manche drohen, zu einem anderen Therapeuten zu wechseln (was sie selten tun), während andere aus Prinzip alles kritisieren, was der Therapeut tut. Es ist schwer, sich nicht zu ärgern, wenn das geschieht, besonders wenn es zu einem ständigen Bestandteil der Therapie wird.

Manche Patienten vergleichen den Therapeuten gerne mit einem früheren Therapeuten (wenn sie schon in Behandlung gewesen sind) oder mit einer guruhaften Gestalt in ihrem Leben. Nichts, was der Therapeut sagt oder tut, scheint sie zufriedenzustellen oder ihre Erwartungen zu erfüllen. Eine Patientin reagierte praktisch auf alles, was ich sagte, mit den Worten: »Das hat mein letzter Therapeut nicht so gesehen.« Ich weiß noch, daß ich mich sehr geärgert habe und im stillen dachte: »Warum gehen Sie dann nicht zu ihm zurück?« Wenn es etwas gibt, das mit Sicherheit die Wut eines Therapeuten schürt, so ist das ein Patient, der ihm zu verstehen gibt, er wisse nicht, was er tue.

Und dann gibt es noch die Sexualität und sexuelle projektive Identifikationen. Niemand läßt sich gern sexuell manipulieren, und keinem macht es Spaß, sich in Zusammenhängen, in denen Sexualität unangebracht scheint, mit sexuellen Dingen zu befassen. Sexuelle Manipulationen in der Therapie scheinen ein grundlegendes Einverständnis zu verletzen, was in einer beruflichen Beziehung stattfinden kann. Therapeuten reagieren auf erotische Gefühle oft mit Rückzug oder mit Vorwürfen. Aber dies ist einem erfolgreichen Therapieverlauf natürlich nicht dienlich.

Objektbeziehungsarbeit bringt also unvermeidlich ungute Gefühle und beunruhigende Gedanken mit sich; sie sind ein wesentlicher Bestandteil der Arbeit. Meinen Supervisanden, besonders den Anfängern unter ihnen, sage ich, daß sie irgendwann zum Gegenstand von »Therapeutenmißbrauch« werden. Die meisten nehmen mich damit nicht ernst. Nach ihrer Vorstellung von Therapie ist es, wenn überhaupt jemand, der Patient, der emotionale Unruhen durchlebt. Erst wenn sie direkt in die Arbeit eingestiegen sind und sich als Objekt einer projektiven Identifikation erleben, beginnen sie wirklich zu erkennen, was ich damit sagen wollte.

Wenn man zum Objekt projektiver Identifikationen des Patienten wird, wirken die ausgelösten Gefühle oft über die Therapiesitzung hinaus weiter. Sie können z. B. in eine Sitzung mit einem anderen Patienten einfließen und unerwünschte Folgen haben. Vielleicht ist der Therapeut zerstreut, beunruhigt oder sogar aufgeregt und merkt nicht, daß dies aus einer anderen Quelle stammt. Doch auch wenn es dazu nicht kommt, »speichert« er vielleicht seine Gefühle bis zum Ende des Tages und »nimmt den Patienten mit nach Hause«.

Es gibt keinen einfachen Weg aus diesem Dilemma, sofern man nicht Gefühle und Erleben völlig voneinander zu trennen beschließt. Einerseits muß sich der Therapeut davor schützen, sich so sehr in die projektive

Identifikation zu verstricken, daß er sich über die Manipulationen ärgert und dies an dem Patienten ausläßt. Andererseits will er auch keinen so großen emotionalen Abstand zu dem Geschehen bekommen, daß die Gegenübertragung blockiert wird. Somit ist er zu einer emotionalen Gratwanderung gezwungen.

Mit diesen widerstreitenden Gefühlen kann man ganz unterschiedlich umgehen. Eine Möglichkeit wäre, darin eine Gelegenheit zur Selbstexploration zu sehen und die negativen Gefühle, die man dabei erlebt, als den »Preis« dafür in Kauf zu nehmen. Wenn auch die projektiven Identifikationen von Patienten im Mittelpunkt der Objektbeziehungstherapie stehen, so haben wir alle doch Anteile davon in uns (Abhängigkeit, Sexualität, Macht, Einschmeicheln). So können die Interaktionen mit Patienten, die in diesen Dimensionen liegen, dem Therapeuten dazu dienen, mit Anteilen von sich in Berührung zu kommen und sie zu erforschen, die sonst vielleicht verborgen geblieben wären.

Eine andere Möglichkeit wäre, in die Projektion »einzutauchen« und das Beste daraus zu machen, vielleicht sogar sie zu genießen. Wenn ein Patient mich in eine projektive Identifikation des Einschmeichelns hineinzieht, lasse ich manchmal den dafür empfänglichen Teil von mir das Geschehen genießen und sage mir im stillen: »Was für ein netter Mensch das doch ist. Wer sonst würde sich schon so einsetzen und so zuvorkommend und aufmerksam sein?« Mit anderen Worten, ich lasse es mir gerne gefallen und rede mir ein, daß ich all die Rücksichtnahme und Aufmerksamkeit, die ich bekomme, auch verdiene. Benutzt der Patient eine projektive Identifikation von Sexualität, lasse ich zu, daß der sexuelle Teil von mir in den Prozeß hineingezogen wird. Ich sage mir etwa: »Das ist nicht schlecht: Bei welchem anderen Beruf hätte ich schon die Möglichkeit, mich nicht nur sexuell anregen, sondern auch noch dafür bezahlen zu lassen!« Im stillen überlege ich, wieviel *ich* dem Patienten bezahlen sollte, daß er mir ein solches Vergnügen bereitet. Und bei einer projektiven Identifikation von Macht lehne ich mich zurück und denke über die Möglichkeit nach, daß ich all die auf mich gerichtete Kritik durchaus verdiene. Ich höre dem Patienten genau zu und überlege, ob seine Einschätzung tatsächlich zutreffen könnte. Zumindest bewirkt diese Haltung, daß man mit einiger Demut oder Bescheidenheit an seine Arbeit herangeht.

Bisweilen können Humor und Späße der therapeutischen Interaktion zugute kommen. Eine Patientin, die eine projektive Identifikation von

Sexualität benutzte, sagte mir, als sie von ihren sexuellen Heldentaten erzählte: »Im Bett bin ich eine wirkliche Pistole.« Ich lachte, weil ich diesen Ausdruck noch nie gehört hatte, und erwiderte: »Das kann ich mir vorstellen, wenn ich daran denke, wie viele Jungs Sie schon niedergemäht haben.« Da mußte auch sie lachen, und das machte es leichter, über die tieferliegenden Beweggründe sexuellen Verhaltens zu reden. Manchmal kann man mit etwas Frivolität den negativen Gefühlen leichter entgegenwirken, wenn man in die Pathologie des Patienten hineingezogen wird.

Das gelingt jedoch nicht immer. Der Sog einer projektiven Identifikation ist oft so stark, daß der Therapeut nicht anders als gereizt und verärgert reagieren kann. Ich glaube, daß dies zum Teil unvermeidlich und die natürliche Folge einer gelungenen projektiven Identifikation ist. Ich rufe mir dann in Erinnerung, daß ich mich aus freien Stücken für diese Arbeit entschieden habe und daß sie solche Reaktionen mit sich bringt. Dadurch fällt es mir leichter, noch einmal in den Prozeß einzutauchen. Das Wichtigste ist jedenfalls, seine Gefühle nicht an den Patienten auszulassen, denn dies würde bedeuten, Patienten genau dafür zu bestrafen, weswegen sie in Therapie gekommen sind.

Hat sich der Therapeut in seine Rolle als Projektionsobjekt gefügt, muß er nun mit den sich daraus ergebenden Gefühlen umgehen und sie zum Nutzen der Therapie verwenden. Damit stellt sich die Frage nach Rolle und Wirkungsbereich der Gegenübertragung.

Gegenübertragung — in der Therapie und sonst

Die Objektbeziehungstherapie zeichnet sich vor allem durch ihren Umgang mit der Gegenübertragung aus: Sie ermöglicht dem Therapeuten, die projektive Identifikation des Patienten zu diagnostizieren, und liefert wie eine Art Lackmuspapier Anhaltspunkte, wie er intervenieren kann. Wahrscheinlich würden die meisten Objektbeziehungstherapeuten eine Therapie ohne Gegenübertragung für unvollständig halten, als fehle es ihr an Substanz. Es stellt sich nun die Frage, wie der Therapeut unterscheiden kann, ob es sich bei der Gegenübertragung tatsächlich um eine solche handelt, ob also seine Gefühle während der Therapiestunde durch die projektive Identifikation des Patienten oder durch etwas anderes hervorgerufen werden. Wird der Impuls des Therapeuten, sich um einen bedürftigen Patienten »zu kümmern«, durch eine projektive Identifikation von Abhängigkeit geweckt oder durch sonst etwas im Leben des Therapeuten, das mit dem Patienten nichts zu tun hat?

Was ist also unter Gegenübertragung zu verstehen? Es wurde bereits erwähnt, wie der Begriff in der herkömmlichen Psychoanalyse verwendet wird: Hier wird von Gegenübertragung gesprochen, um unerwünschte, psychogenetisch abgeleitete Reaktionen des Analytikers zu beschreiben, die den Behandlungsprozeß beeinträchtigen. Im Sinne der Objektbeziehungstherapie wird Gegenübertragung dagegen durch die therapeutische Beziehung hervorgerufen und fördert das Behandlungsgeschehen, anstatt es zu behindern.

Hier wird also derselbe Begriff für ganz verschiedene Phänomene benutzt. *Spotnitz* (1985) hat versucht, hier größere Klarheit zu schaffen, indem er eine Unterscheidung zwischen der »objektiven Gegenübertragung« und der »subjektiven Gegenübertragung« einführte: Die objektive Gegenübertragung sei das, was der Therapeut als Folge der »emotionalen Ansteckung« durch den Patienten erlebt; die subjektive Gegenübertragung beziehe sich auf alles andere und »entspricht dem, was Freud als Gegenübertragung beschreibt« (*Kirman* 1980, S. 133).

Trotz der guten Absichten trägt diese begriffliche Unterscheidung dazu bei, die Sachlage zu verdunkeln, denn beide Arten von Gegenübertragung werden subjektiv empfunden, und zwar sehr intensiv. Sie würde voraussetzen, daß der Therapeut die Qualität seiner emotionalen Reaktionen immer unterscheiden und ihren Ursprung erkennen könnte. Das wird in der Praxis selten erreicht und ist bestenfalls ein ehrgeiziges Vorhaben.

Anstatt die Gegenübertragungsvorgänge verschiedenen Kategorien zuzuordnen, wäre es vielleicht besser, die Verwendung des Begriffes auf *die emotionalen Reaktionen des Therapeuten als Antwort auf das Verhalten des Patienten in der therapeutischen Beziehung* zu beschränken. *Greenberg* und *Mitchell* definieren den Begriff so: »Die Gegenübertragung ist ein unvermeidliches Produkt der Interaktion zwischen dem Patienten und dem Analytiker und nicht eine bloße Störung, die auf infantile Triebkonflikte des Analytikers zurückgeht« (1983, S. 389). Dieses Verständnis von Gegenübertragung setzt sich im Therapiebereich immer mehr durch (*Kernberg* 1984; *Masterson* 1976, 1978; *Ogden* 1982; *Rinsley* 1982; *Searles* 1979). Wenn der Begriff in diesem Sinn benutzt wird, können andere emotionale Einflüsse im Hinblick darauf gedeutet werden, wie sie die Gegenübertragungsreaktion beeinflussen und möglicherweise behindern.

Eine dieser Einflußgrößen könnte tatsächlich psychogener (entwicklungsgeschichtlicher) Natur sein und dem entsprechen, was in der psychoanalytischen Literatur traditionell als Gegenübertragung bezeichnet wird. Wenn das zutrifft, wäre es legitim zu überlegen, ob die sexuelle Gegenübertragung eines Therapeuten wirklich eine Reaktion auf die projektive Identifikation des Patienten oder eine Nebenerscheinung eines ungelösten ödipalen Konflikts ist. Zwar läßt sich beides vielleicht nicht völlig voneinander trennen, doch kann man den relativen Einfluß des letzteren möglicherweise daran messen, ob die Gegenübertragung beim Therapeuten durchgängig und beherrschend ist und wie schwer es ihm fällt, sie anzusprechen.

Eine andere Einflußgröße bezieht sich mehr auf gegenwärtige Belastungen und Spannungen in den Beziehungen des Therapeuten. Im Kontakt mit den eigenen Familienangehörigen, Freunden und Kollegen können Spannungen emotionale Reaktionen hervorrufen, die auf die patienteninduzierte Gegenübertragung abfärben können. Wahrscheinlich sind entwicklungsgeschichtliche Einflüsse zu stark gewichtet worden und haben gegenwärtige Einflüsse eine größere Wirkung auf die Gegenübertragung, als bisher angenommen.

Ein Beispiel dafür aus einer informellen Beratung einer Kollegin, mit der ich auch befreundet war: Obwohl sie eine erfahrene Therapeutin war, hatte sie sich in einer Therapie mit einer Patientin festgefahren, bei deren Problemen es hauptsächlich um Trennung und Individuation ging. Die Patientin, eine erwachsene Frau, wurde von ihrer Mutter in kindlicher Abhängigkeit gehalten und hatte wenig Vertrauen, sich von ihr losmachen und ihr eigenes Leben führen zu können. Obwohl die Patientin schon viel erreicht hatte, schien die Therapie auf einem Plateau hängen zu bleiben. Die Sitzungen, die mit dem fruchtlosen Wiederaufwärmen bereits aufgedeckten Materials gefüllt waren, wurden sehr monoton.

Als meine Kollegin mir den Fall und einige der letzten Sitzungen beschrieben hatte, wurde mir einiges deutlich: Die Patientin war offenbar in ganz guter Verfassung, und Probleme waren erfolgreich behandelt worden, und sie fing an, als autonome Erwachsene zu funktionieren. Aber meine Kollegin und die Patientin vermieden es, über eine Beendigung der Therapie zu sprechen. Je länger ich ihr zuhörte, desto deutlicher wurde mir, daß die Therapie ihre Ziele erreicht hatte und beendet werden mußte.

In der Sprache der Objektbeziehungstherapie ausgedrückt, war die Therapie irgendwo im vierten Stadium steckengeblieben.

Obwohl die Freundin keine Objektbeziehungstherapeutin im eigentlichen Sinne war, kam sie dem doch sehr nahe: Sie hatte viel Zeit darauf verwendet, ihre Beziehung auszuleuchten und die Manipulationen (überwiegend abhängiger Natur), die ihre Beziehung anfangs bestimmt hatten, therapeutisch zu bearbeiten. Dies gehörte jetzt der Vergangenheit an. Aber meine Kollegin fühlte sich immer noch besorgt und wollte der Patientin ihre Fürsorge noch nicht ganz entziehen. Sie deutete das als Gegenübertragung darauf, daß die Patientin noch weitere Behandlung brauche.

Da ich mit meiner Kollegin auch befreundet war, wußte ich, daß sie vor kurzem geschieden worden war, daß sie ihrem Mann sehr nahegestanden hatte und daß er sich während dieser Ehe, die fast 20 Jahre bestand, stark auf sie gestützt hatte. Ich fragte sie, ob ein Zusammenhang bestehen könne zwischen ihrer Scheidung und dem, was in der Behandlung ablief. Vielleicht beeinflusse ihr Gefühl, gebraucht zu werden, sie mehr, als ihr bewußt sei, und wirke sich auf ihre Arbeit mit dieser Patientin aus. Sie war etwas skeptisch, sagte aber, sie würde darüber nachdenken.

Als ich sie etwas später zufällig traf, sagte sie mir, die Therapie laufe gut und stünde kurz vor dem Abschluß; sie habe sich über meine Worte Gedanken gemacht und sich daraufhin genau angesehen, was in den Sitzungen passierte, und sie habe erkannt, daß ihre Einschätzung der Bedürftigkeit der Patientin in der Tat eine Funktion ihres eigenen Bedürfnisses war, gebraucht zu werden, und nicht eine Funktion der Abhängigkeit der Patientin. Als sie sich das einmal eingestanden hatte, konnte sie das Thema der Beendigung zur Sprache bringen, und die Therapie kam aus der Sackgasse heraus.

Auch andere emotional besetzte Ereignisse im Leben eines Therapeuten können sich auf die Art der Gegenübertragung auswirken, etwa der Tod oder eine unheilbare Krankheit eines Familienangehörigen. *Shapiro* (1985) schreibt über die längere Krankheit und den Tod ihrer Mutter und wie sich dies auf ihre Arbeit mit einer Patientin ausgewirkt hat. Sie berichtet über die Wechselwirkung zwischen ihren eigenen Gefühlen drohenden Verlusts und der Drohung der Patientin, die Behandlung abzubrechen. Andere haben über ähnliche Erfahrungen und ihren Einfluß auf die Gegenübertragung geschrieben (*Balsam und Balsam* 1974; *Rodman* 1977).

Wegen der persönlichen Art der Objektbeziehungstherapie ist es unumgänglich sicherzustellen, daß die Gefühle, die die Gegenübertragung ausmachen, wirklich aus der therapeutischen Interaktion stammen. Es passiert leicht, daß Therapeuten, die sich von Kollegen oder Familienangehörigen nicht entsprechend wertgeschätzt fühlen, ihre Patienten als einschmeichelnder erleben, als sie es tatsächlich sind; andere, die in ihrer Ehe oder in sonstigen Liebesbeziehungen sexuelle Schwierigkeiten haben, werden plötzlich für sexuelle Signale empfänglich, die für sie voher nicht offensichtlich waren; oder wenn sie das Gefühl haben, nicht gebraucht zu werden, werden sie ihre Klienten vielleicht als bedürftiger einschätzen, als sie es wirklich sind.

Auf Grund all dieser möglicherweise Verwirrung stiftenden Einflüsse muß der Therapeut regelmäßig genau überprüfen, was er als Gegenübertragungsgefühle einschätzt. Manchmal muß man sich dazu an einen Kollegen oder Supervisor wenden. *Ogden* schreibt: »Ein fortlaufender Dialog mit einem Supervisor, Berater oder Kollegen ist oft eine unverzichtbare Hilfe bei der Arbeit mit schwer gestörten Patienten wegen der Schwierigkeit, die eigene unbewußte Mitwirkung an der projektiven Identifikation eines Patienten zu erkennen« (1982, S. 44). Ein solcher »Resonanzboden« ist aber auch bei weniger gestörten Patienten immer wieder hilfreich. Ansonsten muß sich der Therapeut auf sich selbst verlassen und seine Gegenübertragungsreaktionen regelmäßig kontrollieren, damit er auf sich selbst als »therapeutisches Instrument« vertrauen kann (*Ernsberger* 1979). Patienten begegnen den Konfrontationen gewöhnlich mit Widerstand; wer dann nicht auf festem Boden steht, wird wahrscheinlich in Schwierigkeiten kommen.

Ein Anzeichen dafür, daß sich außertherapeutische Gefühle mit der Gegenübertragung vermischen, ist es, wenn ein Therapeut bei seinen Patienten immer wieder zu derselben projektiven Diagnose kommt: Wenn er bei einem nach dem anderen eine projektive Identifikation von Sexualität diagnostiziert, wird es wahrscheinlich in seinem Privatleben Probleme mit der Sexualität geben, die seine therapeutische Wahrnehmung beeinträchtigen. Theoretisch wäre es zwar denkbar, daß sich bei den meisten oder sogar allen Patienten eines Therapeuten projektive Identifikationen von Sexualität zeigen, aber es ist nicht sehr wahrscheinlich.

Die Gegenübertragung zu handhaben bedeutet, daß der Therapeut in gewissem Sinn sich selbst ebenso wie den Patienten therapieren muß, damit das Therapiegeschehen wirklich dem Interesse des Patienten dient. Es trägt außerdem zur persönlichen und beruflichen Weiterentwicklung des Therapeuten bei. Anstatt sich von unerklärlichen Kräften herumstoßen zu lassen, kann er all seine Erfahrung heranziehen, um seine Identität als Therapeut zu stärken und die Chancen für erfolgreiche Therapien zu vergrößern.

Mit Konfrontation konfrontiert

An zwei Stellen des Behandlungsprozesses befindet sich der Therapeut unter einem starken Druck: Am Ende der zweiten Phase muß er dem Patienten eine offene Äußerung seiner projektiven Identifikation entlocken, deren pathologische Metakommunikation zu einem deutlich greifbaren Teil der Beziehung werden soll. In der dritten Phase sodann muß er den Patienten konfrontieren, um die Fehlanpassung in seiner projektiven Identifikation aufzuzeigen und außerdem die Voraussetzung anzugreifen, mit der er seine Beziehungen gestaltet. Wenn der Therapeut die metakommunikative Basis der projektiven Identifikation nicht offen anspricht, wird das fehlangepaßte Verhalten des Patienten wahrscheinlich in abgeleiteter Form weiterbestehen.

Auch wenn man von der Notwendigkeit der Konfrontation theoretisch überzeugt ist, ist es doch etwas anderes, sie praktisch umzusetzen. Wie schon angesprochen, ist es nicht so leicht, einem Menschen »Nein« zu sagen, der emotional bloßgestellt vor einem steht. Ein Therapeut wird sich leicht schuldig fühlen, wenn er einen bedürftigen und unglücklichen Patienten konfrontiert, außer wenn er von seinen Gefühlen völlig isoliert ist. Wenn es in der Therapie eine Stelle gibt, an der die Entschlossenheit des Therapeuten auf die Probe gestellt wird, liegt sie gewöhnlich in der dritten Phase, wenn die Konfrontation erforderlich ist.

Es gibt dafür mehrere Gründe. Vor allem paßt Konfrontation einfach nicht zu dem Selbstbild der meisten Therapeuten: Als professionelle Helfer neigen wir dazu, uns als fürsorgliche, empathische Menschen zu sehen, die anderen dabei helfen wollen, ihr Leben in Ordnung zu bringen und sich eine sinnvolle Existenz aufzubauen. Und mit unseren Interventionen wollen wir gewiß einen erfolgreichen Ausgang erzielen, aber in erster Linie doch Leiden verringern.

Konfrontation erzeugt Phantasien von Zurückweisung und Verweigerung, was im Gegensatz zu unserem empathischen Vermögen steht. Wir sorgen uns um die negativen Folgen unseres Tuns und fragen uns, ob Konfrontation emotionalen Schaden anrichten kann und ob wir vielleicht mehr Leiden als Gutes bewirken. Wenn die Schwierigkeiten des Patienten in gestörten Beziehungen liegen, könnte eine Konfrontation ihn dann nicht dazu bringen, die gegenwärtige Beziehung auch als gestört zu sehen, und damit alles, was bislang erreicht worden ist, untergraben?

Ich glaube, viele dieser Bedenken basieren auf eigenen inneren Spaltungen des Therapeuten und seinem Bedürfnis, ein inneres Gefühl des Gut-Seins zu bewahren. Konfrontation ist einerseits ein Bestandteil effektiver therapeutischer Arbeit, und ohne sie ließe sich der Therapieprozeß nicht erfolgreich zum Abschluß bringen. Andererseits bringt Konfrontation Gefühle des Schlecht-Seins mit sich: Zu konfrontieren bedeutet auch, zurückzuweisen und vielleicht zu verletzen. Um mit diesem Widerspruch fertigzuwerden, verändert ein Therapeut die Konfrontation vielleicht so, daß der Patient ihn nicht in einem schlechten Licht sieht. Oder als innere Botschaft sagt er sich: »Ich muß dies tun, aber ich will nicht, daß Sie mich dann nicht mehr mögen oder auf mich böse werden.« Auf subtile und manchmal auch weniger subtile Art mildert er die Konfrontation ab, damit der Patient ihn nicht als Feind sieht. Über die Logik des Spaltens der inneren Welt versucht er, Schlechtes in Gutes zu verwandeln, um eine wichtige Beziehung intakt zu halten.

Die Angst, die den Therapeuten zu solchen Bemühungen treibt, hängt meistens mit eigenen Verlusterlebnissen zusammen. Ich glaube, daß die meisten Therapeuten dafür eine besondere Sensibilität haben, weil sie selbst solche Erfahrungen gemacht haben (*Semel* 1985) oder weil sie an so vielen derartigen Erfahrungen ihrer Patienten teilhaben. Aber auch ohne dies birgt die Konfrontation Risiken: Selbst wenn in der ersten Phase der Behandlung die Grundlage für eine emotionale Bindung gelegt worden ist, besteht immer die Möglichkeit, daß sich der Patient davonmacht und die Therapie endgültig abbricht.

Es überrascht daher nicht, daß Therapeuten Konfrontationen gerne ausweichen oder sie völlig zu vermeiden suchen. Therapeuten sind, mit den Worten von Harry Stack Sullivan, »näher am Menschlichen als andere«. Da wir alle unsere Arbeit zu einem erfolgreichen Abschluß bringen wollen, umgehen wir vielleicht unabsichtlich die Konfrontation in der irrigen Annahme, daß ein solches Vermeiden zu positiven Ergebnissen führe.

Bisweilen vermeiden Therapeuten Konfrontation dadurch, daß sie sich auf Beziehungen außerhalb der Therapie verlegen. So geschah es Mark, einem Supervisanden von mir, der eine Patientin in Behandlung hatte, deren Kontakt zu anderen hauptsächlich über eine projektive Identifikation von Sexualität lief. Die Patientin, eine Frau Ende Zwanzig, trank viel Alkohol, um immer wiederkehrende Depressionen zu vermeiden. In ihrer Anamnese gab es etliche oberflächliche promiskuitive Beziehungen, mit der Folge, daß sie ein inzwischen dreijähriges Kind ohne Unterstützung durch Unterhalt aufzog, weil sie nicht angeben konnte, wer der Vater war. Im Lauf der Therapie sexualisierte sie die therapeutische Beziehung zunehmend durch anzügliche Bemerkungen, aufreizende Haltungen, und indem sie sich für Marks Beziehungen außerhalb der Therapie interessierte, besonders für seine Kontakte zu anderen Frauen.

Mark war verheiratet, sagte das der Patientin aber nicht. Mehrmals bog er Fragen der Patientin nach seinem Privatleben ab, indem er sie auf sie selbst zurücklenkte. Er sagte dann etwa: »Sie scheinen sich sehr für mich zu interessieren. Offenbar wollen Sie damit vermeiden, über sich selbst zu sprechen.« In anderen Situationen lenkte er einfach das Gespräch auf die gegenwärtigen Liebesabenteuer der Patientin.

Mit fortschreitender Therapie rückte jedoch die therapeutische Beziehung mehr in den Mittelpunkt. Die projektive Identifikation der Patientin wurde offensichtlicher, als sie sich zunehmend sexuell provozierend verhielt und schließlich Mark darum bat, sich mit ihr irgendwo außerhalb der Klinikumgebung zu treffen. Ihr Wunsch sei, Mark möge sie als Mensch und nicht nur als Patientin sehen, damit sie ihre Beziehung »erweitern und bereichern« könnten.

Mark hatte dieses Szenarium sehr wohl durchschaut, und wir hatten in der Supervision ausführlich über die projektive Identifikation der Patientin gesprochen. Er wußte auch, daß er die Patientin früher oder später damit würde konfrontieren müssen. Als der Augenblick dann jedoch kam, wurde er nervös, die Worte kamen ihm nicht richtig über die Lippen, und er murmelte etwas über die Regeln für Kontakte zwischen Therapeuten und Patienten, und daß es nur den Therapieprozeß untergraben würde, wenn er auf ihre Bitte einginge. Das hielt die Patientin jedoch nicht von weiteren Versuchen ab, Mark dazu zu bringen, sich nach der Arbeit mit ihr zu verabreden. Sie zog ihn damit auf, er sei altmodisch und solle nicht so streng und konventionell sein. Je mehr sie ihm zusetzte, desto angespannter wurde er. In dem Versuch, dieser Situation ein Ende zu machen, die offenbar sehr unangenehm geworden war, platzte Mark heraus: »Ich kann nicht. Ich bin verheiratet.«

Später sprachen wir in der Supervision darüber. Offensichtlich fiel es Mark schwer, seiner Patientin zu sagen, was er hätte sagen müssen — daß er mit ihr nicht schlafen wolle. Sein Widerstreben hatte weniger mit der sexuellen Natur ihres Wunsches als mit seiner Befürchtung zu tun, er könne sie in ihrem Selbstwertgefühl beschädigen. Er meinte, wenn er Nein sagen würde, könnte sie sich als Frau oder überhaupt als Mensch unerwünscht fühlen. Also milderte er den Schlag dadurch ab, daß er seine Frau als Schutzschild benutzte. Indem er seine Antwort in diese Worte kleidete, teilte er ihr mit, eine andere Beziehung sei das Hindernis, nicht aber *ihre*.

Eine weitere Möglichkeit, Konfrontation zu vermeiden, sind Deutungen. Anstatt die projektive Identifikation im direkten zwischenmenschlichen Kontakt anzugehen, zeigt der Therapeut dem Patienten, wie seine jetzigen Gefühle mit denen zu anderen Personen zusammenhängen. Das scheint mir ein besonders verbreitetes Ausweichmanöver zu sein, wenn schwierige Konfrontationen gefordert sind. Bei der Arbeit mit besonders bedürftigen und hilflosen Patienten sehe ich mich manchmal selbst diesen »Konfrontationsrückzug« antreten, indem ich etwa nach »Gründen« dafür suche, daß der Patient seine Beziehungen so abhängig gestaltet.

Ich bin mir nicht völlig sicher, warum ich das tue, vielleicht weil ich mich selbst als »barmherzigen Samariter« sehe, der anderen gerne zu Hilfe kommt, wenn sie diese brauchen, z. B. einem Nachbarn dabei zu helfen, ein Schloß zu reparieren, oder meinen Kindern, mit einer schwierigen Aufgabe zurechtzukommen. Bisher habe ich dies meistens in einem positiven Licht gesehen (»Es ist schön, jemandem helfen zu können«), doch langsam frage ich mich, ob es nicht auch seine negative Seite hat: Manchmal bin ich mit meiner Hilfe so schnell, daß Menschen mich als zudringlich erleben. Und ist meine »Hilfsbereitschaft« vielleicht weniger durch den Wunsch zu helfen als vielmehr zu kontrollieren motiviert? Wie dem auch sei, ich bin nun für meinen Hang zu helfen sensibilisiert und kann deutlicher sehen, wie dies den Behandlungsprozeß behindert. Am größten ist die Gefahr dazu in der Anfangsphase der Behandlung (zu viele Ratschläge), und wenn die Zeit zur Konfrontation gekommen ist. Wenn ich feststelle, daß ich mir wegen der »Zerbrechlichkeit« des Patienten Sorgen mache und ausführlich »untersuche«, was früh im Leben des Patienten schiefgegangen ist, frage ich mich, ob ich Deutungen nicht als Abwehr gegen Konfrontation verwende.

Es gibt keine Möglichkeit, Konfrontation wirklich zu umgehen, wenn man die Objektbeziehungstherapie mit Erfolg anwenden sill. Wenn man sich klar macht, daß die Konfrontation zu den schwierigeren Bestandteilen der Objektbeziehungsarbeit gehört und daß es eine ganz natürliche Neigung zu ihrer Vermeidung gibt, kann man leichter darauf verzichten, sich zu schützen, unter dem Vorwand, den Patienten zu schützen. Das Wissen um diese Falle wird die Vermeidungshaltung des Therapeuten zwar nicht völlig auflösen, aber doch wenigstens die Behinderung des therapeutischen Prozesses dadurch verringern.

Andererseits

Wenn sich ein Therapeut überlegt, ob er Objektbeziehungstherapie machen soll, könnte er sich fragen, ob diese Art von Therapie der Mühe wert sei. Die Anforderung, sich zum Projektionsobjekt machen zu lassen, ständig die Grundlage der eigenen Gegenübertragung zu untersuchen und aufzupassen, daß man nicht unmerklich der Konfrontation ausweicht, scheint dem Therapeuten mehr aufzubürden als andere Therapien. Daran ist etwas Wahres, doch es gibt einen Ausgleich dafür; die lohnenden Seiten sind vielleicht nicht sofort sichtbar, können aber die Anforderungen an den Therapeuten aufwiegen: Z. B. wird die Therapie selten langweilig. Wenn die therapeutische Beziehung das Medium der Veränderung ist, liegt eine kreative Spannung in der Luft. Ich habe mit Patienten auch mehr deutend-analytisch gearbeitet und erinnere mich, wie ich mich Sitzung um Sitzung mit demselben Material befaßt habe und das Gefühl hatte, nirgendwo hinzukommen, wie in einer Tretmühle. Dazu kommt es in der Objektbeziehungsarbeit nur selten. Wenn ich mich zu langweilen beginne, untersuche ich die Gegenübertragungsaspekte der Langeweile und bringe sie als Teil der Therapie ein.

Ein weiterer lohnender Zug der Objektbeziehungsarbeit ist, daß Veränderungen in der Beziehung wahrnehmbar sind, für den Therapeuten wie für den Patienten. Ich habe oft einem Patienten gesagt: »Sehen Sie sich an, wie Sie jetzt mir gegenüber reagieren. Merken Sie, wie anders es ist als da, wo wir angefangen haben?« Die Änderungen sind nicht bloße Vermutungen, sondern Bestandteil der gegenwärtigen therapeutischen Transaktionen. Natürlich geht es letztlich nicht um die Beziehung zum Therapeuten, sondern um das Gefühl des Patienten zu sich selbst und dessen Wirkung auf seine Beziehungen im ganzen. Aber das gilt für alle Therapien. In der Objektbeziehungsarbeit jedoch kann der Therapeut aufgrund seiner unmittelbaren Erfahrung beurteilen, ob Veränderungen im Patienten nur »im Kopf« bestehen oder eine Grundlage in der aktuellen Beziehung haben.

So manche Patienten haben nach dem Abschluß ihrer Therapie zu mir wieder Kontakt aufgenommen, um mir von Veränderungen in ihrem Leben zu erzählen, die den Veränderungen in der Therapie entsprachen. Eine Patientin, die in der Therapie mit ihrer projektiven Identifikation von Sexualität konfrontiert worden war, schrieb mir einige Monate nach dem Abschluß der Behandlung von einigen wichtigen Veränderungen in ihrem Leben: von einem Ortswechsel von Neuengland nach Neumexiko, von einer neuen Arbeitsmöglichkeit, vor allem jedoch von ihrer neuen Beziehung zu einem Mann. Vor ihrer Therapie suchte sie Männer sexuell an sich zu binden, um dann von ihnen manipuliert zu werden. Die Männer, auf die sie sich einließ, drängten gewöhnlich darauf, zu ihr zu ziehen, und breiteten sich dann in einer aufdringlichen und herrischen Weise aus, so daß sie schließlich bedrückt und verärgert wurde und ständig in heftigen Streit mit ihnen geriet. In ihrer neuen Beziehung nun fehlten die sexuellen Komponenten natürlich nicht, aber sie hatte das Gefühl, daß Sexualität ein Teil der Beziehung war, aber nicht die ganze Beziehung ausmachte. Wichtiger war für sie, wie sie mit ihrem neuen Freund umgegangen war, als auch er vorschlug, mit ihr zusammenzuziehen: Während sie früher einfach eingewilligt hätte, sagte sie ihm jetzt, sie sei noch nicht so weit, eine solche Bindung einzugehen. Daß sie imstande war, sich auf diese Weise zu behaupten und sich der Beziehung (und ihrer selbst) immer noch sicher zu fühlen, war für sie, wie aus ihrem Brief hervorging, ein Grund des Stolzes.

Ein anderer Patient, ein Bauunternehmer, hatte sich ursprünglich zur Therapie entschlossen, um sich mit seinem selbstzerstörerischen Verhalten auseinanderzusetzen, wie er es nannte: Er habe eine Ehe sabotiert, einen heftigen Streit mit seinen alten Eltern heraufbeschworen und ein erfolgreiches Unternehmen an den Rand des Ruins getrieben. Er war niedergeschlagen, von Schuldgefühlen geplagt und wußte nicht, was er nun machen sollte. Den größten Teil der Therapie befaßten wir uns mit seiner projektiven Identifikation von Macht, und wie sie seine Bemühungen um Erfolg untergrub. Ganz offensichtlich hing seine Pathologie weitgehend damit zusammen, daß er andere Menschen zu kontrollieren und zu beherrschen suche, und darin war letztlich auch der Grund für sein selbstzerstörerisches Verhalten zu sehen. Dasselbe Verhalten zeigte sich auch in unserer Beziehung, wie er das Geschehen in der Therapie unter seine Kontrolle zu bringen versuchte. Es war eine Therapie, die sich lange hinzog und in der es zu vielen hitzigen Wortwechseln kam, doch gegen Ende war der Machtkampf beigelegt, und das Schicksal des Patienten hatte sich deutlich gewendet: Sein Unternehmen begann zu florieren, und er hatte sich mit seinen Eltern ausgesöhnt. Wir waren uns darin einig, daß seine Versuche, die Therapie zunichte zu machen, und meine Bemühungen, ihn daran zu hindern, für die Wende in seinem Leben entscheidend gewesen waren.

Solche Erfahrungen sind lohnend und ein guter Grund, Therapie zu machen; aber sie sind ziemlich selten: Die wenigsten Patienten setzen sich mit ihrem Therapeuten in Verbindung, wenn die Therapie abgeschlossen ist, um ihre Anerkennung für den Therapieerfolg zum Ausdruck zu bringen. So scheint mir ein maßgebender Grund für die Objektbeziehungsarbeit (außer der Verdienstmöglichkeit) darin zu bestehen, daß sie dem Therapeuten eine Gelegenheit zu seiner persönlichen Weiterentwicklung bietet. Durch diese Arbeit sind wir gezwungen, Teile unsererselbst (unseres Selbst) zu erkunden, von denen wir sonst vielleicht nichts erfahren würden. Die projektiven Identifikationen der Patienten und die Spaltungen, die ihnen zugrunde liegen, zu erleben zwingt uns, unsere eigenen inneren Spaltungen zu untersuchen. Wir unterscheiden uns nicht gar so sehr von unseren Patienten, und indem wir uns mit den Spaltungen in Gut und Böse bei anderen befassen, können wir uns solche Spaltungen auch bei uns selbst anschauen. Unsere Patienten halten uns einen Spiegel vor, und wenn wir bereit sind hineinzuschauen, bekommen wir manchmal vielleicht ein genaueres Bild davon, wer wir als Mensch sind.

Kapitel 9

Jenseits des Therapiezimmers

Die meisten Therapeuten verbringen gewöhnlich einen großen Teil ihres Tages mit therapeutischer Arbeit und brauchen außerdem noch einige Zeit, diese zu überdenken und zu verarbeiten. In anderen Berufen besteht eine klare Trennung zwischen Arbeit und Freizeit. Das gilt nicht immer für die Psychotherapie. Während ein Klempner in einem Film von Woody Allen kaum Knie und T-Rohre wahrnehmen wird, so wird ein Therapeut dabei Fälle von Spaltung und projektiver Identifikation entdecken können. Das überrascht nicht, denn der »Stoff«, aus dem Therapien gemacht sind (zwischenmenschliche Beziehungen nämlich), ist derselbe, aus dem auch die übrige Welt aufgebaut ist. Insofern Überlegungen zur Psychotherapie (wie in diesem Buch) sich aus allgemeineren Betrachtungen über die Entwicklung und die Natur des Menschen ableiten, werden die meisten alltäglichen Ereignisse vieles enthalten, was auch in der Therapie zu finden ist. Das mag zwar zuweilen verwirrend sein, kann aber manchmal auch zu wertvollen Einsichten führen.

Zum Beispiel kann es unser Verständnis der dramatischen Dichtkunst erweitern, wenn wir uns die Werke von O'Neill, Albee und selbst Shakespeare durch die Brille der Objektbeziehungstheorie ansehen. Ebenso können Einsichten in manchen Kunstwerken Nuancen der Interaktionen zeigen, die in der Therapie oft durch die Pathologie überschattet sind. Wenn gesagt wird, daß die Psychotherapie über das Leben unterrichtet und umgekehrt, so akzentuiert das nur den starken und immer gegenwärtigen Einfluß von Objektbeziehungen im Leben der Menschen.

Eine Möglichkeit, das Zusammenspiel von Kunst und Objektbeziehungen zu beobachten, bieten viele Märchen, sowohl solche für Kinder als auch solche für Erwachsene. Da sich durch Märchen symbolische Prozesse erfassen lassen, sind sie ein wichtiges Mittel, Beziehungskonflikte zu beschreiben. In diesem Kapitel möchte ich zeigen, wie eine wichtige Objektbeziehungsdynamik, das Spalten, unser Verständnis für Märchen bereichert und wie Märchen wiederum in der Therapie benutzt werden können, um Einsicht in imaginative Prozesse zu gewinnen, die sonst nicht zugänglich wären.

Böse Hexen und andere Mütter

Märchen sind altehrwürdige Formen der Unterhaltung für Kinder, die die Vorstellungskraft anregen und endloses Vergnügen bereiten. Doch sie sind noch vieles mehr, nämlich schriftliche Zeugnisse von tiefsitzenden Überzeugungen über die Natur der Welt. So basieren die von *Jakob* und *Wilhelm Grimm* gesammelten Märchen auf Legenden und Mythen, die in Mitteleuropa seit Jahrhunderten überliefert worden waren. Die »Kinder- und Hausmärchen« der Brüder Grimm entstammen also nicht ihrer Phantasie, sondern wurden ihnen von einer 92jährigen Bäuerin mit einem erstaunlichen Gedächtnis in die Feder diktiert.

Märchen enthalten daher tiefe Überzeugungen, die Kinder (und Erwachsene) über die Natur der Welt und der sie bewohnenden Menschen in sich tragen. Sie behandeln Themen, die sich auf kritische Aspekte der emotionalen Entwicklung beziehen, z. B. Gier (*Hans und die Bohnenranke*), Neid (*Schneewittchen*) und Täuschung (*Rumpelstilzchen*), um nur einige zu nennen.

Bettelheim (1976) meint, ein Hauptthema in Märchen sei die Herrschaft über sexuelle, d. h. ödipale Strebungen:

> »Ob direkt ausgesprochen oder nur angedeutet, sind ödipale Probleme, und wie der einzelne sie löst, von zentraler Bedeutung dafür, wie sich seine Persönlichkeit und seine zwischenmenschlichen Beziehungen entfalten. Indem sie die ödipalen Verwicklungen verschleiern oder nur subtil andeuten, erlauben Märchen uns, unsere eigenen Schlüsse zu ziehen, wenn für uns ein günstiger Zeitpunkt gekommen ist, um ein besseres Verständnis für diese Probleme zu gewinnen.« (S. 201)

Zwar erscheint eine ödipale Perspektive bei einigen ausgewählten Märchen sinnvoll zu sein, führt jedoch bei anderen zu recht künstlich anmutenden Folgerungen. So meint *Bettelheim*, die Zwerge in Schneewittchen seien eigentlich väterliche Gestalten und würden für das Kind symbolisch eine sexuelle Versuchung darstellen. Daß Schneewittchen in ihrem Haus sicher schlafen kann ohne Angst, in ihrem Verhalten von ihren unbewußten sexuellen Wünschen gelenkt zu werden, habe seinen Grund darin, daß Zwerge im Märchen gewöhnlich von eunuchenhafter Beschaffenheit sind und daher keine Bedrohung darstellen. Bettelheim meint auch, der Schuh bei Aschenputtel symbolisiere eine Vagina; Aschenputtels Versuche, ihren Fuß in ihren Schuh zu zwängen, seien nichts anderes als ein verschleierter Ausdruck ihres Wunsches, den Prinzen in einen Schuh anderer Art steigen zu lassen (S. 268-270).

Eine genaue Untersuchung von Märchen zeigt, daß ein wichtiges Thema in diesen Geschichten mit Spaltung zu tun hat. Die Spaltungsdynamik, die sich praktisch durch jedes Märchen hindurchzieht, betont den grundlegenden Kampf zwischen Gut und Böse. Es ist daher nicht ungewöhnlich, daß man die meisten bekannteren Märchen von guten und bösen Mutterbildern bevölkert findet. Auf der positiven Seite treffen wir gute Mütter und Feen; auf der negativen Seite finden wir Hexen, bösartige Zauberinnen und übelgesonnene Stiefmütter. Um das Böse zu überwinden, muß das Kind der Hexe oder entsprechenden Gestalten gegenübertreten und sie besiegen.

Schneewittchen ist eine klassische Darstellung der Wirkung dieser Dynamik. Wie den meisten Lesern noch in Erinnerung sein wird, beginnt die Geschichte schon vor Schneewittchens Geburt: Ihre Mutter, die Königin, sticht sich aus Versehen in den Finger, als sie am offenen Fenster sitzt und näht, so daß mehrere Tropfen Blut in den Schnee fallen. Beim Anblick der roten Tröpfchen, die sich klar gegen die weiße Fläche abzeichnen, wünscht sie sich eine Tochter mit »Lippen so rot wie Blut und Haut so weiß wie Schnee. Bald darauf wird Schneewittchen geboren. Doch kurze Zeit nach der Geburt des Kindes stirbt die Mutter. Das Fehlen der wirklichen, vorgeblich guten Mutter ist ein auffallendes Merkmal von Märchen. Entweder stirbt sie sehr früh in der Geschichte, oder sie wird einfach nicht erwähnt. Auf diese Weise soll die »gute Mutter« von der »schlechten Mutter« (der Hexe) isoliert bleiben, damit sie nicht »angesteckt« wird und ihr kein Schaden zugefügt werden kann. Hexen sind mächtige Gestalten, und eine Konfrontation mit solchen Gestalten kann verhängnisvoll sein.

Schneewittchen überlebt zwar den Tod ihrer Mutter, sieht sich jedoch zunehmend einer mißgünstigen Stiefmutter ausgeliefert, die das Mädchen um seine Schönheit beneidet. Doch die neue Königin ist nicht nur eifersüchtig auf Schneewittchen, sondern plant heimlich, sie loszuwerden. Doch es genügt ihr nicht, sie aus dem Königreich zu vertreiben. Sie will sie ein für allemal aus dem Weg räumen. Das ist mehr als gewöhnliche Schlechtigkeit, sondern die Personifizierung des Bösen.

Alles wird dadurch noch schlimmer, daß Schneewittchens Vater, der König, wenig Beistand leistet. Das ist typisch für Väter in Märchen, die gewöhnlich als schwache und rückgratlose Wesen dargestellt werden. Zum Beispiel steht der Vater in Hänsel und Gretel seinen Kindern kaum bei, als seine Frau ihren Untergang plant. Daß Väter in Märchen als nutzlose und randständige Figuren geschildert werden, darf uns nicht überraschen angesichts der Tatsache, daß die früheste Spaltungserfahrung im Verhältnis des Kindes zur Mutter und nicht zum Vater gemacht wird.

Ohne daß ihr der König oder jemand anderes entgegentritt, macht sich die Königin daran, die schreckliche Tat auszuführen. Sie ruft ihren Jäger zu sich und befiehlt ihm, Schneewittchen zu töten. Zum Glück hat der Jäger Mitleid mit dem Kind und läßt es in den Wald entkommen, wo es auf das Haus der sieben Zwerge stößt. Im restlichen Teil der Geschichte geht es hauptsächlich um den Versuch der Stiefmutter, Schneewittchen auf verschiedene Weise (durch Ersticken, Gift usw.) umzubringen, und die wiederholte Errettung Schneewittchens durch die Zwerge. Schließlich beansprucht der Prinz Schneewittchen für sich, und die Königin bekommt ihre Strafe. Sie wird von dem Prinzen und Schneewittchen zur Hochzeit eingeladen und geht hin, um ihre narzißtische Neugier zu befriedigen. Als sie ankommt, wird sie gezwungen, in rotglühende Schuhe zu steigen und zu tanzen, bis sie tot umfällt. Von da an leben Schneewittchen und der Prinz glücklich bis an ihr Ende, nicht mehr bedroht durch die todbringende Gegenwart der Königin. Das Böse ist bezwungen, und das Gute hat den Sieg davongetragen.

Schneewittchen ist insofern ein typisches Märchen, als das Böse durch eine einzige Gestalt verkörpert wird und dadurch eindeutig faßbar wird. So läßt sich die Gerechtigkeit im Märchen schnell und sicher herstellen. Es gibt keine Wiedergutmachung, kein Handel wird abgeschlossen. Wenn das Gute siegen soll, muß die Königin vernichtet werden, und zwar vollständig und unwiderruflich. Nur so kann das Böse völlig überwunden werden.

Der Ausgleich für das Böse: die gute Fee

Schneewittchen und ähnliche Geschichten schildern nur eine Seite des Spektrums von Gut und Böse. Die Hexe und ihre Ebenbilder verbreiten Unheil und verkörpern alles, was böse ist. Doch wo sind die Kräfte des Guten? Wo ist die strahlende Erscheinung, die dem Kind in dem Kampf gegen das Böse beistehen könnte? Die Dinge würden leichter, wenn es in der Geschichte eine Gestalt gäbe, die eindeutig das Gute verkörpern könnte. In einer anderen Gruppe von Märchen erscheinen solche Gestalten: Zauberinnen, gute Feen und andere wohlwollende Mutterfiguren. Solche Geschichten unterscheiden sich von Geschichten wie *Schneewittchen* dadurch, daß in ihnen mindestens eine wichtige Person vorkommt, die eindeutig gut ist. Hier kommt die Spaltungsdynamik konkret zum Ausdruck. Das vielleicht bekannteste Beispiel dafür ist *Aschenputtel*.

Die Geschichte von Aschenputtel beginnt ähnlich wie die meisten Märchen — mit der Abwesenheit der wirklichen Mutter. Sie ist nirgendwo zu entdecken, und es wird auch nicht erwähnt, was ihr zugestoßen sein mag. Wir erfahren nur, daß sich der Vater eine zweite Frau genommen hat und daß sie keine besonders liebenswürdige Person ist. Von denen, die sie kennen, wird sie als »die stolzeste und unfreundlichste Frau im ganzen Land« beschrieben.

Der erste Teil der Geschichte schildert Aschenputtels Versuch, mit der Stiefmutter und ihren beiden gehässigen Töchtern, die ganz nach der Mutter geraten sind, zurechtzukommen. Die Stiefschwestern werden von ihrer Mutter vorgezogen und führen ein angenehmes Luxusdasein, während Aschenputtel die Böden schrubben und die Öfen reinigen muß. Aschenputtel nimmt sein Schicksal schweigend an und wagt es nicht, sich bei ihrem Vater zu beklagen, der, wie wir hören, »völlig unter dem Einfluß seiner Frau« stand. Wieder haben wir einen Vater, der praktisch nutzlos ist.

Im Hauptteil der Geschichte geht es um Aschenputtels Wunsch, zu dem Ball zu gehen, den der König zu Ehren seines Sohnes gibt. Während sie auf ihren Wunsch dabeizusein verzichtet und willig ihren Schwestern dabei hilft, sich auf die Abreise vorzubereiten, beneidet sie sie insgeheim. Aber selbst wenn sie auch hingehen dürfte, fehlten ihr doch die nötigen Mittel dazu. Was sollte sie anziehen, und wie sollte sie den Weg zurücklegen? Diese Fragen werden durch das magische Erscheinen der guten Fee beantwortet. Die gute Fee ist alles, was die Stiefmutter nicht ist: liebevoll und fürsorglich. Sie möchte, daß Aschenputtel schön ist und daß es ihr gut geht, und wünscht ihr ein anderes Leben als das einer niedrigen Küchenmagd. Sie richtet es sogar ein, daß Aschenputtel persönlich von dem Königssohn empfangen wird, als sie auf dem Ball erscheint. Wer anders als eine »gute Mutter« würde so weit gehen?

Der Rest der Geschichte ist allen vertraut, die vor Mitternacht zu Hause sein mußten: Der Prinz verliebt sich in Aschenputtel, er geht ihr nach, verliert sie aber im letzten Augenblick, als die Uhr 12 schlägt. Die Suche im ganzen Königreich wird schließlich belohnt, als seine Diener den Glasschuh, den Aschenputtel auf dem Ball verloren hat, der Küchenmagd anziehen. Der Prinz macht Aschenputtel zu seiner Braut, und die beiden »leben glücklich bis an ihr Ende«. Doch vorher verzeiht Aschenputtel noch ihren Stiefschwestern. In einem Akt reinen Wohlwollens verheiratet sie die beiden an zwei Edelleute.

Doch wo ist das Böse in der Geschichte? Wo ist die erbarmungslose Schlechtigkeit, die wir bei Stiefmüttern und Hexen zu finden erwarten? Die Stiefmutter ist gehässig, wie ihre Töchter auch, aber sie sind nicht *gar so* schlimm. Wo ist die Grausamkeit, die todbringende Verfolgung und die Vergeltung, die in anderen Märchen eine so große Rolle spielt? Die Antwort findet sich paradoxerweise in einer anderen Geschichte. Die oben wiedergegebene, die im englischen Sprachraum den meisten bekannt ist, ist eine »veredelte« Version der ursprünglichen Aschenputtelgeschichte. Sie stammt nicht von den Brüdern Grimm, sondern wurde von *Charles Perrault* für Ludwig XIV. am Hof von Versailles geschrieben (*Carter* 1977). Perraults Version, 1697 verfaßt, befreite das Original von unnötigen Roheiten, um den König und seine Begleitung nicht zu verletzen. Die Version der Brüder Grimm bleibt der ursprünglichen Intention der Geschichte treu und bringt die Spaltungsdynamik voll zum Ausdruck. In ihrer Fassung ist die Stiefmutter nicht nur eine unfreundliche Frau, die ihre Töchter nun mal der Stieftochter vorzieht, sondern sie quält und täuscht Aschenputtel, indem sie Versprechungen macht, die einzuhalten ihr nicht in den Sinn kommt. Auch verspricht sie dem Mädchen, es auf das Fest gehen zu lassen, wenn es bestimmte Aufgaben erfüllt. Als Aschenputtel genau ausführt, was ihr aufgetragen wurde, hält sie ihr Versprechen nicht.

Das Hexenhafte der Stiefmutter zeigt die Darstellung jedoch am deutlichsten in ihrem Verhältnis zu ihren eigenen Töchtern, wie weit sie geht, um sicherzustellen, daß eine von ihnen die Hand des Königssohns gewinnt: Als die erste Tochter es nicht schafft, ihren Fuß in den Glasschuh zu zwängen, reicht die Mutter ihr ein Messer und weist sie an, ihren großen Zeh abzuhauen: »Wenn du Königin bist, so brauchst du nicht mehr zu Fuß zu gehen.« Als die andere Schwester ähnliche Schwierigkeiten hat, gibt die Mutter auch ihr das Messer und sagt, sie solle ihre Ferse abhauen. Die Stiefmutter ist so begierig, Königinmutter zu werden, daß ihr alle Mittel recht sind, um ihr Ziel zu erreichen — selbst die Verstümmelung ihres eigenen Fleisches und Blutes.

Im Gegensatz zur Version von Perrault endet die Grimmsche Fassung mit einer Mitteilung, die der Spaltungsdynamik wirklich gerecht wird: An dem Tag, an dem Aschenputtel mit dem Prinzen Hochzeit hält, kommen die beiden Schwestern zum Palast, um sich bei ihrer Stiefschwester einzuschmeicheln. Aschenputtel lädt sie ein, ihre Brautjungfern zu sein. Als sie ihren Platz einnehmen, werden sie jedoch von zwei weißen Tauben angegriffen. Die Vögel, die in der Geschichte als Aschenputtels Beschützer aufgetreten sind, picken den Schwestern auf dem Weg zur Kirche die Augen aus. Indem sie ihre Stiefschwestern zu Krüppeln macht, übt Aschenputtel Rache an der Stiefmutter und versetzt dem Bösen, das sie verkörpert, einen Schlag.

Obwohl die Aschenputtelversion der Brüder Grimm eindeutig eine Spaltungsgeschichte ist, unterscheidet sich ihr Ende von dem anderer Märchen, in denen Hexen und entsprechende Gestalten vorkommen: In *Schneewittchen* wird die Königin gezwungen, in den Tod zu tanzen, in *Hänsel und Gretel* wird die Hexe in einem Ofen verbrannt, und in *Aljunuschka und Iwanuschka*, einem bekannten russischen Märchen, wird die Hexe auf einem Scheiterhaufen verbrannt. In *Aschenputtel* überlebt die Hexe, d. h. die Stiefmutter. Sie wird nicht gezwungen, in den Tod zu tanzen, und sie wird auch nicht lebendig verbrannt. Auch ihre Stellvertreterinnen, die Stiefschwestern, bleiben vom Tod verschont. Es ist, als würde die konkrete Verkörperung des Guten, die Fee, in der Geschichte als Schild gegen die Kräfte des Bösen wirken. Das läßt darauf schließen, daß das Böse überleben darf, wenn es ein Gegengewicht dazu gibt.

Die Aussöhnung von Gut und Böse und ihre schließliche Integration ist ein Hauptziel der Objektbeziehungstherapie. Wenn der Patient aufhören soll, schlechte Teile des Selbst durch pathologische Interaktionen abzuspalten, muß er sich zunächst damit vertraut machen, daß das, was als

»schlecht« oder »böse« gilt, nicht unbedingt ein Grund zum Zurückweisen oder Verlassen ist. Daß Gut und Böse Seite an Seite »leben« können, impliziert die Möglichkeit, das Böse als integralen Bestandteil des Selbst zu akzeptieren.

Die Integration von Gut und Böse

Die Möglichkeit, daß das Gute und Böse nebeneinander existieren können, verdeutlicht das russische Märchen *Wassilissa, die Wunderschöne* (*Afanasew* 1985). Wie bei anderen Spaltungsgeschichten steht im Mittelpunkt der Erzählung die Begegnung mit einer Hexe. Doch im Gegensatz zu anderen Hexen, die durch und durch böse sind, ist die Hexe hier gut *und* schlecht. Ich will die Geschichte hier wiedergeben, weil sie den meisten Lesern wahrscheinlich weniger bekannt ist als andere Märchen.

Die Geschichte beginnt damit, daß das Mädchen Wassilissa an das Sterbebett der Mutter gerufen wird. Bevor die Mutter stirbt, segnet sie ihre Tochter und gibt ihr eine Puppe. »Nimm sie immer mit dir, wohin du auch gehst,« sagt sie zu ihrem einzigen Kind, als sie ihm die Puppe reicht. »Wenn du in Not bist, gib ihr zu essen und frag sie um Rat. Wenn sie gegessen hat, wird sie dir sagen, was du tun sollst«. Mit diesen Worten stirbt die Mutter.

Die Puppe ist also ein Übergangsobjekt, und *Wassilissa, die Wunderschöne* gehört zu den wenigen Märchen, in denen so etwas vorkommt. Die Puppe beschützt das Kind nicht nur vor einigen Gefahren, denen es in der Geschichte begegnet, sondern tröstet es auch, wenn es sich fürchtet und allein ist. Da die Mutter die Puppe direkt als Ersatz für sich anbietet, erfüllt diese die Stellvertreterfunktion, wozu Übergangsobjekte ja dienen sollen.

Die Geschichte ähnelt in groben Zügen *Aschenputtel*, insofern der Vater, ein reicher Kaufmann, nach dem Tod seiner ersten Frau eine herrschsüchtige Frau mit zwei Töchtern heiratet. Wie bei Aschenputtel bürden die Stiefmutter und ihre Töchter Wassilissa alle möglichen unangenehmen Hausarbeiten auf. Doch Wassilissa besitzt etwas, das Aschenputtel nicht hat: die Puppe. Jede Nacht, wenn im Haus alles schläft, bittet Wassilissa die Puppe um Hilfe. Die Puppe tröstet sie und erledigt in der Nacht alle Hausarbeiten.

Das geht so über Jahre, und Wassilissa wird mit jedem Tag schöner. Alle jungen Männer der Stadt machen ihr den Hof, und keiner von ihnen interessiert sich für eine der Stiefschwestern. Darüber sind Stiefmutter und Stiefschwestern natürlich enttäuscht, und sie schmieden Pläne, um Wassilissa loszuwerden. Eines Tages, als der Vater auf einer Geschäftsreise ist, sagen sie Wassilissa, daß alle Kerzen im Haus ausgegangen sind und nichts da ist, um sie wieder anzuzünden. Die Stiefmutter beauftragt Wassilissa, bei der gefürchteten Hexe Baba Jaga, die tief im Walde wohnt, Feuer zu holen, wohl wissend, daß ein solcher Auftrag Wassilissas Tod bedeutet.

Die Geschichte erzählt von Wassilissas Weg durch den Wald, wo sie schließlich auf Baba Jagas Haus stößt. Das Haus ist umgeben von einem Zaun aus Menschenknochen, und auf den Zaunpfählen stecken Schädel von Menschen. Das Haus selbst hat Türen mit »Angeln aus Menschenfüßen, Riegeln aus Menschenhänden und einem Menschenmund mit scharfen Zähnen als Schloß.« Als Wassilissa das Schauspiel vor sich mit großen Augen anschaut, beginnen die Augen in den Schädeln zu leuchten, und Baba Jaga erscheint.

Die Hexe fragt, was sie wolle. Wassilissa sagt, warum sie gekommen ist, und die Hexe erklärt sich bereit, ihr das Feuer zu geben, doch erst, wenn Wassilissa für sie eine Reihe von Hausarbeiten erledigt hat. Baba Jaga trägt ihr auf, den Hof zu fegen, das Haus zu säubern und am nächsten Tag Essen zu kochen. Außerdem befiehlt die Hexe dem erschrockenen Mädchen, die Wäsche zu waschen und die schwarzen Körner aus dem Weizen zu suchen. Damit Wassilissa genau weiß, daß sie es ernst meint, warnt die Hexe sie, sie werde sie töten, wenn bei ihrer Rückkehr nicht alle Arbeit getan ist.

Wassilissa weiß recht genau, daß sie das nicht alles an einem Tag schaffen kann, zieht sich in einen Winkel des Hauses zurück und fängt an zu weinen. Doch die Puppe beruhigt sie: »Hab keine Angst, Wassilissa, du Wunderschöne, iß dein Abendbrot, sprich deine Gebete und leg dich schlafen; der Morgen ist klüger als der Abend.« Wassilissa ist beruhigt. Sie legt sich schlafen, und als sie am Morgen aufwacht, ist alle Arbeit getan.

Das gleiche wiederholt sich an den beiden folgenden Tagen, und jedesmal droht Baba Jaga, sie zu töten, wenn ihre Aufträge nicht ausgeführt sind. Schließlich fragt die Hexe verärgert, wie sie es anstelle, mit all der

Arbeit fertigzuwerden. Wassilissa sagt nichts von der Puppe, sondern antwortet: »Es ist der Segen meiner Mutter, der mir hilft.« Das weckt Baba Jagas Zorn und bringt sie in Wut. »Ich will keine gesegneten Töchter in meinem Haus haben,« schreit sie und zerrt Wassilissa hinaus. Doch bevor sie sie wegschickt, gibt sie ihr einen der leuchtenden Schädel und sagt ihr: »Hier ist Feuer für deine Stiefschwestern. Nimm es; das ist es, wonach sie dich geschickt haben.«

Das Licht aus dem brennenden Schädel leuchtet Wassilissa den Weg durch den Wald und geleitet sie zurück nach Hause. Stiefmutter und Stiefschwestern freuen sich trotz ihres Hasses, sie zu sehen. Es ist ihnen offenbar nicht gelungen, im Haus Feuer zu machen, seit Wassilissa gegangen ist, und im Haus war es ständig dunkel. Die drei nehmen den Schädel und tragen ihn ins Haus, doch dabei starren die Augen sie an. Sie versuchen, sich vor dem Licht zu verkriechen, doch es folgt ihnen nach und brennt so sehr, daß sie am nächsten Morgen zu Asche verbrannt sind. Nur Wassilissa bleibt am Leben, endlich der Gewalt ihrer Stiefmutter und Stiefschwestern entkommen.

Viele Merkmale von *Wassilissa, die Wunderschöne* haben ihre Entsprechungen in westlichen Märchen. Da ist eine Stiefmutter, die danach trachtet, die Heldin loszuwerden, ein Vater, der keine große Hilfe ist, und eine Hexe, die droht, die Heldin zu vernichten, wenn sie nicht eine Reihe schwieriger Aufgaben erfüllt. Doch die Hexe in dieser Geschichte unterscheidet sich von den meisten Hexen, denen wir in anderen Geschichten begegnen. Zwar ist sie böse, doch sie ist auch mitleidig und fürsorglich (*von Franz* 1961). Baba Jaga verschont nicht nur Wassilissas Leben, sondern gibt ihr auch die Mittel, mit dem sie ihre Feindinnen vernichten kann.

Das bedeutet einen Fortschritt in der Entwicklung, verglichen mit der monolithischen Bösartigkeit, der wir in anderen Märchen begegnen. Es bedeutet ein wachsendes Bewußtsein in Kindern dafür, daß Gut und Böse in der gleichen Person existieren können. Bis Kinder in der Lage sind, das zu erkennen, bleiben ihre Gefühle zu sich selbst in der archaischen Vorstellung verwurzelt, das Böse müsse vernichtet werden, damit das Gute überleben könne. Dieser Glaube muß überwunden werden, damit Kinder — und Erwachsene — schließlich das Böse tolerieren können, das in ihnen selbst existiert.

Daß Märchen es nicht ganz erreichen, was sie sich zum Ziel gesetzt haben: das Böse ein für allemal auszurotten, gehört zu den wichtigen Lernerfahrungen der Kindheit. Ein schlechtes Gefühl für das eigene Selbst bleibt gewöhnlich auch dann bestehen, wenn die Hexe im Märchen vernichtet ist. In reiferem Alter wenden wir uns daher andersartigen Phantasien zu, um die Spaltung zwischen Gut und Böse symbolisch aufzuheben. Ein Beispiel dafür sind einige »Märchen für Erwachsene«, in denen es um das Doppelgängermotiv geht.

Märchen für Erwachsene: der Doppelgänger

Die Vorstellung des »Doppelgängers« hat ihre Wurzeln in einem überlieferten deutschen Volksglauben, wonach jeder Mensch über ein Ebenbild seiner selbst verfügt (*Keppler* 1972; *Tymms* 1955). Manchmal hat der Doppelgänger die Gestalt des Schattens seines Besitzers (*Rank* 1914). In anderen Versionen ist er das Bild eines Menschen: Ein Mensch wacht eines Morgens auf, schaut in den Spiegel und stellt fest, daß sein Spiegelbild fehlt. In den meisten Versionen ist der Doppelgänger jedoch einfach eine Verdoppelung in Fleisch und Blut, die eine eigene Existenz hat (*Guerard* 1967).

Zwar stellt der Mythos in seiner reinsten Form den Doppelgänger als genaue Kopie seines Gegenstücks dar, doch es gibt auch Abweichungen davon: In manchen Erzählungen ist der Doppelgänger körperlich entstellt, in anderen unterscheidet er sich in psychischer Hinsicht. Aber immer ist der Doppelgänger eng an die Hauptfigur der Geschichte gebunden, allerdings in bezug auf Gut und Böse genau entgegengesetzt.

Vielleicht ist die bekannteste Erzählung zum Thema Verdoppelung Stevensons *Dr. Jekyll und Mr. Hyde* (1886). Stevensons Geschichte von einem Arzt, der seinen Körper in zwei getrennte, aber völlig gegensätzliche Teile aufspaltet, ist in vieler Hinsicht das erwachsene Gegenstück zu einem Kindermärchen: die Spaltung zwischen Gut und Böse, der fortwährende Kampf zwischen beiden und der unvermeidliche Höhepunkt, in dem das Gute über das Böse siegt. Nur werden die beiden voneinander abgespaltenen Seiten hier als Anteile einer einzigen Person dargestellt, und statt mit Feen und Hexen haben wir es mit zwei Gestalten zu tun, die getrennte Teile derselben Person zu sein scheinen.

Die meisten kennen Stevensons Geschichte von einem der vielen Filme, die danach gedreht worden sind. Darin wird Dr. Jekyll gewöhnlich als ein etwas seltsamer Wissenschaftler dargestellt, der im Rahmen seiner wissenschaftlichen Experimente eines Tages zufällig den kriminellen Hyde ins Leben ruft. In dem Buch wird jedoch deutlich, daß Jekylls Bemühungen weniger durch seinen Forscherdrang als durch sein Bedürfnis motiviert sind, mit einer Spaltung in seiner eigenen Persönlichkeit zurechtzukommen (*Sanford* 1981, S. 102). Was Jekyll wirklich will, ist, dem Bösen in sich körperlich Ausdruck zu verschaffen, damit er sich nicht ständig mit den psychischen Folgen auseinandersetzen muß. In einem Absatz des Buches denkt Jekyll über diese beiden Teile von sich nach:

> »Ich sagte mir, daß, falls es gelänge, jede dieser beiden Naturen in gesonderte Persönlichkeiten zu verpflanzen, das Leben von alledem, was jetzt unerträglich war, befreit sein würde. Der Ungerechte könnte seinem Wege folgen, befreit von den Aspirationen und Gewissensbissen seines rechtschaffenen Zwillingsbruders, und der Gerechte könnte fest und sicher seinen aufwärtsführenden Pfad schreiten, das Gute tun, das seine Freude bildet, fürder nicht mehr Schande und Strafe ausgesetzt durch die Hand dieses ihm wesensfremden Bösen.« (S. 188)

In Jekylls Bemerkungen drückt sich nichts anderes aus als das Phänomen der Spaltung in existentieller Ausdrucksweise: Wie kann man angesichts dieser grundlegenden Spaltung in der menschlichen Psyche ein Gefühl für sich selbst als wertvollen Menschen bewahren? Wenn es in der Natur der Persönlichkeit liegt, in Gut und Böse gespalten zu sein, und wenn diese Spaltung tiefgehend und immer gegenwärtig ist, wie können wir dann ein einheitliches Bild davon behalten, wer wir wirklich sind? Die Frage ist nicht, ob das Böse existiert, sondern wie man angesichts der Tatsache, daß es existiert, ein sinnvolles Dasein führen kann.

Dieses Dilemma läßt Dr. Jekyll eine Möglichkeit erfinden, seine innere Spaltung zu bewältigen. Seine Lösung besteht darin, das Gute und das Böse in zwei körperlich gesonderte Wesen zu trennen. Das erreicht er, indem er auf chemischem Wege den mysteriösen Edward Hyde erschafft. Hyde, eine mißgestaltete, in sich eingesunkene Kreatur, vereint in sich all die Merkmale, die Jekyll gerne loswerden möchte.

Hyde ist also Jekylls Doppelgänger. Als Mörder und Dieb ist er nicht nur psychisch ein Verworfener, sondern auch physisch abstoßend. Doch so abstoßend Hyde auch ist, fühlt sich Jekyll dennoch zu ihm hingezogen.

Er schreibt: »... und doch... wurde ich mir keines Widerwillens, eher eines Gefühls freudigen Willkommens bewußt. Das war auch mein Ich« (S. 192). Es wird deutlich, daß Jekyll auf irgendeiner Ebene primären Bewußtseins Hyde wirklich *kennt*. Diese Selbstenthüllung ist nichts anderes als das Spaltungserleben der frühen Kindheit aus der Sicht des Erwachsenen.

Zwar gelingt Jekyll, was er sich vorgenommen hat — er spaltet sein gutes Selbst von seinem bösen Selbst ab —, aber er ist nicht darauf vorbereitet, was dann folgt. Eines Tages wacht er auf und stellt fest, daß er sich ganz von selbst in Hyde verwandelt hat. Veränderungen, die bisher durch Chemikalien zustandegekommen sind, finden jetzt ohne sein Zutun statt. Jekyll erkennt, daß er die Kontrolle verliert, und schreibt in seiner Beichte: »... und ich fing an eine Gefahr zu ahnen, daß, wenn dieses noch lange so fortging, das Gleichgewicht meiner Natur dauernd gestört werden könnte« (S. 198).

Jekyll versucht, die Entwicklung rückgängig zu machen, muß aber feststellen, daß er dazu nicht imstande ist. So sehr er es auch versucht, er muß doch erkennen, daß sich Hyde nicht verleugnen läßt. Schließlich verbarrikadiert er sich in seinem Laboratorium und versucht, die richtige Kombination von Zutaten zu finden, um seine Lage verändern zu können. Doch alle Chemikalien, die ihm zur Verfügung stehen, erweisen sich als nutzlos. Jekyll sieht sich mit dem Unausweichlichen konfrontiert: Er wird sich bald in Hyde verwandeln und nie mehr zurück in Jekyll. Im letzten Augenblick nimmt er Gift. Indem er sich tötet, bereitet er dem verachtenswerten Hyde ein Ende, zerstört aber gleichzeitig auch sich selbst.

Stevensons Geschichte von Henry Jekylls tragischen Bemühungen, sich mit der Spaltung in sich auszusöhnen, gibt der Spaltungsdynamik eine äußere Form. Wie bei den Märchen für Kinder erreicht die Geschichte das, indem sie das Gute und das Böse auf verschiedene Figuren verteilt und dann die Folgen betrachtet. Was die Doppelgängerversion der Spaltung zu einer Erwachsenenversion macht, ist die Art, wie die Spaltung aufgehoben wird: In Kindermärchen wird das Böse zerstört ohne Versuche der Aussöhnung oder Bedenken wegen der Folgen. Das Ziel des Märchens ist, auf eine einfache Formel gebracht, die Hexe loszuwerden. Ist die Hexe erst einmal aus dem Weg geräumt, die böse Königin bestraft oder die Stiefmutter aus der Stadt vertrieben, können alle vergnügt bis an ihr Ende leben. Sich von dem Bösen zu befreien, kann zwar Angst machen, ist aber kaum komplizierter als das Entfernen einer Warze — zumindest in den Augen der ganz Kleinen. Erwachsene sind nicht so leicht zu täuschen. Zumindest erkennen sie, daß das Leben nicht so einfach ist, wie es die Märchen vorgeben, daß also das Böse nicht völlig ausgerottet werden kann und daß Versuche, das zu tun, aussichtslos und unklug sind. Die Doppelgängergeschichten enthalten die Botschaft, daß der Versuch, das Böse gänzlich zu beseitigen, wahrscheinlich mit dem eigenen Untergang endet. Diese Botschaft ist eine sehr andere als die der Kindermärchen: Erwachsene müssen sich der Tatsache stellen, daß das Gute und das Böse verschiedene Seiten derselben Medaille sind.

Das Doppelgängermotiv zieht sich durch eine ganze Reihe von Märchen für Erwachsene, z. B. *The Picture of Dorian Gray* von Oscar Wilde (1891) und *The Jolly Corner* von Henry James (1947). In diesen und ähnlichen Geschichten wird der Doppelgänger als in seiner körperlichen Erscheinung von dem Helden verschieden dargestellt; das Böse und Schlechte hat hier also körperliche Merkmale.

Das ist bei Kindermärchen, wo die Hexe häßlich und abstoßend ist, natürlich ebenso; so wie die Hexe klein und mißgestaltet ist, sind auch Mr. Hyde und das Bild von Dorian Gray unansehnlich und abscheulich. Doch das ist nicht immer der Fall. In anderen Geschichten ist der Doppelgänger das vollkommene Ebenbild des Helden (*Rogers* 1970, S. 18-39). In diesen Geschichten ist er weder verunstaltet, noch sieht er besonders böse aus. Er ist vielmehr das genaue Spiegelbild der zentralen Figur der Geschichte. Die einzige Möglichkeit, sie auseinanderzuhalten, besteht in einem feinen, aber doch verräterischen Unterschied in ihrer Persönlichkeit.

Das Klonen des Guten

Ein anschauliches Beispiel für diese Art von Verdoppelung ist Edgar Allen Poes Erzählung *William Wilson* (1839). Sie schildert die Geschichte eines jungen Engländers, der als Jugendlicher seinem Doppelgänger begegnet und sein Leben lang versucht, ihm zu entkommen. Die Geschichte kehrt insofern das übliche Verhältnis um, als der Doppelgänger in Poes Erzählung gut ist, der Protagonist dagegen böse. Aber die zentrale Dynamik, die Spaltung zwischen Gut und Böse, ist dieselbe.

Die Geschichte von William Wilson beginnt in einem englischen Internat. Dort begegnet er einem anderen Schüler mit demselben Namen, der ihm in körperlicher Hinsicht sehr stark gleicht: Sein Doppelgänger hat nicht nur dieselbe Größe, sondern gleicht ihm auch in seiner Gestalt. Der einzige körperliche Unterschied, den Wilson entdecken kann (der zudem nur geringfügig ist), liegt in ihren Stimmen: Der andere William Wilson spricht immer in einem leisen Flüsterton.

Im Verlauf der Geschichte zeigen sich noch weitere Ähnlichkeiten: Der andere Wilson kleidet sich genauso wie William Wilson, er ahmt seinen Gang nach und geht dazu über, dieselbe Redeweise zu gebrauchen. Es gibt jedoch einen entscheidenden psychischen Unterschied: Der Doppelgänger scheint das zu besitzen, was William Wilson als »Sittlichkeitsgefühl« bezeichnet. Durch versteckte Andeutungen oder sarkastische Bemerkungen im richtigen Augenblick läßt er William Wilson wissen, daß er ein viel feineres Gespür dafür hat, was gut und was böse ist. Weil der Doppelgänger ihm so unheimlich ähnlich ist, fragt sich William Wilson, ob sie vielleicht verwandt sind. Im ersten Teil der Geschichte denkt er über die Möglichkeit nach, daß sie Zwillinge sein könnten. Er schließt die Möglichkeit aus, spekuliert aber über eine andere Art von Verbindung:

> »Es muß... um dieselbe Zeit gewesen sein, daß ich... in seinem Tonfall, seinen Mienen, seinem Äußeren allgemein, ein Etwas entdeckte, oder zu entdecken wähnte, das mich erst stutzen machte, und dann insofern aufs tiefste zu interessieren begann, als es mir matte optische Eindrücke meiner frühesten Kindheit wieder zu Sinn brachte — wildverworrne Erinnerungsgedränge aus einer Zeit, da die Erinnerungsfähigkeit selbst noch ungeboren war. Ich kann das auf mich eindringende Gefühl nicht besser beschreiben, als wenn ich sage, wie ich nur unter Schwierigkeiten die Einbildung abzuschütteln vermochte, mit dem Wesen, das da vor mir stand, in sehr weit zurückliegenden Zeiträumen schon einmal bekannt gewesen zu sein — auf irgendeinem, schier unendlich fernen Punkt der Vergangenheit.« (S. 17f)

Hier ist eine der wenigen Stellen, wo sich der Autor einer Doppelgängergeschichte direkt auf frühkindliche Spaltungsvorgänge bezieht. Wilson spürt intuitiv, daß er einen Doppelgänger auf eine Weise kennt, die älter ist als logisches (kognitives) Wissen. Durch seinen Protagonisten führt Poe uns in eine Zeit, »da die Erinnerungsfähigkeit selbst noch ungeboren war.« Für einen kurzen Moment werden wir in eine Lebensphase zurückgebracht, wo das Fühlen das Denken überwog, wo unser Erleben der Welt in einer archaischen Dichotomie von Gut und Böse gefangen war.

Die Geschichte führt William Wilson nach Eton und Oxford, wo er sich in einen »Strudel von Ausschweifungen« stürzt. An beiden Orten tritt der Doppelgänger immer dann in Erscheinung, wenn Wilson jemanden betrügt oder ausnutzt. Jedesmal, wenn Wilson sich vergeht, taucht der Doppelgänger auf, das Gesicht verdeckt, und flüstert William Wilson ins Ohr. In den darauffolgenden Jahren reist William Wilson durch Europa, nach Wien, Paris, Berlin und sogar nach Moskau, um seinem Verfolger zu entkommen. Doch so sehr er es auch versucht, es gelingt ihm nicht, den Schatten der Nemesis abzuschütteln. Verzweifelt beschließt er, der unheiligen Allianz, die beide aneinander bindet, ein Ende zu machen. Die schicksalhafte Begegnung findet in Rom im Palazzo des alten Herzogs Di Broglio statt.

Wilson ist von dem Herzog zu einem Maskenball eingeladen worden und hat die Einladung angenommen, weniger, um zu tanzen, als um die schöne junge Frau seines Gastgebers zu verführen. Als er am Palazzo ankommt, sieht er die Frau des Herzogs für einen kurzen Augenblick in der Menschenmenge und macht sich eiligst in ihre Richtung auf. Kurz davor, nach ihr zu rufen, fühlt er, wie sich eine leichte Hand auf seine Schulter legt. Bevor er sich umdrehen kann, hört er die bekannte leise Flüsterstimme seinen Namen sagen. Außer sich vor Wut fährt er herum, um seinen Peiniger zu stellen, und bemerkt, daß das Kostüm des Störenfrieds dem seinen völlig gleicht. In einem Anfall von Raserei schleift er seinen Widersacher aus dem Ballsaal in ein angrenzendes Vorzimmer, wo er ihn zum Duell fordert. Der Kampf dauert nur kurz. In wenigen Sekunden hat Wilson seinen Gegenspieler an die Wand gedrängt und stößt ihm mit brutaler Wildheit seinen Degen in die Brust.

In dem Augenblick klopft es an der Tür, und William Wilson wendet seine Aufmerksamkeit kurz ab, um zu sehen, wer da ist. Er sieht niemanden, wendet sich wieder zum Raum und muß überrascht feststellen, daß sein Doppelgänger verschwunden ist. Statt dessen sieht er einen hohen Spiegel an der Wand stehen, den er vorher nicht bemerkt hat. Wilson blickt in den Spiegel und sieht voller Grausen sich selbst, ganz mit Blut überströmt und mit einem Säbel in der Brust, auf sich zukommen. Als er auf sein Spiegelbild starrt, erkennt er schließlich die ganze Ungeheuerlichkeit dessen, was er getan hat. Mit dem Versuch, seinen Doppelgänger zu vernichten, hat William Wilson nur erreicht, sich selbst zu zerstören.

Bezeichnenderweise enthalten Geschichten, die das Doppelgängermotiv behandeln, starke autobiographische Elemente. So spiegeln die Figuren Hyde und Jekyll Konflikte aus der Kindheit von Robert Louis Stevenson, dessen Verachtung von leeren sozialen Konventionen gegen die Forderungen eines willensstarken Vaters stand (*Calder* 1980); Stevensons Vater wollte, daß sein Sohn Ingenieur würde, während Stevenson sich für das Leben eines »vogelfreien« Schriftstellers entschieden hatte. Oscar Wilde schrieb in einem Brief an einen engen Freund über *The Picture of Dorian Gray*: »Es enthält viel von mir« (*Hart-Davis* 1963, S. 352). In Joseph Conrads Roman *The Secret Sharer*, der Geschichte von dem Versuch eines Schiffskapitäns, mit einem von seinem Doppelgänger begangenen Verbrechen fertigzuwerden, klingt Conrads eigenes Erleben mit dem unseligen Kommando über die *Otago* im Jahr 1888 an. Und Dostojewski, der sein ganzes Leben hindurch an Depressionen und Angstanfällen litt, läßt seinen Roman *Der Doppelgänger* damit enden, daß der Held in ein psychiatrisches Krankenhaus eingeliefert wird.

Doch vielleicht ist die persönliche Bedeutung des Doppelgängerthemas nirgendwo deutlicher als in *William Wilson*. Im ersten Teil der Erzählung gibt es einen Abschnitt, in dem der junge Wilson den genauen Tag der Geburt seines Gegenspielers erfährt. Als sich herausstellt, daß das Datum dem Tag seiner eigenen Geburt entspricht, fragt er sich, ob sie Brüder sein könnten:

> »Aber, zugegeben, wenn wir Brüder gewesen *wären*, hätten wir sogar Zwillinge sein müssen; denn ich habe, nach dem Abgang von Dr. Bransby's [Rektors] Internat, durch Zufall erfahren, daß mein Namensverwandter am 19. Januar 1809 geboren sei — und das ist natürlich ein einigermaßen bemerkenswertes Zusammentreffen; denn besagter Tag ist genau der meiner eigenen Geburt.« (S. 13)

William Wilson sieht darin ein zufälliges Zusammentreffen. Damit mag er recht haben. Doch dann fragt man sich, ob es auch Zufall ist, daß Edgar Allen Poe selbst in Boston, Massachusetts, an eben diesem 19. Januar 1809 geboren wurde.

Doppelgängergeschichten sind, kurz gesagt, Märchen für Erwachsene. Doch während es in Kindermärchen möglich ist, das Böse zu vernichten, so daß dann alle »glücklich bis an ihr Ende leben« können, kommt es in den Fassungen für Erwachsene dazu nur selten. Die in Doppelgängergeschichten enthaltene Moral lautet, daß es nicht nur unmöglich, sondern tollkühn ist zu versuchen, das Böse zu zerstören. Wenn Menschen reife zwischenmenschliche Beziehungen entwickeln und aufrechterhalten wollen, müssen sie irgendwie lernen, das Gute und das Schlechte zu integrieren, das ihr zwischenmenschliches Vermächtnis ist.

Spaltung in Filmen

Demselben Thema der Spaltung begegnen wir auch in Filmen. Otto Rank hat mit seiner Analyse des zu seiner Zeit bekannten Films *Der Student in Prag* als einer der ersten darauf aufmerksam gemacht (*Rank* 1914). Unter der Regie von Hans Heinz Ewers erzählt der Film die Geschichte eines schneidigen jungen Studenten namens Balduin, der auf mysteriöse Weise von seinem »anderen Selbst« getrennt wird und sein weiteres Leben hindurch auf bittere Weise die Folgen zu spüren bekommt.

Der Film beginnt damit, daß Balduin, der beste Fechter an der Universität von Prag, sein ganzes Geld verschwendet hat. Seinen Studien und seinen Freunden entfremdet, irrt er durch einen Wald, wo er die junge Tochter des Barons Waldis-Schwarzenberg vor dem Ertrinken errettet. Balduin wird auf ihr Schloß eingeladen, weil der Baron ihn kennenlernen möchte, und erfährt dort, daß Margit, das Mädchen, das er gerettet hat, verlobt ist. Er hat sich in dieser kurzen Zeit von Margit verzaubern lassen und ist ganz verzweifelt über diese Entdeckung.

Einige Zeit darauf bekommt Balduin Besuch von einem finsteren alten Mann namens Scapinelli, dem er schon früher in dem Film begegnet ist. Der alte Mann verspricht ihm Reichtum, wenn er einen Vertrag unterschreibt, in dem er darin einwilligt, daß Scapinelli alles, was in dem Zimmer ist, mitnehmen darf. Balduin sieht sich um, schaut auf die wenigen Möbel und die kahlen Wände und unterschreibt glücklich den Vertrag. Belustigt schaut er zu, wie sich Scapinelli, nachdem er alles, was in dem Raum ist, genau untersucht hat, für Balduins Spiegelbild entscheidet. Balduin geht auf den Scherz ein und ist nicht wenig erstaunt, als sich sein Bild aus dem Spiegel löst und Scapinelli durch die Tür folgt.

Von da an entspricht die Handlung ungefähr der Geschichte von *William Wilson*. Balduin, jetzt kein armer Student mehr, verfolgt Margit, wird aber ständig von seinem Doppelgänger unterbrochen. Margits Bräutigam ist schließlich über Balduins unerwünschtes Eindringen so aufgebracht, daß er ihn zum Duell fordert. Margits Vater verwendet sich jedoch für ihn, weil er weiß, wie geschickt Balduin mit einem Schwert umzugehen versteht. Der Baron bittet Balduin, das Leben seines zukünftigen Schwiegersohns und Erben zu verschonen. Als er jedoch auf dem Weg zur Stätte des Duells ist, um Margits Bräutigam zu sagen, daß es kein Duell geben wird, sieht er seinen Doppelgänger aus der anderen Richtung kommen. Er ist voller Verzweiflung, als er sieht, wie sein Doppelgänger Blut von einem Säbel abwischt, den er in der Hand hält.

Das Haus des Barons ist für Balduin nach dem Tod des Bräutigams verschlossen, eine Zukunft mit Margit nicht mehr denkbar, und so sitzt er verzagt in seinem Zimmer, düsteren Gedanken über seine Zukunft nachhängend. Plötzlich sieht er seinen Doppelgänger grinsend vor sich stehen. Balduin greift nach einem Gewehr und schießt auf ihn, bemerkt aber nur, daß das Phantom verschwunden ist. Er lacht erleichtert in dem Glauben, sich endlich von seinem Peiniger befreit zu haben. Doch seine Freude ist nur von kurzer Dauer. Er spürt einen stechenden Schmerz in der Brust und merkt, daß sein Hemd mit Blut durchtränkt ist. Als Balduin auf dem Boden in sich zusammensinkt, erscheint Scapinelli, zerreißt den Vertrag und läßt die Papierfetzen auf den leblosen Körper fallen.

Der Student von Prag ist die Filmversion einer überlieferten Doppelgängergeschichte, in der die Verdoppelung durch zwei Figuren ausgedrückt wird, die jeweils eine Seite der Spaltung verkörpern (*Schlappner* 1967, S. 129). In neueren Filmfassungen von Spaltungen findet die Trennung in Gut und Böse eher psychologischen als körperlichen Ausdruck. Ein Beispiel dafür ist Bertoluccis *The Partner*, ein anderes ist Judith Rossners *Looking for Mr. Goodbar*. Ein neuerer Film hält jedoch an der klassischen Zwei-Personen-Darstellung der Verdoppelung fest: Woody Allens *The Purple Rose of Cairo*.

In Allens Film im Film steigt Tom Baxter, ein Kinoheld, von der Leinwand herunter, um in das Leben der bedrängten Heldin Celia zu treten. Tom verkörpert alles, was sich eine Frau nur wünschen kann, und Celia sieht ihn als die Antwort auf ihre Träume, als ein Lotterielos, das ihr den Weg fort von Plackerei und Mißhandlungen ebnen wird. Die Filmkritiker *Gabbard* und *Gabbard* beschreiben Tom mit folgenden Worten: »Er ist frei von Selbstsucht und Gier, von den niederen Trieben, die die dunkle Seite des Menschen ausmachen« (1987, S. 222). Man könnte kaum eine überzeugendere Beschreibung des »Gut-Seins« finden.

Toms Gegenspieler im wirklichen Leben, Gil Shephard, der Schauspieler, der Tom auf der Leinwand spielt, scheint Tom zunächst sehr ähnlich zu sein. Er kommt in die Stadt, um die Situation wieder in Ordnung zu bringen, stößt dabei zufällig auf Celia und überwältigt sie mit seiner Offenheit und seinen praktischen Qualitäten. Doch Gil ist außerordentlich eitel und selbstbezogen und denkt nur an sich und seine Karriere. Er verspricht Celia, ihr die Sterne vom Himmel zu holen, wenn sie Tom nur dazu überreden kann, zu seinem Film zurückzukehren. Celia hilft Gil in dem Glauben, daß er sie liebt. Doch am Ende verläßt er sie, und sie bleibt allein mit ihren Kinoträumen zurück.

The Purple Rose of Cairo stellt Gut und Böse einander gegenüber, indem Tom Baxter gegen Gil Shephard ausgespielt und die Frage gestellt wird, ob das ausschließlich Gute nicht bestenfalls eine Zelluloidphantasie ist. Gleichzeitig gibt uns der Film eine moderne Darstellung dessen, was auf einer zwischenmenschlichen Ebene unter dem »Bösen« zu verstehen ist. Wenn wir eine Liste der Eigenschaften zusammenstellen müßten, die unter die Rubrik des »beziehungsmäßigen Bösen« fallen, so würden die Persönlichkeitsmerkmale von Gil Shephard — Selbstsucht, Falschheit und die Neigung, andere auszunutzen — wahrscheinlich die Liste anführen. Schon aus diesem Grund liefert uns *The Purple Rose of Cairo* eine anschauliche moderne Filmversion des Spaltungsgeschehens.

Doch von allen Spaltungsgeschichten, die auf der Leinwand zu sehen waren, ist *Der Zauberer von Oos* vielleicht die bedeutendste. Die Verfilmung des Buches von L. Frank Baum enthält eine sehr genaue Darstellung von Spaltung, die viel besser in unsere Zeit paßt als die in den klassischen Märchen und selbst in einigen Spaltungsgeschichten für Erwachsene. Wie seine klassischen Entsprechungen enhält *Der Zauberer von Oos* viele Elemente, die in Spaltungsphantasien zu finden sind — eine abwesende Mutter, eine Hexe (sogar zwei), eine gute Fee (Glenda) und einen Kampf auf Leben und Tod. Doch die Geschichte von Oos enthält Botschaften über das Gute und Böse, die tiefer gehen und einschneidender sind als alle, denen wir bisher begegnet sind.

Eine solche findet sich bereits am Anfang der Geschichte, wenn das

Haus, das Dorothee nach Oos trägt, auf die böse Ost-Hexe herunterfällt und sie auf der Stelle tötet. Würde es sich um ein gewöhnliches Märchen handeln, könnte die Geschichte hier enden. Alles, was Dorothee noch zu tun bliebe, wäre, eine Möglichkeit zur Heimkehr zu finden. Es dauert jedoch nicht lange, bis die böse West-Hexe erscheint. Als Schwester der toten Hexe ist sie entschlossen, an der Person Rache zu üben, die für den Tod ihrer Schwester verantwortlich ist.

Die Lektion, die in dieser Episode enthalten ist, lautet, daß man nicht so leicht mit dem Bösen fertig wird. Es ist nicht nur allgegenwärtig, sondern kann auch in verschiedenen Gestalten auftauchen. Vielleicht genügt es nicht, sich einer Hexe zu entledigen; eine andere könnte schon hinter den Kulissen darauf warten, die Bühne betreten zu können. Wie die Mümmler durch den Tod der bösen Ost-Hexe nur vorübergehend befreit sind, ist auch Dorothee nur vorübergehend von dem Bösen in ihrem Leben befreit.

Doch bevor die böse West-Hexe Dorothee und ihren Freunden Schaden zufügen kann, erscheint Glenda, die gute Nord-Hexe, eine Zauberin, die der Fee in Aschenputtel sehr ähnlich ist. Auch sie hat besondere Kräfte und gibt Dorothee rote Zauberschuhe, die nach den Worten der Hexe ihre eigenen seien und Dorothee in die Smaragdstadt bringen würde; dort lebe ein Zauberer, der ihr helfen könne, wieder nach Kansas zu kommen.

Aus der Sicht der Objektbeziehungstheorie sind die roten Schuhe eindeutig Übergangsobjekte. Wie die Puppe in Wassilissa verschaffen sie Dorothee Sicherheit, als sie sich in die Welt aufmacht. Wassilissas Mutter gibt ihrer Tochter die Puppe kurz vor ihrem Tod; Glenda gibt Dorothee die Schuhe wenige Augenblicke, bevor sie entschwindet. In beiden Fällen sind die Objekte dazu bestimmt, das Kind zu beschützen, wenn kein mütterlicher Schutz in der Nähe ist.

Bis hierhin ist *Der Zauberer von Oos* eine relativ einfache Spaltungsgeschichte. Auch wenn wir gleich zu Beginn eine doppelte Dosis des Bösen vorgesetzt bekommen, sind die Kräfte des Bösen und des Guten doch klar abgegrenzt. Die Geschichte wird komplizierter, als Dorothee ihre Reise auf dem Weg des Lebens (der gelben Ziegelsteinstraße) antritt und den drei Gestalten begegnet, die sie schließlich auf ihre Reise in die Smaragdstadt begleiten werden.

Als erstes stößt sie auf den Vogelscheuchenmann. Ohne Gehirn fühlt sich der Strohmann ziemlich nutzlos, weil er nicht denken kann. Wenn er doch nur ein Gehirn hätte, dann wäre er auch klug. Als nächstes begegnet ihr der Blech-Holzfäller. Sein Problem ist, daß er kein Herz hat. Doch er vermißt weniger das Organ als die Fähigkeit, Gefühle zu empfinden. »Ich wäre sanft und liebevoll und auch etwas sentimental,« frohlockt er, »wenn ich nur Herz hätte.« Der Dritte, der sich ihnen anschließt, ist der feige Löwe. Was ihm fehlt, ist Mut.

Die Gestalten, denen Dorothee auf ihrem Weg entlang der Ziegelsteinstraße begegnet, sind nicht nur bloße Produkte ihrer Phantasie, sondern Teile ihrer inneren Welt. Wenn wir sie uns genau ansehen, stellen wir fest, daß jede eine Form von »Schlechtigkeit« verkörpert, die Dorothee (und mit ihr wahrscheinlich die meisten Kinder) gerne überwinden möchte. Kinder wollen klug sein, sie wollen fühlen können und Mut haben. Ein Kind, das sich als dumm erlebt, das gefühllos ist und sich für einen Feigling hält, empfindet sich ständig als schlecht und unerwünscht. Wenn Dorothee zur Smaragdstadt reist, um dem Vogelscheuchenmann, dem Blech-Holzfäller und dem Löwen dabei zu helfen, ihre »Schwächen« zu überwinden, so versucht sie in Wirklichkeit, ihre eigenen Schwächen zu überwinden.

Als die vier in der Smaragdstadt ankommen, stellen sie fest, daß der Zauberer nicht so entgegenkommend ist, wie sie geglaubt hatten. Er sagt Dorothee, sie müsse erst den Besen der Hexe stehlen und ihm bringen, bevor er ihr eines seiner Geheimnisse mitteilen könne. Enttäuscht machen sie und ihre drei Freunde sich noch einmal auf, diesmal zum Schloß der Hexe. Wieder ist die Bühne auf den entscheidenden Kampf zwischen Gut und Böse vorbereitet. Doch mit Hilfe ihrer Freunde schafft es Dorothee, die Hexe zu vernichten. Das Böse ist bezwungen, und die Kräfte des Guten haben wieder die Oberhand.

Doch es war noch nicht der endgültige Kampf. Der wirkliche Sieg ist noch nicht errungen. Dorothees Freunde haben noch nicht bekommen, was der Zweck ihrer Reise war. Sie kehren zu dem Zauberer zurück, der dem Strohmann ein akademisches Diplom überreicht (»Doktor der Denkologie«), dem Blech-Holzfäller eine herzförmige Uhr und dem Löwen eine Medaille, auf der das Wort »Mut« eingraviert ist. Als er ihnen ihre Auszeichnungen übergibt, weist der Zauberer jedoch darauf hin, daß es sich lediglich um äußerliche Manifestationen dessen handelt, was sie eigentlich suchen. Die Eigenschaften, nach denen sie suchen, liegen in jedem von ihnen und sind die ganze Zeit über da gewesen.

Das ist die Lektion, die Dorothee in Oos lernt, und dieses Wissen nimmt sie mit zurück nach Kansas. Ihre Reise hat sie zu der Erkenntnis gebracht, daß sie in sich selbst suchen muß, wenn sie ihre eigenen persönlichen Unzulänglichkeiten überwinden will. Die Quelle des Bösen liegt nicht außen, sondern innen, und man muß damit seinen Frieden machen, wenn das Leben weitergehen soll. Am Ende ist der Sieg, den Dorothee erringt, ein Sieg über sich selbst. Und diese Botschaft müssen wir natürlich alle, Kinder wie Erwachsene, annehmen, wenn wir jemals die gelben Ziegelsteinstraßen unseres Lebens erfolgreich zurücklegen wollen.

Märchen, Doppelgänger und Psychotherapie

Literatur und Film bieten Psychotherapeuten ein reiches Material für die Untersuchung von Objektbeziehungen in Aktion. Es gibt viele Bedeutungsebenen in Romanen und Filmen, die unsere Vorstellungswelt betreffen. Spaltung ist nur ein Konzept der Objektbeziehungstheorie, mit dem deutlich werden kann, wie Beziehungen unsere Welt beeinflussen und so ihren Niederschlag in Filmen, in der Literatur und in anderen kreativen Erzeugnissen finden.

Doch Filme und literarische Werke sind nicht nur von beiläufigem intellektuellen Interesse, sondern können den psychotherapeutischen Prozeß fördern. In einem umfassenden Überblick über Psychiatrie im Kino stellen *Gabbard* und *Gabbard* (1987) fest: »Das Kino ist das große Lagerhaus für die innerpsychischen Bilder unserer Zeit, und Filme rühren an grundlegende psychische Prozesse, mit denen sich Patienten und Therapeuten gleichermaßen identifizieren« (S. 163). *Rank* (1914) ist derselben Meinung, wenn er schreibt: »Vielleicht wird sich herausstellen, daß die Filmkunst, die uns in vieler Hinsicht an die Traumarbeit erinnert, auch bestimmte psychologische Sachverhalte und Beziehungen... in einer so deutlichen und augenfälligen Bildersprache zum Ausdruck bringen kann, daß es unser Verständnis von ihnen erleichtert«. Das könnte man natürlich auch für literarische Bilder behaupten.

Die Frage ist: Wie kann man diese Bilder zur Unterstützung des Psychotherapieprozesses nutzen, und welche Bedeutung haben sie für die Objektbeziehungsarbeit? Die Antwort liegt im Bereich der Metapher. Literarische und filmische Bilder, besonders wenn sie mit Spaltung zu tun haben, können als symbolische Bindeglieder zu Objektbeziehungsprozessen fungieren, die sonst nicht zugänglich wären.

In Kapitel 7 habe ich dargelegt, daß die Objektbeziehungstherapie keine deutende Therapie ist, und zwar nicht weil Deutungen an sich falsch wären, sondern weil die meisten wichtigen Objektbeziehungserfahrungen vorsprachlicher Natur sind. Und genau hier können Metaphern ins Spiel kommen. Weil sie sich über die Beschränkungen verbaler Deutungen hinwegsetzen können, bieten Metaphern dem Patienten eine Möglichkeit, an Spaltungsprozesse heranzukommen, die vielleicht nur nonverbal gespeichert sind. Insofern wirken sie als eine Art Leitung für frühe Spaltungserfahrungen, die in Worten nicht ausgedrückt werden können. Das soll natürlich keine Empfehlung sein, die Therapie in ein Literatur- oder Filmseminar zu verwandeln. Allerdings bringen Patienten oft Beispiele aus Filmen, die sie gesehen haben, oder aus Romanen, die sie gerade lesen, so wie sie Träume oder anderes Material mitbringen. Bei diesen Gelegenheiten kann der Objektbeziehungstherapeut den Patienten vorsichtig auf die metaphorischen Eigenschaften dieser Werke hinweisen. Das verschafft dem Patienten die Möglichkeit, zu Polaritäten Zugang zu finden, die hinter frühen Spaltungen liegen.

So erzählte mir eine Patientin zu Beginn der Stunde, daß sie mit ihrer Tochter den alten Disney-Film *Schneewittchen* gesehen habe. Zwar habe es ihr gefallen, den Film mit ihrer Tochter zu sehen, die jetzt genauso alt war wie sie damals, als sie den Film zum erstenmal gesehen hatte, aber diesmal sei sie von dem Film sehr enttäuscht. Sie wußte noch, daß sie Schneewittchen damals bezaubernd fand, die sie als tapfer und selbstsicher in Erinnerung hatte. Jetzt sah sie sie als Heimchen, die ihr Selbstgefühl opferte, indem sie zur Haushälterin und Dienerin der Sieben Zwerge wurde. Offenbar wurde der Film mit verschiedenen Augen und von einer Person gesehen, deren Perspektive sich im Laufe der Jahre gewandelt hatte. Während wir darüber sprachen, lenkte ich ihre Aufmerksamkeit auf den Kampf zwischen Gut und Böse in der Geschichte, daß Schneewittchen ständig den Versuchen ihrer Stiefmutter, sie zu vernichten, Widerstand leisten mußte. Die Filmfassung erzählt nicht die Teile des Märchens, in denen die Königin, als alte Frau verkleidet, Schneewittchens Haar mit einem vergifteten Kamm kämmt und versucht, sie zu ersticken, indem sie sie zu eng schnürt. Die Patientin kannte nur die Disney-Version und wollte nun auch die Version der Brüder Grimm lesen. In dieser wird deutlich, daß der Narzißmus der Stiefmutter (»Spieglein, Spieglein an der Wand...«) Schneewittchens eigene narzißtische Neigungen widerspiegelt. Das zeigt sich in Schneewittchens Wunsch nach dem Kamm (um schöner auszusehen) und nach dem Schnürriemen (um ihren Busen zu betonen). Es war gewiß keine zufällige Entsprechung, daß äußere Attraktivität und Beliebtheit zentrale Themen im Leben der Patientin waren und daß viele ihrer Probleme mit einer projektiven Identifikation von Sexualität zusammenhingen.

In einem ähnlichen Sinn berichtet *Ogden* (1982, S. 101) von einer Patientin, die ihm mitteilte, sie sei sehr bewegt gewesen, als sie am Abend vor der Therapiesitzung den *Zauberer von Oos* gesehen habe. Die Szene, die sie am meisten berührt habe, sei am Ende des Films, als Dorothee entdeckt, daß der Zauberer gar keine Zauberkraft hat. Als er nicht mehr verkleidet ist, sieht Dorothee ihn so, wie er ist: als unscheinbaren, glatzköpfigen kleinen Mann. In einem Ausbruch von Wut und Enttäuschung stößt Dorothee hervor: »Ich finde, du bist grundschlecht! Wirklich richtig gemein!« Aber der Zauberer widerspricht: »Nein, Dorothee, ich bin kein besonders *guter* Zauberer, aber ich bin kein *schlechter* Mensch.« Hier brach die Patientin in Tränen aus und begann darüber zu reden, wie sie immer etwas Besonderes hatte sein müssen (eine Zauberin), damit ihre Mutter sie wahrnahm. »Wenn ich keine Zauberin war, war ich gar nichts für sie,« schluchzte die Patientin. Zwar bezog sich die Patientin auf die Metapher vom Zauberer in der Geschichte, doch war deutlich, daß sie auf einer anderen Ebene auch auf die Unterscheidung zwischen Gut und Schlecht in der Äußerung des Zauberers reagierte.

Ein anderes Beispiel, wie sich der *Zauberer von Oos* in der Therapie als nützlich erwies, war der Fall eines stark narzißtischen und etwas überkontrollierten Patienten von mir. Der Patient, Musiker von Beruf, suchte therapeutische Behandlung, um mit starken Angstanfällen fertigzuwerden. Diese traten gewöhnlich in sozialen Situationen auf, in denen es nicht um Musik ging, wo er aber dennoch das Gefühl hatte, auftreten und etwas leisten zu müssen. Im Verlauf der Therapie kam er langsam aus seiner Deckung heraus und sprach von seinem Gefühl, er sei dumm, er könne keine klaren Standpunkte beziehen, wenn er meine, das tun zu müssen, und es mache ihm Sorgen, wie wenig Gefühl er für andere habe. Ich wies ihn darauf hin, daß die Mängel, die er bei sich erlebe, praktisch mit den Mängeln identisch seien, über die die Figuren im *Zauberer von Oos* klagten. Zunächst hatte ich den Eindruck, daß meine Bemerkung ihn etwas überraschte. Als er jedoch ein wenig darüber nachgedacht hatte, schien es ihm denkbar, daß an der Analogie tatsächlich etwas dran sein könne. Dann sprachen wir über die »schlechten« Teile von ihm, und wie seine Versuche, sie zu leugnen, der Leugnung eines sehr realen Teils von ihm gleichkam.

Die in diesem Kapitel angeführten Beispiele sind nur eine Kostprobe der vielen literarischen und filmischen Quellen, die Berühungspunkte mit der Objektbeziehungstheorie haben. Es gibt Dutzende von Märchen und Doppelgängergeschichten, die Spaltungsvorgänge und die beziehungsorientierte Natur der inneren Welt berühren. Beispielsweise könnte man viele Seiten der Arbeit von Ingmar Bergman widmen. Selbst die Trilogie vom *Krieg der Sterne* mit ihrem heroischen Kampf zwischen *Darth Vader* und *The Force* ist reich an Objektbeziehungsthemen. Zwar ist literarisches und filmisches Material für den erfolgreichen Verlauf von Objektbeziehungstherapien nicht unbedingt notwendig, doch bietet es Therapeut und Patient die Möglichkeit, in einer weniger pathologischen Weise zu interagieren. Das mag Grund genug sein, Material von »jenseits des Therapiezimmers« in das Therapiezimmer hineinzuholen und zu einem Teil des Behandlungsprozesses zu machen.

Literatur

Afanasev, A. N. (1985): Russische Volksmärchen (neu übertragen v. S. Geier), München: Winkler.

Balsam, R. M., Balsam, A.(1974): Becoming a psychotherapist. A clinical primer. Boston: Little, Brown.

Beitmann, B. D. (1979): Engagement techniques for individual psychotherapy. Social casework, 60(5), 306 - 309.

— (1983): Comparing psychotherapies by the stages in the process. *Operational Psychatrie,* 14(1), 20 - 27.

— (1987): The structure of individual psychotherapy. New York: Guilford.

Benjamin, J. (1986): A desire of one's own: Psychoanalytic feminism and intersubjective space. In: *DeLauretis, T.* (Ed.): Feminist studies: Critical studies (pp. 78 - 101). Bloomington, IN: Indiana University Press.

Berger, P. L., Kellner, H. (1964): Marriage and the construction of reality. *Diogenes,* 46(3), 1 - 20

Bettelheim, B. (1976): The uses of enchantment. New York: Knopf; dt.: Kinder brauchen Märchen. Stuttgart: Deutsche Verlagsanstalt 1977.

Bicknell, D. J. (1975): Pica: A childhood symptom. London: Butterworth

Blumer, H. (1969): Symbolic interactionism. Englewood Cliffs, NJ: Prentice-Hall

Bollas, C. (1983): Expressive uses of the countertransference. *Contemporary Psychoanalysis.* 19, 1 - 34.

Boszormenyi-Nagy, I., Spark, G. M. (1973): Invisible loyalties. Reciprocity in intergenerational family therapy. New York: Brunner/Mazel; dt.: Unsichtbare Bindungen. Stuttgart: Klett-Cotta 1981.

Bretherton, I., Beeghly, M. (1982): Talking about internal states: The acquisition of an explicit theory of mind. *Developmental Psychology,* 18, 906 - 921.

Breuer, J., Freud, S. (1895): Studien über Hysterie, Frankfurt/M.: Fischer, 1970.

Calder, J. (1980): Robert Luis Stevenson: A life study. New York: Oxford University Press.

Cameron, N., Magaret, A. (1951): Behavior pathology. Boston: Houghton Mifflin.

Carter, A. (Trans.) (1977): The fairy tales of Charles Perrault. London: Victor Gollancz, Ltd.

Cashdan, S. (1967): The use of drawings in child psychotherapy: A process analysis of a case study. *Psychotherapy: Theory, Research, and Practice,* 4(2), 81 - 86.

— (1973): Interactional psychotherapy: Stages and strategies in behavioral change. New York: Grune and Stratton.

Cicchetti, D. (1987): Developmental psychopathology in infancy: Illustration from the study of maltreated youngsters. *Journal of Consulting and Clinical Psychology,* 55, 837 - 845.

Conrad, J. (1910): The secret sharer. New York: New American Library 1983; dt.: Der heimliche Teilhaber. Ebenhausen/Isartal: Langewiesche-Brandt 1957.

Cooper, M. M. (1957): Pica. Springfield, IL: Thomas.

Cottrell, L. S. (1969): Interpersonal interaction and the development of the self. In: *Goslin, D. S.* (Ed.): Handbook of socialization theory and research. Chicago: Rand McNally.

Crane, L. (Ed.) (1963): Household stories of the Brothers Grimm. New York: Dover.

Dostojewski, F. (1846): Der Doppelgänger. Eine Petersburger Dichtung. Werke Bd. 1, S. 195-395, München, Zürich: Piper 1977.

Epstein, L., Feiner, A. H. (Eds.) (1979): Countertransference: The therapist's contribution to the therapeutic situation. New York: Jason Aronson.

Ernsberg, C. (1979): The concept of countertransference as therapeutic instrument: Its early history. *Modern Psychoanalysis,* 4(2), 141 - 164.

Fairbairn, W. R. D. (1954): An object relations theory of the personality. New York: Basic Books.

Flavell, J. (1963): The developmental psychology of Jean Piaget. Princeton, NJ: Van Nostrand.

Forward, S., Torres, J. (1986): Men who hate women and the women who love them. New York: Bantam.

Franz, M.-L. von (1961): Das Problem des Bösen in Märchen. In: Studien aus dem C. G. Jung-Institut Zürich, Bd. 13: Das Böse (Vortragszyklus 1959-60). Zürich, Stuttgart: Rascher.

Freud, S. (1917): Trauer und Melancholie. G. W. Bd. 10, S. 427 ff.

Gabbard, K., Gabbard, G. O. (1987): Psychiatry and the cinema. Chicago: University of Chicago Press.

Greenberg, J. R., Mitchell, S. A. (1983): Object relations in psychoanalytic theory. New York: Basic Books.

Grimm, J. und W. (1812-22): Kinder- und Hausmärchen. Frankfurt: Insel 1984.

Grotstein, J. S. (1981): Splitting and projective identification. New York: Jason Aronson.

Guerard, A. (1967): Stories of the double. Philadelphia: Lippincott.

Guntrip, H. (1971): Psychoanalytic theory, therapy, and the self. New York: Basic Books.

Hart-Davies, R. (Ed.) (1963): The letters of Oscar Wilde. London: Rupert Hart-Davis.

Hoffman, J. J. (1985): Client factors related to premature termination of psychotherapy. *Psychotherapy*, 22, 83 - 85.

Hope, D. (1987): The healing paradox of forgiveness. *Psychotherapy*, 24, 240 - 244.

Horney, K. (1939): New ways in psychoanalysis. New York: Norton; dt.: Neue Wege in der Psychoanalyse. Stuttgart: Kilpper 1951; Nachdruck München: Kindler.

Horowitz, M. (1976): Cognitive and interactive aspects of splitting. *Amer, J., Psychiatry*, 134, 549-623.

Horton, C. (1981): Solace. Chicago: University of Chicago Press.

Hunt, M. (1944): The complete Grimm's fairy tales. New York: Random House 1972.

James, H. (1947): The jolly corner. In: *Matthiessen, F. O.* (Ed.): The American novels and stories of Henry James. New York: Knopf.

Johnson, S. M. (1985): Characterological transformation: The hard work miracle. New York: Norton.

Kaiser, H. (1965): Effective psychotherapy. (*Fierman, L.*, Ed.). New York: Free Press.

Kaplan, L. (1978): Oneness and separateness. From infant to individual. New York: Simon and Schuster; dt.: Die zweite Geburt. Dein Kind wird zur Persönlichkeit. München, Zürich: Piper 1981.

Karpel, M. A., Strauss, E. S. (1983): Family evaluation. New York: Gardner Press.

Keppler, C. F. (1972): The literature of the second self. Tucson: University of Arizona Press.

Kernberg, O. (1975): Borderline conditions and pathological narcissism. New York: Jason Aronson; dt.: Borderline-Störungen und pathologischer Narzißmus. Frankfurt: Suhrkamp 1978.

— (1976): Object relations theory and clinical psychoanalysis. New York: Jason Aronson; dt.: Objektbeziehungen und Praxis der Psychoanalyse. Stuttgart: Klett-Cotta 1981.

— (1982): Self, ego, affects, and drives. *Journal of American Psychoanalytic Association*, 30, 893 - 917.

— (1984): Severe personality disorders. New Haven: Yale University Press.

Kirman, W. J. (1980): Countertransference in facilitating intimacy and communication. *Modern Psychoanalysis*, 5(2), 131 - 145.

Klein, M. (1952): Some theoretical conclusions regarding the emotional life of the infant. In: *J. Riviere* (ed.): Developments in psychoanalysis, pp. 198-236. London: Hogarth Press; dt.: Über das Seelenleben des Kleinkindes. In: *M. Klein*: Das Seelenleben des Kleinkindes und andere Beiträge zur Psychoanalyse. Stuttgart: Klett 1962.

Klein, M., Tribich, D. (1981): Kernberg's object-relations theory: A critical evaluation. *Int. J. Psychoanalysis,* 62, 27 - 43.

Kohut, H. (1971): The analysis of the self. A systematic approach to the psychoanalytic treatment of narcissistic personality disorders. New York: International Universities Press; dt.: Narzißmus. Eine Theorie der psychoanalytischen Behandlung narzißtischer Persönlichkeitsstörungen. Frankfurt: Suhrkamp 1973

Kohut, H. (1977): The restoration of the self. New York: International Universities Press; dt.: Die Heilung des Selbst. Frankfurt: Suhrkamp 1979.

Langs, R. (1973): The technique of psychoanalytic psychotherapy. New York: Jason Aronson.

— (1982): Countertransference and the process of cure. In: *Slipp, S.* (Ed.): Curative factors in dynamic psychotherapy. New York: McGraw-Hill.

Lichtenberg, J. D. (1983): Psychoanalysis and infant research. Hillsdale, NJ: The Analytic Press.

Mahler, M. (1952): On child psychosis and schizophrenia: Autistic and symbiotic infantile psychoses. *Psychoanalytic Study of the Child*, 7, 206 - 305.

Mahler, M., Pine, F., Bergman, A. (1975): The psychological birth of the human infant. New York: Basic Books; dt.: Die psychische Geburt des Menschen. Symbiose und Individuation. Frankfurt: Fischer 1985.

Malin, A., Grotstein, J. (1966): Projective identification in the therapeutic process. *International Journal Psycho-Analysis*, 47, 26 - 31.

Mann, J. (1973): Confrontation as a mode of teaching. In: *Adler, G., Myerson, P. G.* (Eds.): Confrontation in psychotherapy. New York: Science House.

Massie, H. N. (1975): The early natural history of childhood psychosis. *J. Amer. Acad. of Child Psychiatry*, 14, 683 - 707

— (1978a): Blind ratings of mother-child interaction in home movies of prepsychotic and normal infants. *Amer. J. Psychiatry*, 135(11), 1371-1374.

— (1978b): The early natural history of childhood psychosis. Ten cases studied by analysis of family home movies of the infancies of the children. *J. Amer. Acad. Child Psychiatry*, 17, 29 - 45.

— (1982): Affective development and the organization of mother-infant behavior from the perspective of psychopathology. In: *Tronick, E. Z.* (Ed.): Social interchange in infancy: Affect, cognition, and communication (pp. 161 - 182). Baltimore: University Park Press.

Masterson, J. F. (1976): Psychotherapy of the borderline adult: A development approach. New York: Brunner / Mazel.

— (1978): The borderline adult: Transference acting out and working through. In: *Masterson, J. F.* (Ed.): New perspectives on psychotherapy of the borderline adult. New York: Brunner / Mazel.

Mead, G. H. (1934): Mind, self and society. Chicago: University of Chicago Press; dt.: Geist, Identität und Gesellschaft. Frankfurt: Suhrkamp 1968.

Meyers, H. C. (Ed.) (1986): Between analyst and patient: New dimensions in countertransference and transference. Hillsdale, NJ: Analytic Press.

Minuchin, S. (1974): Families and family therapy. Cambridge: Harvard University Press; dt.: Familie und Familientherapie. Freiburg: Lambertus 1977.

Myers, N. A., Clifton, R. K., Clarkson, M. (1987): When they were very young: Almost-threes remember two years ago. *Infant behavior and development*, 10, 123 - 132.

Ogden, T. (1982): Projective identification and psychotherapeutic technique. New York: Jason Aronson.

Poe, E. A. (1839): William Wilson. In: *The portable Poe*. New York: Viking Press, 1957.

Racker, H. (1968): Transference and countertransference. New York: International Universities Press.

Rank, O. (1914): Der Doppelgänger. Eine psychoanalytische Studie. *Imago* Bd. 3; Nachdruck Wien: Internationaler psychoanal. Verlag 1925.

Rinsley, D. B. (1982): Borderline and other self disorders. New York: Jason Aronson.

Rodman, F. R. (1977): Not dying. New York: Random House.

Rogers, R. (1970): The double in literature. Detroit: Wayne State University Press.

Sandler, J. (Ed.) (1987): Projection, identification, projective identification. Madison, CT: International Universities Press.

Sanford, J. A. (1981): Evil: The shadow side of reality. New York: Crossroad.

Schaefer, C. E., Millman, H. L. (Eds.) (1977): Therapies for children. San Francisco: Jossey-Bass.

Schlappner M. (1961): Das Böse in Filmen. In: Studien aus dem C. G. Jung-Institut Zürich, Bd. 13: Das Böse (Vortragszyklus 1959-60). Zürich, Stuttgart: Rascher.

Schofield, W. (1964): Psychotherapy: The purchase of friendship. Englewood Cliffs, NJ: Prentice -Hall.

Searles, H. (1979): Countertransference and related subjects. New York: International Universities Press.

Semel, V. G. (1985): Countertransference and the continual fantasy of patient terminations: A modern psychoanalytic study of one therapist's resistance. *Modern Psychoanalysis*, 10(1), 47 - 63.

Shapiro, R. (1985): A case study: The terminal illness and death of the analyst's mother — Its effects on her treatment of a severely regressed patient. *Modern Psychoanalysis,* 10(1), 31 - 46.

Spotnitz, H. (1985): Modern psychoanalysis of the schizophrenic patient. New York: Human Sciences Press.

Stern, D. (1977): The first relationship: Infant and mother. Cambridge: Harvard University Press.

Stern, D. N. (1985): The interpersonal world of the infant. New York: Basic Books.

Stevenson, R. L. (1886): The strange case of Dr. Jekyll and Mr. Hyde. New York: Bantam Books 1981; dt.: Der seltsame Fall von Dr. Jekyll und Mr. Hyde. Frankfurt: Insel 1981.

Strauss, A. (1956): The social psychology of George Herbert Mead. Chicago: University of Chicago Press.

Sullivan, H. S. (1953): The interpersonal theory of psychiatry. New York: Norton.

Thompson, C. L., Rudolph, L. B. (1983): Couseling children. Monterey: Brooks / Cole.

Tronick, E. Z. (Ed.) (1982): Social interchange in infancy: Affect, cognition, and communication. Baltimore: University Park Press.

Tymms, R. (1955): German romantic literature. London: Methuen.

Vygotsky, L. (1986): Thought and language. Kosulin, A. (Ed.), Cambridge: MIT Press.

Wilde, O. (1891): The picture of Dorian Gray. New York: Dell 1968; dt.: Das Bildnis des Dorian Gray. Frankfurt: Suhrkamp 1972.

Winnicott, D. W. (1971): Playing and reality. London: Tavistock Publications; dt.: Vom Spiel zur Kreativität. Stuttgart: Klett-Cotta 1973.

Ziajka, A. (1981): Prelinguistic communication in infancy. New York: Praeger.

Maurice Friedman

Der Heilende Dialog in der Psychotherapie
aus dem Amerikanischen von Brigitte Stein

»Ich empfehle dieses Buch all jenen, deren Anliegen die zwischenmenschliche Begegnung ist ...« Lyman C. Wynne

Maurice Friedmans besonderes Anliegen in diesem Buch ist, der Art und Weise nachzugehen, wie Heilung durch Begegnung im psychotherapeutischen Dialog zustande kommt. Jede Form von Therapie lebt in größerem oder geringerem Maß von der Begegnung zwischen Therapeut / in und Klient / in, aber nur wenige Theorien haben die Begegnung — das was sich »dazwischen« ereignet — als zentrale und nicht als untergeordnete Quelle der Heilung begriffen. Der Autor zeigt auf, welch weitreichenden Einfluß Martin Bubers Konzepte des Dialogs, der Bestätigung und der Grundwörter Ich-Du und Ich-Es auf verschiedene Psychotherapieschulen aufübten. Friedman stellt eine Reihe bedeutender Psychotherapeuten/innen vor und setzt sie mit den Grundannahmen ihrer Schulen in Bezug, insofern als sie sich unmittelbar auf das Heilen durch Begegnung und Bestätigung auswirken.

Zum Autor:

Maurice Friedman lehrt seit über 30 Jahren an mehreren Universitäten der USA Philosophie, Religion, Psychologie und zeitgenössische Literatur. Er ist Autor mehrerer Bücher wie: »Martin Buber — The Life of Dialogue« (1960), »Martin Buber's Life and Work« Vol. I, II + III (1982 - 84), »The Confirmation of Otherness« (1983), »Revealing and Observing the Human« (1984) und hat mehr als 150 Aufsätze zum Existentialismus, zur Philosophie und Psychologie geschrieben.

John Keith Wood

Menschliches Dasein als Miteinandersein

— Gruppenarbeit nach personenzentrierten Ansätzen —

aus dem Amerikanischen von Brigitte Stein

Das Buch von John K. Wood bringt einen Überblick über Erfahrungen und Auffassungen in der personenzentrierten Arbeit von Zweiergruppen und von Kleingruppen, wie sie neuerdings in den USA und in Brasilien vorliegen. Völlig neu für die europäischen Leser dürfte der dritte Hauptteil des Buches sein, in dem sie mit den sog. »Communities for Learning« bekanntgemacht werden. Es handelt sich hier um Großgruppen von 40 - 800 Mitgliedern bei nur 4 - 5 »Veranstaltern«, so daß in der Interaktion dieser Gemeinschaften die Mitglieder zu höchster Eigeninitiative aufgerufen sind.

Der Verfasser, über viele Jahre enger Mitarbeiter von Carl Rogers, zählt zu den wenigen Pionieren dieser großen Lerngemeinschaften voller Wagnisse und unerwarteter Ergebnisse.

»Es gibt wenige, die so viel zum personenzentrierten Ansatz zu sagen hätten wie John K. Wood.«

Carl R. Rogers

Zum Autor:

Dr. John Keith Wood hat zuerst Physik und Mathematik studiert, bevor er bei Jack R. Gibb an der Union Graduate School in Psychologie promovierte. Als enger Mitarbeiter von Carl R. Rogers und ehemaliger Leiter des Center for Studies of the Person hat er einen wichtigen Beitrag zur Entwicklung des personenzentrierten Ansatzes geleistet. Außer zahlreichen Artikeln zum personenzentrierten Ansatz (Klientenzentrierte Psychotherapie) veröffentlichte er *Vestigio de Espanto* und *Em Busca de Vida*. Gegenwärtig lehrt John K. Wood Klinische Psychologie an der Pontificia Universidade Catolica Campinas, Brasil.

Richard Hycner

Zwischen Menschen

— Ansätze zu einer Dialogischen Psychotherapie —

aus dem Amerikanischen von Irmgard Hölscher

Richard Hycner formuliert in diesem Buch Grundzüge einer *Dialogischen Psychotherapie*, die er nicht als eine isolierte Schule betrachtet, sondern als einen integrativen Ansatz, der vor allem in Arbeiten von Martin Buber, Hans Trüb, Carl Rogers, Rollo May, Laura Perls, Erving und Miriam Polster, I. Boszormenyi-Nagy, Irvin Yalom und Maurice Friedman seine Wurzeln findet. Dies ist kein »Kochbuch«, in welchem therapeutische Strategien und Techniken angeboten werden, um so mehr ein Versuch, die Prozesse zu beschreiben, die sich in der therapeutischen Beziehung, dem »Dazwischen« zweier oder mehrerer Menschen als heilendem Faktor ereignen.

»Dieses Buch ist eine faszinierende Darstellung der Dialogischen Psychotherapie. Es wird gewiß bei Therapeuten, Angehörigen der helfenden Berufe und anderen Interessierten auf ein großes Echo stoßen, denn Richard Hycners Arbeit ist eine wegweisende Leistung, in der Denken, Fühlen und Handeln, Theorie und Praxis, Wissenschaft, Beruf und Leben voll integriert sind.«

Maurice Friedman

Zum Autor:

Dr. Richard Hycner ist Klinischer Psychologe in privater Praxis in Salona Beach, Kalifornien und Co-Leiter des Institute for Dialogical Psychotherapy in San Diego. Er ist Dekan der Professional School of Psychological Studies, wo er Gestalttherapie und Existenzialtherapie lehrt. Dr. Hycner ist Verfasser mehrerer Aufsätze im Bereich der Klinischen Psychologie und Phänomenologie und Co-Herausgeber des Journal for Dialogical Psychotherapy.